中华水文化教育

主　编　蔡　梅
副主编　杨　莹　白　雪　余丹丹　瞿　泓

中国水利水电出版社
www.waterpub.com.cn
·北京·

内 容 提 要

水文化是指以水和水事活动为载体，人们创造的一切与水有关的文化现象的总称。本书围绕"水"字做文章，探寻悠悠水韵，为推动中华优秀传统文化进入课堂而编写。全书共分为六章，其内容为：诸子论水篇、文学作品篇、水利工程篇、治水名人篇、水利法规民约篇、民俗礼仪篇。文后附有贵州水利工程，彰显一定的地域特征。本书旨在通过品评水文章、走进水故事、了解水工程、领悟水精神，达到以水润德、以文化人之功效。

本书深入浅出、通俗易懂，可供社会大众、水利水电相关人员及院校师生阅读参考。

图书在版编目（CIP）数据

中华水文化教育 / 蔡梅主编. -- 北京 : 中国水利水电出版社, 2021.8
　　ISBN 978-7-5170-9809-6

Ⅰ. ①中… Ⅱ. ①蔡… Ⅲ. ①水－文化－中国－教材 Ⅳ. ①K928.4

中国版本图书馆CIP数据核字(2021)第151857号

书　名	**中华水文化教育** ZHONGHUA SHUIWENHUA JIAOYU
作　者	主编　蔡梅　副主编　杨莹　白雪　余丹丹　瞿泓
出版发行	中国水利水电出版社 （北京市海淀区玉渊潭南路1号D座　100038） 网址：www.waterpub.com.cn E - mail：sales@waterpub.com.cn 电话：（010）68367658（营销中心）
经　售	北京科水图书销售中心（零售） 电话：（010）88383994、63202643、68545874 全国各地新华书店和相关出版物销售网点
排　版	中国水利水电出版社微机排版中心
印　刷	清淞永业（天津）印刷有限公司
规　格	184mm×260mm　16开本　11.25印张　274千字
版　次	2021年8月第1版　2021年8月第1次印刷
定　价	**30.00元**

凡购买我社图书，如有缺页、倒页、脱页的，本社营销中心负责调换
版权所有·侵权必究

前　言

　　中华优秀传统文化是中华民族的精神命脉，积淀着中华民族最深层的精神追求，是涵养社会主义核心价值观的重要源泉。本书为推动优秀水文化融入教育教学，满足中华优秀传统文化相关课程需要而编写。

　　本书从中华传统文化源头着手，梳理诸子百家对水的论述，精选水篇章，展示水工程，讲述名人故事，介绍法规民约，展现民俗风采，生动描绘历史悠远、哲理深邃与形态多样的水文化。

　　共分为六个篇章：诸子论水篇、文学作品篇、水利工程篇、治水名人篇、水利法规民约篇和民俗礼仪篇。

　　诸子论水篇，汇集了春秋战国时期诸子百家代表人物对水的论述，通过了解水的特性，挖掘水的美德，呈现水文化的悠悠古韵。管子、老子、庄子、孔子、孟子、荀子、孙子、墨子、韩非子……这些大家都不约而同地对水进行阐释，不论是以水比德，还是以水释道，汪汪清水不再是自然之水，而上升为哲学之水、社会之水。

　　文学作品篇，从中华优秀传统文化佳作中撷取多篇水文章以飨读者，当我们从经辞汉赋中涉水而过，当我们沉醉于魏晋南北朝的自然山水，当我们领略着唐诗、宋词、元曲以及散文小品中的水意境，品味着现当代文学作品中的水韵味……这些诗文经典便已经融入我们的血脉、成为了我们的基因。

　　水利工程篇，主要介绍我国从古至今的著名水利工程，对国外工程也有提及，附件中专题呈现贵州水利工程，阐述不同时期、不同区域、不同国家的水利建设与政治、经济、社会、文化、环境和生态等方面的关系。

　　水利名人篇，讲述了大禹、孙叔敖、西门豹、李冰、贾让、王景、马臻、姜师度、郭守敬、潘季驯、林则徐、李仪祉和黄大发等水利名人的故事，他们可歌可泣的治水经历，体现了中华民族不畏艰险、科学治水、担当奉献、勇于创新的伟大精神。

　　水利法规民约篇，涉及我国历代水利法规、制度、管理机构、民间规约等制度层面的水文化遗产，对不断提升当代中国水利事业管理的制度化、法治化水平，具有重要意义。

　　民俗礼仪篇，通过对水与节日习俗、水与民族风情、水与人生礼仪关系的阐述，展示与水相关的祭祀性、情感性、民族性等丰富多彩的风俗礼仪。这些各不相同的风俗礼仪，既相互交织，又各具特色，为人们描绘了一幅幅饶有趣味的水俗文化画卷。

　　此书由蔡梅、杨莹、白雪、余丹丹、瞿泓五位老师共同编写，旨在传播中华优秀传统文化，亦将用于国际学生文化实践课程。在撰写过程中，参考借鉴了诸多文献，在此一并致谢。由于编者水平有限，疏漏在所难免，敬请批评斧正。

编者

2021 年 7 月

目　　录

前言

第一章　诸子论水篇 · 1
- 第一节　管子论水：水者，万物之本原也 · 1
- 第二节　老子论水：上善若水 · 4
- 第三节　庄子论水：善游者数能，忘水也 · 8
- 第四节　孔子论水：智者乐水 · 11
- 第五节　孟子论水：观水有术，必观其澜 · 14
- 第六节　荀子论水：冰，水为之而寒于水 · 17
- 第七节　孙子论水：兵无常势，水无常形 · 21
- 第八节　墨子论水：君子不镜于水，而镜于人 · 26
- 第九节　韩非子论水：江海不择小助，故能成其富 · 29
- 作业 · 31
- 参考文献 · 31

第二章　文学作品篇 · 32
- 第一节　经辞汉赋中的水 · 32
- 第二节　魏晋南北朝时期文学作品中的水 · 38
- 第三节　唐诗中的水 · 43
- 第四节　宋词中的水 · 52
- 第五节　元曲中的水 · 58
- 第六节　散文小品中的水 · 59
- 第七节　现当代文学作品中的水 · 65
- 作业 · 67
- 参考文献 · 67

第三章　水利工程篇 · 68
- 第一节　我国古代著名水利工程 · 68
- 第二节　我国现代著名水利工程 · 85
- 第三节　国外著名水利工程 · 95
- 作业 · 98
- 参考文献 · 98

第四章　治水名人篇 · 100
- 第一节　浩浩河川，汤汤理水——大禹 · 100
- 第二节　兴修水利第一相——孙叔敖 · 101

  第三节 兴建引漳十二渠——西门豹 ············ 102
  第四节 无坝引水都江堰——李冰 ············ 105
  第五节 双子星座，光耀两汉——贾让、王景 ············ 106
  第六节 鉴湖成就一切——马臻 ············ 108
  第七节 繁华盛唐的治水良吏——姜师度 ············ 110
  第八节 古代科技巨星——郭守敬 ············ 112
  第九节 明代河工第一人——潘季驯 ············ 114
  第十节 水利大家，治水名臣——林则徐 ············ 117
  第十一节 近代水利事业奠基人——李仪祉 ············ 121
  第十二节 绝壁凿出通天渠——黄大发 ············ 125
  作业 ············ 127
  参考文献 ············ 128

第五章 水利法规民约篇 ············ 129
  第一节 古代水利法规 ············ 129
  第二节 古代民间水利规约 ············ 134
  第三节 近现代水利法规 ············ 136
  作业 ············ 139
  参考文献 ············ 139

第六章 民俗礼仪篇 ············ 141
  第一节 水与节日习俗 ············ 141
  第二节 水与民族风情 ············ 147
  第三节 水与人生礼仪 ············ 159
  作业 ············ 170
  参考文献 ············ 170

附录 贵州水利工程 ············ 171

第一章 诸子论水篇

诸子百家是春秋战国时期学术思想派别的总称。"诸子"指的是中国先秦时期管子、孔子、墨子、老子、庄子、孟子、荀子等学术思想的代表人物;"百家"指的是儒家、道家、墨家、名家、法家等各个学术流派的代表人物。春秋战国时期,学派众多,学说丰富,为中国文化发展奠定了基础。其中儒家代表人物有孔子、孟子、荀子,道家代表人物有老子、庄子,墨家代表人物为墨子,法家代表人物为韩非子,兵家代表人物为孙子,也有融百家思想于一炉的集大成者——管子,这些大家不约而同都对水都有着不同的阐述。

第一节 管子论水:水者,万物之本原也

管仲(公元前 723—公元前 645 年),姬姓,管氏,名夷吾,字仲,谥敬,被称为管子、管夷吾、管敬仲,颍上(今安徽省阜阳市颍上县)人。春秋时期法家代表人物,中国古代著名的哲学家、政治家、军事家,被誉为"圣人之师""华夏文明的保护者""华夏第一相"。

管仲在任内大兴改革(史称管仲改革),富国强兵,重视商业。管仲的重商政策,使齐国商业繁荣,一举成为强国。

《管子》一书是管仲及管仲学派的著述总集。该书篇幅宏伟,内容复杂,思想丰富。如《牧民》《形势》等篇讲霸政法术;《侈靡》《治国》等篇论经济生产,此亦为《管子》精华,可谓齐国称霸的经济政策;《七法》《兵法》等篇言兵法;《宙合》《枢言》等篇谈哲学及阴阳五行等;其余如《大匡》《小匡》《戒》《弟子职》《封禅》等为杂说。《管子》是研究我国古代特别是先秦学术文化思想的重要典籍。

《管子》认为,世界万物和生命起源于水,没有水就没有万物的产生和存在。《管子》在中国思想史上第一次明确提出了"水是万物之本原"的论断,并有专论水的篇章。在《水地》《度地》《地员》以及其他篇章中,全面论述了自然之水与工农业生产、人类生活的重要关系,赋予水以道德、民俗、政治、宗教等一系列社会属性,使自然之水演变为文化之水。书中关于水文化、水哲学的思想丰富深厚,不论是水本源思想还是关于选址建城的风水思想以及治理水害的思想,至今对城市建设仍具有十分重要的实用价值。

篇章一

是故具者何也?水是也。万物莫不以生,唯知其托者能为之正。具者,水是也。故曰:水者何也?万物之本原也,诸生之宗室也;美恶、贤不肖、愚俊之所产也。

——《管子·水地》

译文

　　因此，具备一切特性的是什么东西呢？水。万物莫不因水而生，唯有了解万物的寄托，才知其中法则。具备一切品性的，就是水！所以说，水是什么，水就是万物的本原，是一切生命的植根之所在，美和丑、贤和不肖、愚蠢无知和才华出众都是由它而产生的。

赏析

　　现代科学证明，人类所繁衍生息的地球70.8%的面积被海洋覆盖着，全球藏水总量约13.7亿立方千米。水是地球上最常见的物质之一，是包括人类在内的所有生命生存的重要资源，也是生物体最重要的组成部分。

　　水灌溉大地，孕育万物，繁衍人类，传承文明。有了水的浇灌，花草鲜艳，空气新鲜，百鸟争鸣，绿树成荫，大地一片生机盎然；有了水的滋养，人类文明得以延续。

　　水是人体必需的七大营养素之一。对于人来说，水是仅次于氧气的重要物质。在成人体内水的比重可达60%，儿童体内水的比重可达近80%。水不仅是构成身体的主要成分，而且还有许多生理功能。水的溶解力很强，许多物质都能溶于水，发挥重要作用；水在人体内直接参加氧化还原反应，促进各种生理活动和生化反应的进行；水的比热大，可以调节体温，保持恒定；水是体内自备的润滑剂，如皮肤的滋润及眼泪、唾液，关节囊和浆膜腔液都是相应器官的润滑剂。

　　水生万物的哲学观念（具有明显的朴素唯物论思想），几乎是中华民族一种普遍的心理意识。水是万物的始祖、根本和源头，是各种生命的根蒂，这就明确提出了水是"万物的本原""诸生之宗室"的命题，于是，自然之水经过人的理性思维便上升为"哲学之水"。

篇章二

　　地者，万物之本原，诸生之根菀也[1]；美恶、贤不肖、愚俊之所生也。水者，地之血气，如筋脉之通流者也。故曰水，具材也[2]。何以知其然也？曰：夫水淖弱[3]以清，而好洒人之恶，仁也。视之黑而白，精[4]也。量之不可使概[5]，至满而止，正也。唯无不流，至平而止，义也。人皆赴高，己独赴下，卑也。卑也者，道之室，王者之器也，而水以为都居[6]。

——《管子·水地》

注释

1. 根菀：犹言"根系"。菀，或作"苑"。

2. 具材：完备的全材。

3. 淖弱：犹言"绰约"，姿态柔美的样子。

4. 精：诚实。

5. 概：古代的一种衡准器。古人用斗斛出纳粮米时用一个长形的器物贴着斗斛的口平抹一下，使粮米不留尖，不缺欠，达到均平。

6. 都：聚。居：停。

译文

地，是万物的本原，是一切生命的根源；美与丑、贤与不肖、愚昧无知与才华出众，都是由它产生的。水，是大地的血气，它像人身上的筋脉一样，在大地流通着。所以说，水是完备的全材。怎样知道水有这种特性呢？回答是：水柔美而清亮，善于洗涤人的秽恶，显示出它的仁。水的颜色虽然黑，但它的本质却是白的，显示出它的诚实。不必使用刮平斗斛的器具计量，满了就会自动停止，显示出它的正；不拘地点畅快流去，流到平衡为止，显示出它的义。人皆往高处走，水独往低处流，显示出它的谦卑。谦卑是"道"的所在，是帝王的气度，而水就是以卑下之地作为自己聚积的地方。

赏析

《水地》篇提出了"地"与"水"为"万物本原"的观点。通篇论"水"，大致分"水为万物之本原"与"水的性质"两部分，对水与各种事物的关系作了独到的分析。虽篇名定为《水地》，但其论述，实以"水"为主。《管子》津津乐道于以自然之水的品性、功用比之于人生之"道"或君子之德，盛赞水是"具材"，它集仁德、诚实、道义、谦卑于一身，值得人们取法于水。

篇章三

故圣人之处国者，必于不倾之地，而择地形之肥饶者。乡山¹，左右经水若泽²。内为落渠³之写⁴，因大川而注焉。

——《管子·度地》

注释

1. 乡：同"向"，此处"乡山"为北面依山。
2. 若：或者。
3. 落渠：沟渠网。落，通"络"。
4. 写：同"泻"，排水。

译文

圣人建设都城，一定建在地形不会倾倒的地方，会选择一块物产丰饶的土地。北面依山，旁边有河流或湖泽提供水源。都城内修建水渠用以排水，让水随着大川河流流走。

赏析

《管子·度地》篇，重在阐述考察并选择适宜建都的自然环境。书中关于都城选址的论述，是先秦关于生存环境选择经验的概括，也充分彰显出中华民族崇尚天人合一、追求人与自然和谐相处的理想，闪耀着人类智慧的光芒。

在人类进化过程中，寻找良好的自然环境作为自己安居乐业的处所一直是人们孜孜以求的目标。事实上，在很早的时候，我们的祖先就已懂得选择"风水宝地"作为栖息之所。先民们在选址建城特别是营造都城时，都毫不例外地把水环境作为必备条件。在《管子·度地》中，强调选址建城要处于地势平缓、水资源丰富、物产富饶的地方，要背山临水以利于城池的防御，要统筹兼顾供水、排水及防洪等需要。即建在高地的，不能靠近干旱地区，要有充足的水源；建在低地的，不能靠近低洼地，以省去修建排水沟渠的费用。先民对"水"的重视，可见一斑。

当前，我国已进入城镇化快速发展阶段，城市发展在人口、资源、环境和生态上面临更为严峻的挑战。建设什么样的宜居城市，怎样建设人与自然和谐共处的美丽家园，需要我们牢固树立尊重自然、顺应自然、保护自然的理念，把握好城市发展生产空间、生活空间、生态空间的内在联系，科学规划、务实行动，努力把城市建设成为人与人、人与自然和谐共处的美丽家园，让人民群众"望得见山、看得见水、记得住乡愁"。

第二节 老子论水：上善若水

老子（约公元前571—公元前471年），姓李名耳，字聃，春秋末期人，中国古代思想家、哲学家、文学家和史学家。道家学派创始人和主要代表人物，与庄子并称"老庄"。被列为世界文化名人，世界百位历史名人之一。

老子曾担任周朝守藏室之史，以博学而闻名。孔子曾入周向他问礼。春秋末年，天下大乱，老子欲弃官归隐，遂骑青牛西行。到达灵宝函谷关时，受关令尹喜之请著《道德经》，流传于世。《道德经》（又称《老子》），共计五千字左右，分成八十一章，编为上下两篇，上篇道经三十七章，下篇德经四十四章。

老子的思想对中国哲学发展具有深刻影响，其核心是朴素的辩证法。在政治上，主张无为而治、不言之教；在权术上，讲究物极必反之理；在修身方面，讲究虚心实腹、不与人争的修为，是道家"性命双修"的始祖。

《道德经》的思想博大精深，它把具有丰富哲学内容和政治内容的思想都归之于一个最高范畴——"道"之下。老子多处以水或与水有关的物象来比况、阐发"道"的精深和妙用，甚至水还一度被老子推崇为"道"的象征。从地理环境来看，老子生长和主要活动的地方为河洛、江汉之间的水泽地带。长期与水打交道，尤其是水所独具的各种形态和性质、功能，必然会深深启发老子的道机。而自然界中的水，分布广泛，孕育生命万物，与生命存在有着紧密联系，恰恰与老子的"道"有着十分相似之处。当我们力求把握老子之"道"的精髓和特点时，发现其影响至深的哲学精见竟是水性的化身。因此有人说：老子的哲学就是水性哲学。

篇章一

上善若水[1]。水善利万物而不争[2]，处众人之所恶[3]，故几于道[4]。
居善地[5]，心善渊[6]，与善仁[7]，言善信[8]，正善治[9]，事善能[10]，动善时[11]。
夫唯不争，故无尤[12]。

——《老子·八章》

注释

1. 上善若水：上善，最高的善，即德善。若水，像水的某些特性一样。
2. 不争：不与物发生摩擦与争执，不产生矛盾。
3. 众人之所恶：普通人所讨厌的低处。
4. 几于道：接近于道。道无形无象，人们要直观地理解道的丰富内涵，可从水这一大自然的现象获得启示。
5. 居善地：居，日常生活。善，意动用法，以……为善。日常生活以谦下为善。
6. 心善渊：渊，水之源头，清澈而深。人心要以清澈、欲望不多为善。
7. 与善仁：即与人相处，以仁慈为善。
8. 言善信：说话以诚信为善，不以动听为善。
9. 正善治：正，同"政"。即政治治理以社会平安为善。
10. 事善能：人间诸事以人能够胜任为善。
11. 动善时：做事要以合乎时机为善。
12. 无尤：没有过失。尤，过也。

译文

最高的善好像水一样，水善于滋润万物而不与万物相争，愿意停留在众人都不喜欢的低下的地方，所以它最接近于"道"。

日常起居以谦虚低下为善，心灵要以沉静寡欲为善，与人相处要以真诚友好为善，说话要以信守诺言为善，政治治理要以天下太平为善，做事要以能够胜任为善，行动要以合乎时机为善。

最善的人的所作所为，正因为不争，所以没有过失，也就没有怨咎。

赏析

"上善若水"是老子人生哲学的总纲，也是老子人生观的综合体现。

此章以水为喻，揭示了"道"以巧妙的方式予人以好处、不与人发生争执的方法，进而提出了七种为人处事的原则，最后得出结论：只有不挑起争执，才不会做过头的事。老子由水的品格娓娓道来，讲了一连串富有人生哲学意味的行为准则，这无疑对我们的立身处世具有十分重要的启迪。

水总是流向低凹的、最安全的地方，无倾覆之患；水静而清澈湛然，无色透明，无混无浊，可鉴万物；水善养万物，施恩不求报，植物皆沾滋润之恩，动物咸获饮食之惠。清代诗人阮元《吴兴杂诗》写到："交流四水抱城斜，散作千溪遍万家。深处种菱浅种稻，不深不浅种荷花。"淋漓尽致阐述了水的功用。水利万物，无有偏斜，去污洗浊，行船渡筏，兴云降雨，生物育人，功不可没。水之体性，虽有"七善"，但皆出于自然，与物无争，所以，水才没有过失。

此章以水喻道，说明人所应具备的品格。最高尚的善人，居住要像水一样选择低下的地方，心胸要像水一样善于容纳百川而深沉宁静，待人要像水一样无私仁爱，说话要像水一样平准有信，为政要像水一样公正平衡，做事要像水一样无所不及而又无所不能，行动要像水一样善于把握时机适时而动。最后得出的结论是：正因为这种人像水一样不争，所以才会避免祸患，处顺善终。老子由水的品格讲了做人做事的行为准则，为我们走好人生路提供了路标、尺度和借鉴。

"不争",是老子之道中体现其生活准则的重要特性。老子"不争"观念的提出,源于他所处社会充斥着勾心斗角、尔虞我诈的丑恶,国与国之间兵戎相见,人与人之间争名夺利。有鉴于此,老子大声疾呼,让人们效法"水利万物而不争"的精神,做到"为而不争"。当然,老子的这种"不争",不是消极处世,而是为了消除人类争端,亦是无奈之举。其实,老子并不反对人们去"为",只是强调所"为"要像水一样,能"善利万物"。所收获的成果,并不据为己有,所获得的功劳,也不自己独享,而是与大家共有。

篇章二

天下莫柔弱于水,而攻坚强者莫之能胜,以其[1]无以易[2]之。弱之胜强,柔之胜刚,天下莫不知,莫能行。是以圣人云:受国之垢[3],是谓社稷主;受国不祥[4],是为天下王。正言若反[5]。

——《老子·七十八章》

注释

1. 其:代词,指代"攻坚强者莫之能胜"这一事实。
2. 易:交换,代替。
3. 垢:耻辱。
4. 不祥:即灾难。
5. 正言若反:正言,合乎道的话语;若反,言语的表面意思和实际的意思是相反的。

译文

天下再没有什么东西比水更柔弱了,而攻坚克强却没有什么东西可以胜过水。弱胜过强,柔胜过刚,天下没有人不知道这个道理,但是没有人能在实际的生活中践行。所以圣人说:"能够承担一个诸侯国的耻辱,这就叫做国家的君主;能够承担诸侯国的祸灾,这就叫作天下的君王。"合乎道的话,表面意思与实际的意思看起来是相反的。

赏析

本章以水的柔弱形象为喻,论证柔弱胜刚强的道理,进一步阐述如何做诸侯王、做天下王的道理,并又从为政的道理上升到言说的一般原则,正言若反。

天下最柔和的莫过于水,天清地宁之时,谁也看不到它的存在,谁也不在乎它的作用,但是,当它驰骋天下、摧枯拉朽、涤荡污垢的时候,却充分显示了它无与伦比的巨大威力。这一威力是"强"者永远无法阻挡的。

老子贵柔,把"柔弱"作为自己生命哲学的重要范畴,而水集"柔"诸多特质于一身,恰好可以凸显老子"柔"的思想。在这里,老子所谓的"柔弱",并不是人们通常所指的软弱无力,而是具有十足韧性和顽强耐力的"柔"。水能因物赋形,貌似柔弱而内在坚强,全身充满着一种坚韧不拔的精神,"金以刚折,水以柔全""水滴石穿,绳锯木断""天下至柔驰至坚,江流浩荡万山穿"皆同理。

柔能克刚,不但是自然界的一条重要法则,也是人类社会的一个普遍规律,因而老子告诫人们要"知其雄,守其雌""知其白,守其黑""知其荣,守其辱"(《老子·二十八章》）。虽有雄健之势，却甘居于雌弱之地；虽有洁白之身，却甘处黑暗之中；虽有光荣之誉，却甘居卑辱之位。

篇章三

　　古之善为士者[1]，微妙玄通，深不可识。夫唯不可识，故强为之容[2]：豫焉[3]若冬涉川，犹兮若畏四邻，俨兮其若容[4]；涣兮若冰之将释[5]，敦兮其若朴[6]，旷兮其若谷[7]，混兮其若浊[8]。

　　孰能浊以静之徐清[9]？孰能安以久动之徐生[10]？保此道者不欲盈[11]。夫唯不盈，故能蔽而新成[12]。

——《老子·十五章》

注释

1. 古之善为士者：古时候善于保持士的形象与身份的人。
2. 强为之容：勉强地为他作刻画与描写。容，以形象的手法为之刻画与描写。
3. 豫焉：犹豫的样子。
4. 俨兮其若容：俨，衣冠整齐的样子。容，当作"客"字。
5. 涣兮若冰之将释：春季之时，冰将融化时那样悄无声息的变化，融于水中，不着痕迹。
6. 敦兮其若朴：敦，厚、实。朴，树木伐倒而未制成器皿的原始状态。喻善为士者的古朴纯真之情。
7. 旷兮其若谷：指古之善为士者的胸怀像山谷一样空旷。
8. 混兮其若浊：（善为士者）能包容各种不同性质的东西，其德仿佛如浊水。
9. 孰能浊以静之徐清：孰，谁。能浊以静，既能保持混浊而又能保持道之静。以，连词，而。
10. 孰能安以久动之徐生：谁能效法道无声无息地运行而让事物按照它们固有的节律生长呢？
11. 盈：满。引申为鼎盛状态。
12. 能蔽而新成：蔽，旧。能蔽，守道。新成，日新不已。能蔽而新成，即是说能持守恒古之道则能日新不已。

译文

　　古时候善于保持士的形象与身份的人，微妙而深达于道，不能够完全认识他。正是因为不能认识他，所以只能勉强地形容他的样子：小心谨慎啊，好像冬天踩着冰过河；警觉戒备啊，好像防备着邻国的进攻；严肃拘谨啊，好像去赴宴做客；行动洒脱啊，好像冰块消融、春水流动；朴实厚道啊，好像没有经过加工的原料；旷远豁达啊，好像深幽的山谷；浑厚宽容啊，好像不清亮的浊水。

　　谁能既像浊水又能心静而达到道之清静呢？谁能既守安宁又有活力而达到道之舒徐地使万物生长呢？大概只有保守此"道"而不想让事物达到鼎盛的人吧。只有让事物不达到鼎盛状态，才能够做到守旧创新。

赏析

此篇实为老子以托古的方式阐发自己的理想人格。

老子的道，玄妙深奥，无状恍惚，对于一般人而言，实在难以洞悉和把握。"水"是老子文化思想中具有特殊意义和价值取向的符号，是老子喻道、阐道的重要载体。通过"水"，使老子深不可测的"道"、晦涩难懂的"道"，变得可感可触，这就为我们体会和把握"老子之道"的深切奥义打开了感性形象的大门。

而得"道"之人，正因为掌握了事物发展的普遍规律，并懂得运用规律来解决现实中的具体问题，所以内心世界极为丰富和强大，虽表面清静无为、浑厚纯朴，有时却能静极而动，迸发出惊人的创造力。文中，老子以"水"喻道，化无形为有形，诸如"豫焉若冬涉川""涣兮若冰之将释""混兮其若浊""浊以静之徐清"等，使得"道"之人谨慎、警惕、严肃、洒脱、圆融、纯朴、浑厚、旷达的独特形象跃然纸上。

第三节 庄子论水：善游者数能，忘水也

庄子（约公元前369年—约公元前286年），名周，战国时期宋国蒙人。战国中期思想家、哲学家、文学家。庄学的创立者。道家学派代表人物，与老子并称"老庄"。

庄子因崇尚自由而不应楚威王之聘，仅担任过宋国地方的漆园吏，史称"漆园傲吏"。其作品收录于《庄子》一书，代表作有《逍遥游》《齐物论》《养生主》等。其文想象丰富奇特，语言运用自如，灵活多变，能把微妙难言的哲理说得引人入胜，被称为"文学的哲学，哲学的文学"。

他最早提出的"内圣外王"思想对儒家影响深远。庄子在哲学思想上继承和发展了老子"道法自然"的思想观点，庄子之学其要本归于老子之言，故其著书十余万字，大多都是寓言，如其中的《渔父》《盗跖》《胠箧》等篇，都是用来辨明老子的主张的。

庄子擅长形象思维，他常常喜欢以水为载体，借寓言故事阐发"道"，借水描绘"道"之博大深邃。在《庄子》中，水意象层出不穷，他以水为道德规范，将自然物象与修身养性联系，将水和人生紧密关联，想象奇特，形象生动，蕴思深邃，语言精美，令人叹为观止。

篇章一

积也不厚，则其负大舟也无力。覆杯水于坳堂[1]之上，则芥[2]为之舟，置杯焉则胶[3]，水浅而舟大也。

——《庄子·逍遥游》

注释

1. 坳（ào）堂：室内地面上的凹陷之处。
2. 芥（jiè）：小草。
3. 胶：黏住，不能浮起来。

译文

如果水聚积不深,那么它就没有负载大船的力量了。在堂前低洼的地方倒上一杯水,一株小草就比若一艘船行驶,但是假若放一个杯子在上面就会被黏住,这是水浅而船却大的原因。

赏析

《逍遥游》是《庄子》的第一篇。"逍遥"也就是"游",即人的精神所达到一种自由自在的状态。此篇主要探讨如何实现"逍遥游"。只有顺应天地万物之本性,遵循宇宙间的各种变化规律,才能真正超越一切外物的束缚与限制,无所依恃而逍遥自在。就人而言,只有突破功名的奴役,才能保持人的自由本性。

此段是说大舟好像无拘无束,但它受到水的限制,只有积水深厚,方能航行,表明庄子认为世间万物都受到限制,其蕴含的哲学原理是:世间万物都是互相联系的,有果必有因。大舟能行的原因在于所行的水域刚好合适,但凡世间万物都必定存在相互关联,没有谁可以完全脱离他物而自我独立。就人而言,一个人的成功不可能仅仅依靠他自己的主观努力而获得,外部的条件有时甚至会起到关键作用,因而我们又可以得出另一个哲学原理,即内因是事物发展的根本动力,而外因同样也是事物发展的重要条件。

篇章二

庄子与惠子游于濠[1]梁之上。庄子曰:"鲦[2]鱼出游从容,是鱼之乐也。"惠子曰:"子非鱼,安知鱼之乐?"庄子曰:"子非我,安知我不知鱼之乐?"惠子曰:"我非子,固[3]不知子矣;子固非鱼也,子之不知鱼之乐,全矣。"庄子曰:"请循[4]其本[5]。子曰'汝安知鱼乐'云者,既已知吾知之而问我,我知之濠上也。"

——《庄子·秋水》

注释

1. 濠(háo):濠水,在今安徽省境内。"濠梁"即濠水上的桥梁。
2. 鲦(tiáo):覆宋本作"儵"。
3. 固:本来。
4. 循:追溯。
5. 本:始。

译文

庄子和惠子一起在濠水的桥上游玩。庄子说:"鲦鱼在河水中游得多么悠闲自得,这就是鱼的快乐。"惠子说:"你又不是鱼,怎么知道鱼是快乐的?"庄子说:"你不是我,怎么知道我不知道鱼儿是快乐的?"惠子说:"我不是你,固然就不知道你;你也不是鱼,你不知道鱼的快乐,这是可以完全确定的。"庄子说:"让我们回到最初的话题,你问我'你怎么知道鱼是快乐的呢'的话,就说明你很清楚我知道,所以才来问我是从哪里知道的。而我则是在濠水之上知道的。"

赏析

庄子爱鱼,自认为"知鱼之乐",所以特别爱用鱼来表达他的生命诉求。

第一章　诸子论水篇

本文轻松闲适、意趣盎然。庄子与惠子二人，各具特色：一力辩、一巧辩；一求真、一尚美；一拘泥、一超然。让人读后，会心一笑之余，又引发思考。

惠子好辩，重分析，对于事物有一种寻根究底的认知态度，重在知识的探讨；庄子智辩，重观赏，对外界的认识带有欣赏的态度，将主观的情意发挥到外物上而产生移情同感的作用。所以，如果说惠子带有逻辑家的个性，那么庄子则具有艺术家的风貌。

篇章三

颜渊问仲尼曰："吾尝济[1]乎觞深之渊，津人[2]操舟若神。吾问焉，曰：'操舟可学邪？'曰：'可。善游者数[3]能。若乃夫没人[4]，则未尝见舟而便[5]操之也。'吾问焉而不吾告，敢问何谓也？"

仲尼曰："善游者数能，忘水也。若乃夫没人之未尝见舟而便操之也，彼视渊若陵[6]，视舟之覆[7]犹其车却[8]也。覆却万方[9]陈乎前而不得入其舍[10]，恶往而不暇！"

——《庄子·达生》

注释

1. 济：渡。
2. 津人：摆渡的人。
3. 数：通"速"，急速，快速。
4. 没人：潜水的人。
5. 便：灵巧、便捷。
6. 陵：山丘。
7. 覆：翻船。
8. 却：后退。
9. 万方：万端，多端。
10. 舍：指心灵。

译文

颜渊问孔子："我曾经坐摆渡船过觞深这条河，摆渡人撑船的本领高强。我问他：'撑船的本领可以学习吗？'他说：'可以。擅长游泳的人很快就能撑船。至于那些潜水的人，他们没看见过船都能熟练地撑船。'我问他撑船的技巧，他却不告诉我。请问他的话是什么意思呢？"

孔子回答说："擅长游泳的人很快能学会撑船，是因为他们忘记了水的存在。至于那些潜水的人没看见过船也能熟练地撑船，是因为他们把深水看作陆地，把翻船看作就像是车子的倒退，而各种翻船车退的情状摆在面前，他们毫不在意、处之泰然，这样何往不悠闲从容！

赏析

在与颜回的讨论中，孔子认为善于游泳与潜水的人操舟的技艺高超，是因为他们忘记了水，忘记了对深渊、对舟覆的恐惧，不为外物所干扰，也就是达到了"虚静"的境界，而"操舟若神"的高超境界，也是经过了长期的急流恶浪的磨炼，纵有险滩恶浪，却能视若无物而达到的"无我之境"。

在庄子的哲学思想中,"虚静论"很重要,它在老子"虚静说"的基础上发展而来。庄子认为,什么荣华富贵、金钱利禄都是阻碍走向"虚静"的,只有忘掉这些,内心才能安静,安静就能明澈,内心清明就能顺其自然,就没有什么事情做不成。这种得道之人是庄子理想人格的体现,他们不受外界的影响,与自然完全融为一体,达到精神、形体、自然的完美融合及精神自由,也就是"虚静"的精神境界。

此段寓言故事中的主角,在长期的实践锻炼中、在忘我的状态下,达到了精神的"虚静"境界和技艺的神妙化境。庄子通过寓言故事中人物的高超技艺,对"虚静"予以形象化的表达,使读者可知可感。

第四节　孔子论水：智者乐水

孔子（公元前551—公元前479年）,儒家学派创始人,子姓,孔氏,名丘,字仲尼,鲁国陬邑（今山东省曲阜市）人,祖籍宋国栗邑（今河南省夏邑县）,中国古代思想家、政治家、教育家。

孔子一生与水结下了不解之缘,其博大精深的文化思想中蕴含丰富的水文化。孔子的"乐水",绝不仅仅是陶醉、流连于水的自然之趣,而是通过对水的观察、体验和思考,或从社会历史层面、或从哲学思辨角度、或从立身教化观念阐发对水的深刻理解和认识,进而把握、认识人生、社会和自然世界的规律。因此可以说,孔子对水的感悟和思考,很大程度上是以构建儒家伦理道德思想为切入点的。

> **篇章一**
> 子曰："知（zhì）者乐（yào）水,仁者乐（yào）山；知（zhì）者动,仁者静；知者乐（lè）,仁者寿。"
>
> ——《论语·雍也》

译文

孔子说："智慧的人喜爱水,仁义的人喜爱山；智慧的人懂得变通,仁义的人心境平和。智慧的人快乐,仁义的人长寿。"

赏析

孔子开创儒家学派,以"仁"为学说核心,以中庸为思想方法,重血亲人伦,重现世事功,重实践理性,重道德修养。他观水,体现的是其儒家伦理道德思想。

在此段中,孔子将"知者"与"仁者"的习性作了比较,着重强调了智、仁的人生功效。孔子说：知者达于事理而周流无滞,有似于水,故乐水；仁者安于义理而厚重不迁,有似于山,故乐山。孔子认为智者如水,流动奔腾,永不停息,喜欢奇思妙想,乐于开拓进取；仁者如山,仁慈宽厚,稳重不迁,喜欢平和安静,乐于安稳。智者是富于运动变化的,仁者是富于宁静安详的。所以,智者快乐,而仁者长寿,从而达到善美合一、天人合一、人文合一的精妙境界,这正是孔子智、仁学说所彰显的人性化内涵。

> **篇章二**
> 　　孔子观于东流之水，子贡问曰："君子所见大水必观焉，何也？"
> 　　孔子对曰："以其不息，且遍与诸生而不为也[1]，夫水有似乎德；其流也，则卑下倨拘[2]必循其理，此似义；浩浩乎无屈尽之期，此似道；流行赴百仞之嵠而不惧，此似勇；至量[3]必平之，此似法；盛而不求概[4]，此似正；绰约[5]微达[6]，此似察；发源必东，此似志；以出以入，万物就以化洁，此似善化[7]也。水之德有若此，是故君子见必观焉。"
>
> ——《孔子家语·三恕》

注释

1. 遍与诸生而不为：普遍给予万物，却不认为有功。
2. 倨拘：弯曲。
3. 至量：用水做标准来衡量。
4. 概：用量器量物时，用来刮平的小木条。
5. 绰约：柔弱。
6. 微达：很细微的地方都能到达。
7. 善化：善于教化改造。

译文

　　孔子观赏着向东流去的水，子贡向孔夫子问道："君子见到大水一定要观赏，是什么缘故呢？"

　　孔子回答说，因为它不停地奔流，滋润万物，却不认为自己有什么功劳，这就像德；水流动时，在高下弯曲的地方必定遵循地形，这就像义；水浩浩荡荡地流淌，没有穷尽之日，这就像道；水流向很深的山谷而无所畏惧，这就像勇；用水来测量必定是平的，这就像法；水盈满时，不必用概刮平，这就像正直端正；水虽柔弱，但细微之处都能到达，这就像明察；发源后一定向东流，这就像志；经水洗过，万物都干干净净，这就像善于教化。水因为具有这样的美德，所以有品德修为的人看到就一定要观赏啊！

赏析

　　此段选自《孔子家语·三恕》。《孔子家语》又名《孔氏家语》，或简称《家语》，儒家类著作。原书二十七卷，今本为十卷，共四十四篇，是一部记录孔子及孔门弟子思想言行的著作，为孔子门人所撰。今传本《孔子家语》共十卷四十四篇，魏王肃注，书后附有王肃序和《后序》。过去，历代前人多认为此书是伪书，但随着近代简帛文献的出土证明，确信为先秦旧籍，《孔子家语》的真实性与文献价值越来越为学术界所重视。该书对于全面研究和准确把握早期儒学有较大价值。

　　儒家在人与自然的审美关系中，崇尚"比德"，即从客体自然物（如山、水、玉、竹、松等）的某一特征中品味领悟出某种与主体人（君子）相关的美德，作为某种品性、德行的象征,使人们效法之。自然美只是个象征、形式,而道德美、人格美才是实质。文中将水的各种自然属性和特点,与君子的德、义、道、勇、法、正、察、志、善化等优秀品德修养一一对应,体现了儒家"以水比德"的思想,精辟至极,大道至简,生动贴切,通俗易懂。可以看出,孔子以水为比德的载体,描绘他理想中具备崇高人格的君子形象,其观水的着眼点不是水的自然之美,而是试图通过"水",架起水之美与人之善之间的内在联系的桥梁,放大"水德"的社会意义和社会价值,并由此推衍出儒家立身处世的道理和准则。此时,自然之水也就成了体现孔子伦理道德体系的感性形式和观念象征,成为了儒家文化的"道德之水"和"人格之水"。

篇章三

子曰"点,尔何如?"

鼓瑟[1]希[2],铿尔,舍瑟而作[3],对曰:"异乎三子者之撰[4]。"

子曰:"何伤[5]乎?亦各言其志也。"

曰:"莫春[6]者,春服既[7]成,冠[8]者五六[9]人,童子六七[10]人,浴乎沂[11],风乎舞雩[12],咏而归。"

夫子喟然[13]叹曰:"吾与[14]点也!"

——《论语·先进》

注释

1. 瑟:古乐器。

2. 希:同"稀",稀疏,这里指鼓瑟的声音已接近尾声。

3. 作:立起来,站起身。

4. 撰:表述。

5. 伤:妨害。

6. 莫春:指农历三月。莫,通"暮"。

7. 既:副词,已经。

8. 冠:古时男子二十岁成年,束发加冠。

9. 五六,虚数。

10. 六七,虚数。

11. 沂:沂水。

12. 舞雩:鲁国祭天求雨的地方。

13. 喟然:叹息的样子。

14. 与:赞成。

译文

孔子又问:"曾皙,你怎么样呢?"

这时曾皙弹瑟的声音逐渐放慢,随着"铿"的一声,他离开瑟,站起来回答说:"我想的和他们三位不一样。"

孔子说:"这有什么关系呢?不过是各人讲述自己的志向罢了。"

曾皙说:"暮春三月,已经换上了春天的衣服,我和五六位成年人、六七个少年,去沂河里游泳,在舞雩台上迎风乘凉,一路唱着歌走回来。"

孔子长叹一声说:"我是赞成曾皙的想法的。"

赏析

这是一篇优美的散文,记录了孔子和子路、曾皙、冉有、公西华这四个弟子"言志"的一段话,生动再现了孔子和学生一起畅谈理想的情境,和悦的气氛和美好的意境完美融合。四个弟子,性情迥异,个性鲜明。子路有抱负、坦诚,性格比较鲁莽、轻率急躁;曾皙懂礼爱乐,洒脱高雅,卓尔不群;冉有谦虚谨慎,说话极有分寸;公西华谦恭有礼,说话委婉,善于辞令。虽是孔子和学生们各言其志之作,但反映出孔子政治思想上的倾向。孔子认为,前三个人的治国方法,都没有谈到根本上,他之所以赞赏曾点的主张,是因为曾点用形象地描绘了礼乐之治下和平喜乐的景象,体现了儒家思想中"仁"和"礼"的治国愿景。

第五节 孟子论水:观水有术,必观其澜

孟子,名轲,字子舆(约公元前372年—公元前289年),邹国(今山东邹城东南)人。战国时期哲学家、思想家、政治家、教育家。为孔子之后、荀子之前的儒家学派代表人物,与孔子并称"孔孟"。孟子宣扬"仁政",最早提出"民贵君轻"思想,被韩愈列为先秦儒家继承孔子"道统"的人物,元朝追封为"亚圣"。

春秋末期,孔子从文化的视角解析古史时代的更替,塑造大禹精神,开启"水"的哲学阐释。一百多年后,孟子继承了孔子的思想,更加拓展和丰富了"水"的文化、哲学思想。孟子通过对水的观察、思考,"借水"阐发事理,并上升到哲学层面,从而使水成为其哲学思想和治国理念的重要符号。孟子民本思想中表达了水与国富民安的关系。孟子不但提出治水要尊重客观规律的科学思想,还将兴水利、除水害与治国安邦的辩证关系作了最清晰的阐述。作为战国时代了解水利本质并进行哲学阐释的先贤,孟子关于水的论述对后代产生了深远的影响。

篇章一

恻隐之心,仁之端[1]也;羞恶之心,义之端也;辞让之心,礼之端也;是非之心,智之端也。人之有是四端也,犹其有四体也。有是四端而自谓不能者,自贼者也;谓其君不能者,贼其君者也。凡有四端于我者,知皆扩而充之矣,若火之始然[2],泉之始达。苟能充之,足以保[3]四海;苟不充之,不足以事父母。

——《孟子·公孙丑上》

注释

1. 端:发端,开始。

2. 然:"燃"的本字。
3. 保:定。

译文

同情之心是仁的开端,羞耻之心是义的开端,谦让之心是礼的开端,是非之心是智的开端。人有这四种德行的开端,就像他有四肢一样。有这四种德行却说自己不行,这是自己害自己;说他的君主不行,这是害他的君主。凡自身具有这四种德行的人,若懂得扩充它们,它们就会像火刚刚燃起、泉水刚刚涌出一样,不可遏止。如果能扩充它们,就足以安定天下;如果不扩充它们,就连侍奉父母都做不到。

赏析

四端,是儒家称应有的四种德行,是孟子思想的一个重要内容,也是他对先秦儒学理论的一个重要贡献。孟子的性善论、仁义论、仁政论等都与"四端"说有关,是围绕"四端"说展开的。可以说,"四端"说的提出,才真正标志着孟子思想的成熟。

在孟子性善说的体系中,突出了孔子伦理体系中的仁、义、礼、智,他把这四者与人性善的思想有机地结合起来,认为人生下来就具有的恻隐之心、羞恶之心、辞让之心、是非之心,是仁、义、礼、智这四大伦理道德范畴的根芽,即"四端"。与此同时,孟子还认为人的善性是本性所固有的,是天赋的"良知""良能",而不是受外在影响、教育的结果,进而得出了"圣人与我同类""人皆可以为尧舜"的结论。至于圣人与普通人的区别,孟子认为圣人之所以为圣,是由"圣人先得我心之所同然耳"——圣人只不过先把人人都具备的"善端"加以扩充而已。孟子性善论的思想一提出,便引发了激烈的争论。而大千世界普遍存在的水,便被睿智的孟子拿来作为论证性善、反击敌论的有力武器。以水为载体,阐发性善,可为孟子性善说的一个鲜明特点。

后人根据"四端"引申出成语——恻隐之心,指见到遭受灾祸或不幸的人产生同情之心。

篇章二

徐子¹曰:"仲尼亟²称于水,曰:'水哉,水哉!'何取于水也?"孟子曰:"源泉混混³,不舍昼夜,盈科而后进⁴,放乎四海。有本者如是,是之取尔⁵。苟为无本,七八月之间雨集⁶,沟浍⁷皆盈;其涸也,可立而待也。故声闻过情,君子耻之。"

——《孟子·离娄下》

注释

1. 徐子:徐辟。
2. 亟(qì):屡次。
3. 混混:水流浩大的样子。
4. 科:坎。
5. 是之取尔:"取是尔"的倒装;尔,同"耳"。
6. 七八月之间雨集:周历七八月相当于夏历五六月,正是雨多的时候。
7. 沟浍:泛指田间水道。浍,田间水渠。

译文

徐子说:"孔子好几次称赞水,说:'水呀,水呀!'他看中了水的哪一点呢?"孟子说:"有源头之水滚滚而来,从早到晚不停止,注满洼地再往前流,奔向大海。凡是有本源的事物都像这样,孔子就是看中这一点罢了。如果没有本源,就像七、八月间的雨水,虽然一时也能注满沟渠,但是很快就会干涸。所以声誉超过实情的,君子便会以它为耻。"

赏析

孟子特别强调了"有源之水"的重要性,指出只有有源之水,才能不舍昼夜,奔流不息;而无源(无本)之水,即使在某一时段因雨水骤至而河满沟溢,但时令一过,干涸也就随之而来。可见,孟子这番议论是借水性表现君子立身修道的经历:一是君子要像有源之水那样立于儒家之道这个根本上,才能获得取之不尽、用之不竭的动力源泉;二是水之"不舍昼夜,盈科而后进"的特点,正与君子锲而不舍的修道过程相似,既有充盈的本源,又能坚持不懈、努力躬行,才会臻于道德学问的化境。

人性问题,早在春秋时就已出现,并逐渐成为先秦思想家们津津乐道的一个重大命题。孔子认为"性相近,习相远"(只是说人性之初大致相近,并未做善恶之分),法家认为"性好利",荀子认为"性恶,其善者伪也",告子认为"性无善无不善",等等。

篇章三

孟子曰:"孔子登东山[1]而小鲁,登泰山而小天下,故观于海者难为水,游于圣人之门者难为言。观水有术,必观其澜。日月有明,容光[2]必照焉。流水之为物也,不盈科不行;君子之志于道也,不成章不达[3]。"

——《孟子·尽心上》

注释

1. 东山:即蒙山,在今山东蒙阴南。
2. 容光:小缝隙。
3. 不成章不达:成章,事物达到一定的阶段,具有一定的规模;不达,不达目的。

译文

孟子说:"孔子登上了东山,便觉得鲁国变小了;登上了泰山,便觉得天下变小了。所以,看过大海的人,就难以被别的水浪吸引了;在圣人门下学习的人,就难以被别的言论吸引了。观赏水有一定的方法,一定要观赏它汹涌澎湃的壮观。日月有光亮,细小的缝隙必定都能透过。流水啊,不注满洼坑就不再向前流;君子有志于道,不到一定的修为,便不走仕途之路。"

赏析

在孟子眼里,大海之所以波澜汹涌,是因为其本身的浩渺无垠所致。"观水有术,必观其澜",此时此刻,孟子心目中的水,不仅能"悦目",还含有"善"的品质,他并不只是欣赏水的自然之美,而重在其"比德"的功用。他强调从水的自然形态、功能中寻觅和挖掘出对人生、对社会的深切体验和认识。流水不放过任何坑坑洼洼，不把它们填满便不会向前流，这种脚踏实地、循序渐进的品格，正是立志行道的君子所应追慕的。盈科而后进，表现的是流水的品质和追求；成章而后达，彰显的是求学、做人的标准和境界。

晚年，孟子回到故乡邹邑（今山东邹城），"退而与万章之徒"著书立说时，字里行间中表现出对大海的由衷敬畏。泰山雄伟，峻极于天，登上去天下都变小了；沧海浩瀚，横无际涯，看过之后其他小河小湖就没什么看头了。所以，登山就要登泰山，观水就要观海水，做学问就要做于圣人之门，这样才会拓展胸襟，提升境界，增长知识。这就启示我们：人生有如登泰山，须要拾级而上，一步一个脚印，永不歇息，才能饱览顶峰的独特美景、感受胜景的气势恢宏。

我们发现，在孟子的言论中，时时闪烁着朴素唯物主义的思想火花。他认为，任何事物都是矛盾的，并非一成不变，在一定条件下会互相转化。

第六节　荀子论水：冰，水为之而寒于水

荀子，名况，字卿，赵国人，战国末期著名思想家、文学家、政治家。儒家代表人物之一。他曾三次出任齐国稷下学宫的祭酒，后为楚兰陵（位于今山东兰陵县）令。荀子是战国后期的儒家代表人物，时与孟子并列。对儒家思想有所发展，在人性问题上，提倡性恶论，否认天赋的道德观念，强调后天环境和教育对人的影响。他的弟子韩非成为法家的代表人物。

荀子继承了儒家以水比德的观念，从不同角度，把水的自然特征与人类的美好品格联系起来，使自然之水人格化，因而兼具多种美好品格。这种理想人格，是做人的最高境界。除此之外，荀子的"载舟覆舟"理论阐述的是水的平衡，统治者治理天下，要使天下之水平顺，让舟平稳行驶，不要掀起狂风巨浪，以避免水上之舟倾覆。总体来说，荀子论水是论水的理性，其哲学思想是主张水的平衡和平正，和他的治理天下要公平公正、循礼而行的思想是一脉相承的。

篇章一

君子曰：学不可以已。

青，取之于蓝，而青于蓝；冰，水为之而寒于水。木直中绳，𫐓以为轮，其曲中规，虽有槁暴，不复挺者，𫐓使之然也。故木受绳则直，金就砺则利，君子博学而日参省乎己，则知明而行无过矣。

吾尝终日而思矣，不如须臾之所学也；吾尝跂而望矣，不如登高之博见也。登高而招，臂非加长也，而见者远；顺风而呼，声非加疾也，而闻者彰。假舆马者，非利足也，而致千里；假舟楫者，非能水也，而绝江河。君子生非异也，

第一章 诸子论水篇

> 善假于物也。
>
> 积土成山，风雨兴焉；积水成渊，蛟龙生焉；积善成德，而神明自得，圣心备焉。故不积跬步，无以至千里；不积小流，无以成江海。骐骥一跃，不能十步；驽马十驾，功在不舍。锲而舍之，朽木不折；锲而不舍，金石可镂。蚓无爪牙之利，筋骨之强，上食埃土，下饮黄泉，用心一也。蟹六跪而二螯，非蛇鳝之穴无可寄托者，用心躁也。
>
> ——《荀子·劝学》

译文

君子说：学习是不可以停止的。

靛青，是从蓼蓝里提取的，却比蓼蓝的颜色更浓；冰，是水凝结而成的，却比水更寒冷。木材笔直，合乎墨线，但能（用火）使它弯曲成车轮，木材的弯度就如同圆规画的一般，即使又被日晒，木材也不会再回复笔直状态，这是用火淬炼使它成为这样的啊。所以木材经墨线比量过就变得笔直了，金属制的刀剑拿到磨刀石上去磨就变得锋利了，君子如果广博地学习，每天检查反省自己，那么他就会智慧明达，行为没有过错了。

我曾经一天到晚地冥思苦想，却比不上片刻学到的知识收获大；我曾经踮起脚向远处望，却不如登到高处见得广。登到高处招手，手臂并没有加长，可是远处的人却能看见；顺着风向呼喊，声音并没有加大，可是人却能听得很清楚。借助车马的人，并非善于走路，却可以到达千里之远；借助舟船的人，并非善于游泳，却可以横渡长江黄河。君子的资质秉性跟一般人并没有什么不同，只是善于借助外物罢了。

累积土石，形成高山，风雨就从这里兴起了；汇积水流，形成深渊，蛟龙就从这里产生了；积累善行，养成高尚的品德，自然会心智澄明，也就具备圣人的精神境界。所以，不积累一步半步的行程，就没有办法达到千里之远；不积累细小微弱的流水，就没有办法汇成江河大海。骏马跨越一次，到达不了十步之远；劣马拉车走十天达到的路程却很远，其功劳来自于一直不停地走。如果雕刻几下就停下来了，那么腐烂的木头也不会折断；如果不停地雕刻，那么金石也能被雕刻成形。蚯蚓没有锐利的爪子、牙齿和强健的筋骨，却能向上吃到泥土、向下喝到土壤里的水，这是由于它用心专一啊。螃蟹有六条腿，两个蟹钳，但是如果没有蛇、鳝的洞穴，它就无处藏身，这是因为它用心浮躁啊。

赏析

《荀子》开篇为《劝学》，此篇多处以水作喻来阐述学习的道理。开头，即有与水有关的比喻，"青，取之于蓝，而青于蓝；冰，水为之，而寒于水"。意为，人经过学习，就像水变成冰却比水冷的道理一样，尽管水还是原来的水，却已经升华达到高一级别的层次。荀子于是说，圣人、哲人、智者、君子都来自于普通人，但他们通过不断地学习、积累、实践、提高，却使自己变得高于普通人。接着，他以水举例，"假舟楫者，非能水也，而绝江河。君子生非异也，善假于物也"，阐述要学会善借外物的道理；又以"积土成山，风雨兴焉；积水成渊，蛟龙生焉"和"不积跬步，无以至千里；不积小流，无以成江海"为喻，说明坚持不懈、日积月累在学习与修养中的重要性，劝勉人们要锲而不舍地努力学习，每日增长自己的知识，最终使我们成为有学识、有智慧、有才干的人。此处还有另一层意思：要想寒于水，就必须成为冰；要想成为江海，就要汇集细流。这就告诉我们，要立志高远，要意志坚强，要坚持不懈，要努力作为，才能做好事情，达到理想的愿景。

这些以"水"为喻的句子，生动形象，通俗易懂，使深奥的道理简单化，便于理解，易于接受。

篇章二

故人心譬如槃[1]水，正错[2]而勿动，则湛浊[3]在下而清明在上，则足以见须眉而察理矣。微风过之，湛浊动乎下，清明乱于上，则不可以得大形[4]之正也。心亦如是矣。故导之以理，养之以清，物莫之倾，则足以定是非、决嫌疑矣。小物引之，则其正外易，其心内倾，则不足以决庶[5]理矣。

——《荀子·解蔽》

注释

1. 槃（pán）：承盘，亦特指承水盘。槃水（盘中之水）。
2. 错：通"措"，放置。
3. 湛（chén）浊：污浊。
4. 大形：指人的形体。
5. 庶（shù）：众多。

译文

所以人心就像盘中的水，端正地放着不去搅动的话，沉淀的污垢就在下面，而清澈的水就在上面，如此可以照见胡须、眉毛以及肌肤的纹理了。但如果微风在它上面吹过，沉淀的污垢就会从下面泛起，在上面的清澈的水就会被搅乱，如此就不能照见人的形体的本来面目了。人的心灵也像这样啊！所以，如果用正确的道理来引导它，用高洁的品德来涵养它，外物就不能使它倾斜不正，这样就可以判定是非、决断嫌疑了。若用小事来干扰它，人的端正的形态从外表发生改变，心灵亦随之倾斜而被干扰，那么就不足以决断各种事理了。

赏析

此段文字选自《解蔽》篇，主要论述了阻碍人们获得正确认知的因素。荀子将人心比作装满水的盘子，告知人们，盘中的水只有在平静清澈的状态下才能照见物体。

荀子对后世产生较大影响，出现不少类似论述，唐代刘禹锡在《和仆射牛相公寓言二首》中亦言："心如止水鉴常明，见尽人间万物情。"如果心灵明洁得像静止的水那样，就能看清人世间的千姿百态、万种情状。诗人刘禹锡饱经坎坷，历遭变故，冷眼观察世情，方达心止如水的境界，其间是经历了诸多艰难困苦的。北宋哲学家邵雍在《观物吟》诗中说道："天下之平，莫若止水。"又说"人心当如止水则定，定则静，静则明"（邵雍《观物外篇》）。只有让各种意识沉淀下来，使内心纯粹而不杂乱，才能照见宇宙万物之理。苏轼《泛颍》诗云："画船俯明镜，笑问汝为谁？忽然生鳞甲，乱我须与眉。散为百东坡，顷刻复在兹。"东坡泛舟颍河之上，水平如镜，照见自己的倒影，忽然微风拂过水面，影子被吹乱，"散为百东坡"了，写得妙趣横生，但其中自有深意在。人心亦如水面，在没有外物干扰时，方可如实观照事物，而一旦被扰乱，失去了宁静之心，就无法明察事物了。

那么，如何改造人性呢？荀子认为教化是最重要、最有效的途径。只要用正确的道理来教化、引导人性，如同"正错而勿动"的盆水一样，自然就能够明辨事理、通晓是非大义了。也就是说，人要做到抑恶扬善，就不能经常受外界不良事物的影响而放松自己，让自己的"心中的槃水"晃动，而是要不断地学习，接受良好的教化。

> **篇章三**
> 孔子观于鲁桓公之庙，有欹器[1]焉。孔子问于守庙者曰："此为何器？"守庙者曰："此盖为宥坐[2]之器。"孔子曰："吾闻宥坐之器者，虚则欹，中则正，满则覆。"孔子顾[3]谓弟子曰："注水焉。"弟子挹[4]水而注之，中则正，满而覆，虚而欹。孔子喟然[5]而叹曰："吁，恶[6]有满而不覆者哉？"子路曰："敢问持满有道乎？"孔子曰："聪明圣知，守之以愚；功被[7]天下，守之以让；勇力抚世，守之以怯；富有四海，守之以谦。此所谓挹[8]而损之之道也。"
> ——《荀子·宥坐》

注释

1. 欹（qī）器：一种盛水的器皿，无水时歪向一边。它是一种计时器，类似沙漏。
2. 宥坐：放在座位右边用来警戒自己，类似于座右铭。"宥"通"右"。
3. 顾：回头看。
4. 挹（yì）：舀，酌，把液体盛出来。
5. 喟（kuì）然：形容叹气的样子。
6. 恶：哪里？
7. 被（pī）：古同"披"，覆盖。
8. 挹：通"抑"，抑制，谦退。

译文

孔子到鲁桓公的庙堂上参观，看到一只倾斜易覆的器皿，孔子向守庙的人问道："这是什么？"守庙的人回答说："这是放在座右，作为劝诫的器皿。"孔子说："我曾听说过这样的器皿，空了它便倾斜，适中时它就端正，满了就会倾覆。"孔子回过头来对弟子说："放水进去试试看。"于是，弟子舀水灌入，水正好时它便端正，水满了它就倾覆，空了它便倾斜。孔子看了，叹息说道："唉！一切事物哪有满而不覆的道理呢？"子路疑惑，进一步向孔子问道："敢问夫子，要保持满而不覆的状态，有什么办法吗？"孔子回答说："聪明睿智却能自安于愚，功盖天下却能谦让自持，勇力足以震撼世界却能守之以怯懦，拥有四海的财富却能谦逊自守，这就是所说的谦抑再加谦抑的方法啊！"

赏析

在《荀子·宥坐》篇中，荀子记叙了孔子师徒关于"宥坐之器"的对话，表达对学习、修身等问题的认识。

鲁国的有识之士在鲁桓公的庙中安装了"欹器"，借此警示后人，"虚则欹，中则正，满则覆"。当孔子有感于此，发出"恶有满而不倾覆"的感叹时，弟子子路请教他有无保持"满"的状态的办法，孔子借题发挥，告诫他的学生说，只有做到智高不显锋芒，居功而不自傲，勇武而示怯懦，富有而不夸显，谦虚谨慎，戒骄戒躁，才能保持长久而不衰败。荀子的这段关于孔子观"宥坐之器"的记述，所阐发的道理是十分深刻的，与今天我们常说的成语"谦受益，满招损"的意义相同。据记载，晋杜预和南朝的祖冲之都曾制过类似的欹器，以此教育子弟要好好学习，防止骄傲自满。

第七节　孙子论水：兵无常势，水无常形

孙子（约公元前545年—约公元前470年），字长卿，春秋末期齐国乐安（今山东省北部）人。古代著名的军事家、政治家，尊称兵圣或孙子（孙武子），又称"兵家至圣"，被誉为"百世兵家之师""东方兵学的鼻祖"。

春秋战国时期，战争频繁，经年不断的征伐为军事思想的产生和繁荣提供了沃土，涌现出大批著名的兵家，被誉为兵圣的孙子是其中最杰出的代表。孙子曾以《兵法》十三篇见吴王阖闾，受任为将。领兵打仗，战无不胜，与伍子胥率吴军破楚，五战五捷，率兵3万打败60万楚国大军，攻入楚国郢都。北威齐晋，南服越人，显名诸侯。孙子在军事上的伟大建树主要体现在他为后人留下不朽的军事著作——《孙子兵法》中。

《孙子兵法》十三篇，6074字，言简意丰，深刻揭示军事斗争的普遍规律，为后世兵法家所推崇，被誉为"兵学圣典"，置于《武经七书》之首。《孙子兵法》是孙武数十年南征北战的心得之作，他晚年归隐山林，进行全面修订和补充，使其臻于完善。此书在中国乃至世界军事史、军事学术史和哲学思想史上均占据极其重要的地位，并在政治、经济、军事、文化、哲学等领域被广泛运用，被译为日文、法文、德文、英文，成为国际上著名的兵学典范之书。

自古以来，水便与战争结下了不解之缘，用水代兵的战例在古今中外的战争史上屡见不鲜。水所独具的无常形及所兼有的利与害、柔弱与刚强、防御与进攻两重性的特点，与战争的特性有着某种惊人的相似之处，因此水对兵家有着巨大的启示作用。在《孙子兵法》十三篇中，有七篇直接谈到了水与战争的关系，阐述了多水环境下的作战问题。以水的特性和功用论述军事思想，堪称《孙子兵法》的鲜明特色之一。

篇章一

孙子曰：

昔之善战者，先为不可胜，以待敌之可胜[1]，不可胜在己，可胜在敌。故善战者，能为不可胜，不能使敌之可胜。故曰：胜可知[2]而不可为。不可胜者，守也；可胜者，攻也。守则不足，攻则有余[3]。善守者，藏于九地之下[4]，善攻者，动于九天之上[5]，故能自保而全胜也。

见胜不过众人之所知，非善之善者也。战胜而天下曰善，非善之善者也。故举秋毫不为多力[6]，见日月不为[7]明目，闻雷霆不为聪耳。古之所谓善战者，胜于易胜者也[8]。故善战者之胜也，无智名，无勇功。故其战胜不忒[9]。不忒者，其所措必胜[10]，胜已败者也。故善战者，立于不败之地，而不失敌之败也。是故胜兵先胜而后求战[11]，败兵先战而后求胜。善用兵者，修道而保法[12]，故能为胜败之政[13]。

兵法：一曰度[14]，二曰量[15]，三曰数[16]，四曰称[17]，五曰胜。地生度，度生量，量生数，数生称，称生胜。故胜兵若以镒称铢[18]，败兵若以铢称镒。胜者之战民也[19]，若决积水于千仞之溪者[20]，形也。

——《孙子兵法·形篇》

注释

1. 不可胜：不能被敌人战胜。可胜：敌人能够被战胜。欲战胜敌人，首先应做到自己不能被敌人所战胜，其次才可寻机战胜敌人。

2. 知：预知。

3. 则：相当于"以"，表示行为产生的原因。

4. 九地：与"九天"相对应，据西汉扬雄撰《太玄·太玄数》记载，九地即一为沙泥，二为泽池，三为沚崖，四为下田，五为中田，六为上田，七为下山，八为中山，九为上山。此处九地指地下深不可知之处。"藏于九地之下"，是形容军队行踪隐蔽，不易被敌人发现。

5. 九天：天之中央与八方。此处九天指天上高不可测之处。"动于九天之上"，是形容军队攻击的隐蔽性、突然性。

6. 秋毫：鸟兽在秋天新长出来的细毛，以防御冬天的寒冷气候，引申为轻微的事物。

7. 为：即称得上、算得上。

8. 胜于易胜者：指战胜那些经常打胜仗的人。

9. 忒（tè）：差错。

10. 措：举措、措施。

11. 先胜：预先获得取胜的把握。

12. 修：遵循。保：遵守。

13. 胜败之政：政，通"正"，表示决定、主宰。

14. 度：测度物之长短。此指度量国土面积大小。

15. 量：称量物品之多少。此处指称量国家物产的多少。

16. 数：计数，具体指计算兵员数量。
17. 称：称量物之轻重，此指权衡敌我力量对比。
18. 以镒称铢：形容胜兵力量远大于败兵力量。镒，二十两，一说为二十四两。铢，二十四分之一两。称，比较。
19. 战民：指用民于战。
20. 仞：一人平伸双臂的长度。

译文

孙子说：以前善于用兵作战的人，总是首先创设自己不可战胜的条件，并等待可以战胜敌人的机会。使自己不被战胜，其主动权掌握在自己手中；敌人能否被战胜，在于敌人是否给我们可乘之机。因此，善于作战的将领能够做到自己的军队不被敌人战胜，却不能使敌人一定会被我军战胜。所以说，胜利可以预见，却不能强求。要做到不被敌人战胜，就要防守以待之；要做到敌人被我方所战胜，就要进攻而取之。防守是因为我方兵力不足，进攻是因为兵力超过对方。善于防守的，隐藏自己的兵力如同在深不可测的地下；善于进攻的，部队就像从天而降，猝不及防。这样，才能保全自己而获得全胜。

预见胜利不能超过平常人的见识，算不上最高明；交战而后取胜，即使天下都称赞，也算不上最高明。正如举起秋毫称不上力大，看见日月算不上视力好，听见雷鸣算不上耳聪。古代所说善于用兵的人，是那些能够战胜经常打胜仗的人啊。因此，真正善于用兵的人，虽没有智慧过人的名声、没有勇武盖世的战功，但他既能打胜仗又不出任何闪失，原因在于其谋划、措施能够保证他所战胜的是已经注定失败的敌人。所以，善于打仗的人，不但使自己始终处于不被战胜的境地，而且也绝不会放过任何可以击败敌人的机会。所以，打胜仗的军队总是在具备了必胜的条件之后才交战，而打败仗的部队总是先交战，在战争中企图侥幸取胜。善于用兵的人，会遵循战争的规律，遵守克敌制胜的法则，所以能主宰胜败。

兵法说：一要估算国家土地的面积，二要推算国家物资的多少，三要统计兵源的数量，四要比较敌我双方的军事综合实力，五要判断战争的胜负。固定的国土决定了土地面积的大小，土地面积的大小决定了物产的多少，物产的多少决定了投入兵力的数量，兵力的数量决定了敌我双方的力量对比，敌我双方的力量对比决定了战争的胜负。因此，获胜的军队对于失败的一方就如同用"镒"来称"铢"，具有绝对优势，而失败的军队对于获胜的一方就如同用"铢"来称"镒"，劣势明显。胜利一方打仗，就像积水从千仞高的山涧冲决而出，势不可挡，这就是军事实力的表现。

赏析

孙子把敌对双方的力量对比建立在合理计算的基础上，而且要求这种强弱对比如同"以镒称铢"那样占有绝对优势。他以高高的山上决开积水，奔腾而下，其势不可阻挡来比喻军队具有强大的战斗力，认为只有这样的军队，用兵作战时才会有横扫千军之势，才能摧枯拉朽、战无不胜。由此可见，《孙子兵法》中的"势"，主要强调的是主观能动作用的发挥，从而造成有利的形势；"形"，主要强调的是军事实力。只有在一定的"形"的基础上，发挥将帅的指挥才能，造成有利的"势"，才能克敌制胜。

难能可贵的是，孙子在认识论上具有朴素的唯物主义倾向，他的头脑是清醒的、理智的,他并没有随心所欲地夸大人的主观能动性,而是以水为喻,使得"势""形"这对抽象概念变得具体、生动和形象起来,让我们对"势""形"有进一步的理解。

> **篇章二**
> 夫兵形象水[1],水之形避高而趋下[2],兵之形避实而击虚[3]。水因地而制流[4],兵因敌而制胜。故兵无常势,水无常形,能因敌变化而取胜者,谓之神[5]。故五行无常胜[6],四时无常位,日有短长[7],月有死生[8]。
> ——《孙子兵法·虚实篇》

注释

1. 兵形:后文有"兵无常势,水无常形",此处之形与势义同,指形势、态势。
2. 水之形:应为"行","水之行"即水的流动。
3. 兵之形:汉简本作"兵胜",可与后文"兵因敌而制胜"相对应。兵胜,即作战取胜。
4. 制流:汉简本等作"制形",即决定流向。
5. 神:指用兵如神。
6. 五行:金、木、水、火、土。胜:指五行相克,即古人所说的"五胜",具体为水胜火、火胜金、金胜木、木胜土、土胜水。无常胜,指五行没有固定的相克,总是不断变换。
7. 日有短长:一年之内白昼时间有长有短。
8. 月有死生:一个月之内月亮有圆有缺,或有盈有亏。

译文

作战方式就像水一样,水流动的规律是避开高处而向低处奔流,作战的方式是避开敌人坚固之处而攻其虚弱之处。水遵循地形变化而确定流向,作战根据敌情而采取制胜的方法。所以,作战没有固定不变的方式,水流没有固定不变的流向,能依据敌情变化而取胜的,就称得上用兵如神了。所以,用兵作战就像五行没有固定的相克一样,没有哪一个能够常胜;四季依次交替,没有哪一个季节能够固定不移,白天有短有长,月亮有缺有圆,永远处于变化之中。

赏析

孙子提出"虚实"思想,即"避实而击虚""因敌而制胜"的作战指导原则。"虚实"是指军队作战所处的两种基本态势中力弱势虚和力强势实之间的辩证关系。孙子在深刻的观察和思考中发现,水形与兵形有着十分相似之处:用兵的法则就像流动的水一样,水流动的规律是避高而趋下,用兵的规律则是避强而攻其弱,根据敌情变化灵活运用各种战法而打败敌人。他以水作喻,告诫指挥员,指挥作战时要针对敌情变化而采取灵活机动的战略战术,才能把握胜利的主动权。"避实就虚"的作战法则,则成为历代兵家克敌制胜的法宝之一。

孙子"兵无常势,水无常形"和我们所熟知的成语"刻舟求剑"所揭示的道理,有相似之处。孙子敏锐地看到,斗转星移,四时更替,一切客观事物都处于发展变化之中,战场上的情况更是瞬息万变,如果千篇一律、墨守成规地对待各种不同的战争情况,就会坐失良机,甚至功亏一篑。

> **篇章三**
>
> 孙子曰:
>
> 凡处军相敌[1],绝山依谷[2],视生处高[3],战隆无登[4],此处山之军也。绝水必远水[5],客绝水而来[6],勿迎之于水内[7],令半济而击之[8],利;欲战者,无附于水而迎客[9];视生处高,无迎水流[10],此处水上之军也。
>
> 绝斥泽[11],惟亟去无留。若交军于斥泽之中[12],必依水草而背众树[13],此处斥泽之军也。平陆处易而右背高[14],前死后生[15],此处平陆之军也。凡此四军之利,黄帝之所以胜四帝也[16]。
>
> ——《孙子兵法·行军篇》

注释

1. 处军:指行军作战过程中对军队的处理。处:处理、处置。相敌:侦察敌情。
2. 绝山依谷:穿越山地时要靠近谷地。绝:渡过、穿越、通过。
3. 视生处高:也叫"居高向阳",指居处高地面向开阔地带。视生,面向"生地","生"即"生地",也称之为"阳",表示前可进或后可退。
4. 战隆无登:与居高而下的敌人交战,不要登高迎击。
5. 绝水必远水:渡过江河以后必须远离江河。
6. 谓交战双方之防守方称为"主"或"主人",攻击方称为"客"。
7. 勿迎之于水内:不要在敌人渡到河中时就迎击他们。
8. 令半济而击之:让敌人一半已渡过河水,一半正在或准备渡河时迎击他们。
9. 附:靠近、接近。靠近江河边迎击敌人,则对方有可能会停止渡河,从而不能与之交战。
10. 无迎水流:不要逆流而向(迎敌)。迎,逆、反向。
11. 斥泽:盐碱、沼泽之地。斥,盐碱地。
12. 交军:两军相遇,此指遇见敌军。
13. 背众树:背靠树林。
14. 右背高:右侧和背后要依托高地。
15. 前死后生:前方为与敌接战之地,不与敌相战就不能再向前,故为"死地";后方为有依托之地,可退守且无须战,故为"生地"。
16. 胜:胜过、超出。四帝:中国古代帝系传说中的太皞(伏羲)、少皞、炎帝、颛顼。

译文

孙子说:在各种不同地形上处置军队和观察判断敌情时,应该注意:通过山地,必须依靠有水草的山谷,驻扎在居高向阳的地方,敌人占领高地,不要仰攻,这是在山地上对军队的处置原则。横渡江河,应远离流水驻扎,敌人渡水来战,不要在江河中迎击,而要等它渡过一半时再攻击,这样较为有利。如果要同敌人决战,不要紧靠水边列阵;在江河地带扎营,也要居高向阳,不要面迎水流,这是在江河地带上对军队处置的原则。

通过盐碱沼泽地带,要迅速离开,不要逗留;如果同敌军相遇于盐碱沼泽地带,那就必须靠近水草而背靠树林,这是在盐碱沼泽地带上对军队处置的原则。在平原上应占领开阔地域,而侧翼要依托高地,前面为死地,后面为生地,这是在平原地带上对军队处置的原则。以上四种"处军"原则的好处,就是黄帝之所以能战胜其他四帝的原因。

赏析

《孙子兵法》第九篇为《行军篇》,重在讲如何在行军中宿营和观察敌情。在这段简约的文字中,孙子提出了临水行军作战的四条原则:

一是"绝水必远水"。部队渡过江河后必须迅速远离,避免陷入背水作战的险境。远离江河,既可诱敌渡河,引敌于背水之地,又可使自己进退自如,畅通无阻。

二是"半济而击"。守方要乘敌军渡河至一半时全力反攻,歼敌于进退维谷之际。若攻方在对岸蓄势待发,守方忌主动出击,渡水迎敌会大大消耗自身的力量;若让攻方安然渡河,进入守方阵地,攻方此时气势正旺,且无退路,必然拼死进攻,守方抵抗将十分困难,即使获胜,势必代价太大。反之,对攻方而言,须尽力摆脱"半渡"状态,提前做好迎战准备,避免半路受击,溃不成军。

三是"欲战者,无附于水而迎客"。若守方准备迎战,就要适当远离河川,诱敌半渡而击;若守方不准备迎战,就阻水列阵,使敌不敢轻易强渡。

四是"视生处高,无迎水流"。两军交战,占据上游,可获得地利优势。不可处于江河下游,且要防敌从上游顺流而下,占据作战先机,甚至决堤放水或投放毒药。

从孙子提出的以上临水作战的四条原则可见,孙子重视天时、人和之时,并未忽视地利,认为占据地利的优势,是克敌制胜的先决条件。

第八节　墨子论水:君子不镜于水,而镜于人

墨子(约公元前476年—约公元前390年),名翟,春秋末期战国初期鲁国人,一说宋国人。中国古代思想家、教育家、科学家、军事家,墨家学派创始人。

墨子提出了"兼爱""非攻""尚贤""尚同""天志""明鬼""非命""非乐""节葬""节用"等观点,以"兼爱"为核心,以"节用""尚贤"为支点,创立了以几何学、物理学、光学为突出成就的一整套科学理论。墨子死后,墨子弟子根据墨子生平事迹的史料,收集其语录,编成了《墨子》一书。《墨子》内容广博,包括了政治、军事、哲学、伦理、逻辑、科技等,是研究墨子及其后学的重要史料。此书分两大部分:一部分是记载墨子言行,阐述墨子思想,主要反映了前期墨家的思想;另一部分《经上》《经下》《经说上》《经说下》《大取》《小取》6篇,着重阐述墨家的认识论和逻辑思想,还包含许多自然科学的内容,反映了后期墨家的思想。

从水文化的视角去考察,我们同样也会感受到《墨子》书中质朴而浩瀚的文化思想中透露出颇为丰富的水文化信息。墨子善用水的特性和功能来作比喻,增强其思想观点的说服力。据《墨子》记载,他曾成功地阻止齐伐鲁、鲁攻郑、楚侵宋等三次即将爆发的战

争,提出一套比较系统的对付水攻的防御办法,显示出超人的智慧和胆识。

墨子博学多识,广泛吸纳了夏、商、周文化和当时的地域文化,并在这些文化的滋养下开宗立派,创立了墨家独特的思想体系。其中,大禹治水、救世济民的伟大精神和光辉形象,深深地影响了墨子,并成为墨子和墨家效法的榜样。墨子及其弟子不但效法大禹热心实践,身体力行,而且生活俭朴,富有奉献和牺牲精神,其言行一致、亲身践履、严于律己、勇于奉献的精神和品质,可谓是大禹精神的集中体现。

篇章一

是故子墨子言曰:"古者有语曰,'君子不镜[1]于水,而镜于人。镜于水,见面之容;镜于人,则知吉与凶。'"

——《墨子·非攻》

注释

1. 镜:作为镜子。

译文

所以墨子说道:"古语说,'君子不以水为镜子,却以别人为镜子对照检查自己。(因为)以水为镜,只能看到自己的美与丑;以人为镜,才能知道心灵的善与恶。'"

赏析

"非攻"是墨子最主要的政治主张之一。墨子认为战争对国家命脉、社会生活影响巨大。虽然通过战争暂时获得了土地和人口,但带来的却是长久的生灵涂炭、民间疾苦,所以墨子极力陈述战争带来的种种恶果,警戒统治者不要重蹈覆辙。

选自《非攻》篇的"镜子学说"是劝导人们要像君子那样,不要以水为镜,而应以人为镜。以人为镜,贵在自觉对照,弃旧图新。以人为镜,可以照出一个真实的自我,洞悉自己精神境界的高与低、学识能力的优与劣、为人处事的对与错,进而见贤思齐,择善从流。正如李世民所推崇的,"以铜为镜,可以正衣冠;以古为镜,可以知兴替;以人为镜,可以明得失。"

篇章二

苟有上说之者,劝之以赏誉,威之以刑罚,我以为人之于就兼相爱、交相利也,譬之犹火之就上、水之就下也,不可防止于天下。

——《墨子·兼爱下》

译文

只要有君主喜欢,用奖赏称赞来勉励大众,用刑罚来威慑大众,我认为众人就会互相有爱,能够都得到利益,就会像火苗向上蹿、流水向下流一样自然,天下是不可防止得住的。

赏析

作为墨家学派的创始者,墨子军事思想的主旨是兼爱、非攻,但他并非一味反对战争,而是主张以义伐不义,注重战争准备,讲究防御之能,以求立于不败之地。

墨子的思想宗旨是"兼爱"。他认为当时社会的"大害""巨害"是国与国之间的战争、人与人之间的争夺,而造成这种现象的根本原因是由于人们的不相爱。因此,他主张国与国之间、人与人之间,都应当"兼相爱,交相利"。墨家以"兼爱""交利"为标准衡量各国的法律制度,评价各家的思想学说。"兼相爱"是针对"别相恶"而言,指不分亲疏、贵贱、贫富,一视同仁地爱所有的人。"交相利"是针对"交相贼"而言,主张人们互相帮助,共谋福利,反对互相争夺。墨子认为:爱是相互的,利也是相互的,爱与利的关系是对立的统一,是相辅相成、互为依存、互为条件的辩证关系。"兼爱"这种作法,不但有利于天下,而且容易做到,之所以不能施行,是因为执政者对此不感兴趣。倘若执政者大力倡导推行"兼爱"之道,就如同火向上窜、水往低处流一样,会在天下形成一种不可遏止的态势。如今,"以人为本"的思想,与墨子理论有异曲同工之处。

墨子的"兼相爱、交相利"思想之实质,是一种柔性管理,它通过人们之间的相爱来改善人际关系,消除破坏性冲突,创造良好的社会环境,使人们既能自爱又能爱人,从而使每个人的利益都能得到满足,若如此,既能符合人自然属性的需要,又能符合社会道德法律规范。

> **篇章三**
>
> 今有五锥,此其铦[1],铦者必先挫。有五刀,此其错,错者必先靡[2]。是以甘井近竭,招木近伐[3],灵龟近灼[4],神蛇近暴[5]。是故比干之殪[6],其抗也;孟贲之杀[7],其勇也;西施之沉[8],其美也;吴起之裂[9],其事也。故彼人者,寡不死其所长,故曰:太盛难守也。
>
> ——《墨子·亲士》

注释

1. 铦:锋利。
2. 靡:消磨。
3. 招木:高大的木。
4. 灵龟近灼:古人用烧灼龟甲来占卜吉凶。
5. 神蛇近暴:古人常通过暴晒蛇来祈雨。
6. 比干之殪(yì):比干,商纣的叔父,因为敢于直谏而被剖心。殪:死。
7. 孟贲之杀:孟贲,战国时卫国的大力士,后为秦武王所杀。
8. 西施之沉:西施,越国美女,被勾践送往吴国实施美人计,后被杀。沉:沉江。
9. 吴起:战国时期的军事家,被车裂而死。

译文

(比如)现在有五把锥子,其中一把最锋利,那么这一把必先被折断。有五把刀,其中一把磨得最快,那么这一把必先被损坏。所以甜的水井最易用干,高的树木最易被伐,灵验的宝龟最先被火灼占卦,神异的蛇最先被暴晒求雨。所以,比干之死,是因为他性直；孟贲被杀，是因为他逞勇；西施被沉江，是因为长得美丽；吴起被车裂，是因为他有大功。这些人很少不是死于他们的所长。所以说：太盛了就难以持久。

赏析

墨子认为，事物发展到极点，就会发生转化，难以继续保持原有状态。甘甜的水井，人人争相取用，容易枯竭；高大的树木，可以修房架屋，容易被砍伐。锥子中最锐利的那一把必定先折损；刀子中最锋利的那一把必然最先钝缺。人才亦然，比干之死、孟贲被杀、西施被沉入江中、吴起被车裂，这几个人的命运，也正契合"甘井近竭，招木近伐"的道理，都是因其所长而丧失了生命。而这些"太盛难守"的现象，恰好与辩证法所讲的适度原则有惊人的一致性。在墨子看来，为人做事必须把握好"度"，不可"太盛"，否则，事物往往会转向其对立面，这就是成语"否极泰来"之意。可见，墨子已从自然界和社会的一些具体现象中，体悟到了矛盾对立面之间相互转化的规律，尽管他这个认识是朴素的、模糊的、不明确的。

第九节　韩非子论水：江海不择小助，故能成其富

韩非（约公元前280年—公元前233年），后人称韩非子或韩子，战国时期韩国人，为韩国公子，与李斯同学于荀子，喜好刑名法术之学，为法家学派代表人物。

《韩非子》是法家学派的代表著作，共二十卷。其学说的核心是以君主专制为基础的法、术、势结合的思想，秉持进化论的历史观，主张极端的功利主义，认为人与人之间主要是利害关系，而仁爱教化辅之，强调以法治国，以利用人，对秦汉以后中国封建社会制度的建立产生了重大影响。《韩非子》一书大量采用历史故事、传说、寓言故事等来说明政治理论，生动形象，晓畅明白，具有较高的历史价值和文学价值。

史载，韩非口吃，不善言谈，长于著书，使秦之时，被同学李斯等谗言所害，入狱后服毒自杀。司马迁说"韩非囚秦，《说难》《孤愤》。"韩非虽口不善辩，然下笔汹涌，鞭辟入里；语言简洁，又不乏生动活泼之态。

篇章一

上不天则下不遍覆，心不地则物不毕载。太山不立好恶，故能成其高；江海不择小助，故能成其富。故大人寄形于天地而万物备，历心于山海而国家富。上无忿怒之毒，下无伏怨之患，上下交朴，以道为舍。故长利积，大功立，名成于前，德垂于后，治之至也。

——《韩非子·大体》

译文

上面如果没有辽阔的天，就不能覆盖整个世界；心胸如果没有大地那样宽广，就不能负载万物。泰山对土石没有好恶之心（都能包容），所以能够形成它的高大；江海对细流不加挑选，所以能够形成它的浩瀚。所以识大体的君主将自己的形体寄寓于天地而使万物

齐备，心胸像山海那样宽广而使国家富强。君主没有因愤怒而对臣民残害，臣民没有因积怨造成对君主的祸患，君主和臣下都质朴，以道为归宿。所以长远的利益积聚了，巨大的功业建立了，名望树立于生前，恩德流传于后世，这就是治理国家的最高境界啊。

赏析

此段文字选自《韩非子·大体》，该篇论述了治理社会的关键原则与法治思想的哲学基础，描述了韩非的政治理想。文中以"太山不立好恶，故能成其高""江海不择小助，故能成其富"为喻，揭示了君王要有宏大的气魄、宽广的心胸，才能使民富国强，才能建立功业且德泽后世，才能达到国家大治。韩非强调帝王应具有相当高的素养，在大权在握的时候，要有驾驭全局的雄才大略，如海纳百川的胸襟、审时度势的智慧、知人善任的能力等等。这里，"江海不择小助，故能成其富"，这个比喻就是韩非对君主格局气度的要求。

韩非虽然极力主张法治，但并不一味热衷于严刑峻法，他认为，只要人人自觉遵守法令，社会就能井然有序，百姓就会远离各种灾祸，安享太平。如果处在一个真正的法治社会，人人知法、懂法、守法，各行各业都能依法行事，公平、公正、公开，一切都在阳光下运作，人与自然和谐相处，人与人之间关系和谐，人们各司其职，各乐其业，那将是一个十分美好的世界。

篇章二

鲁穆公使众公子或宦[1]于晋，或宦于荆。犁鉏[2]曰："假[3]人于越而救溺子，越人虽善游，子必不生矣。失火而取水于海，海水虽多，火必不灭矣，远水不救近火也。今晋与荆虽强，而齐近，鲁患其不救乎！"

——《韩非子·说林上》

注释

1. 宦：做官，这里指学习处理官吏事务。
2. 犁鉏（lí chú）：人名
3. 假：借用、凭借。

译文

鲁穆公派他的儿子，有的到晋国去学习处理官吏事务，有的到楚国去学习处理官吏事务。犁鉏说："凭借越国会游泳的人来救助掉在水里的孩子，越国人即使擅长游泳，孩子也必定活不了。失火后，赶到东海去取水，海水尽管多，火一定灭不了，因为远水救不了近火。现在晋国和楚国即使强大，但齐国离鲁国近，（如果齐国攻鲁）鲁国的患难，恐怕晋国、楚国是来不及援助的。"

赏析

此段文字出自《韩非子·说林上》，"说"指民间传说和历史故事，"林"是集合之意，《说林》就是传说故事集，由于篇幅过长、内容繁多，分成上下两篇，即《说林上》与《说林下》。

春秋时，鲁国分别与强大的齐国、晋国、楚国相邻，鲁国国君鲁穆公担心齐国侵犯鲁国，便想尽各种办法结交晋、楚两大强国，希望齐国犯鲁时，能得到晋、楚的援助。为了达到结交的目的，鲁穆公派自己的儿子们有的到晋国做官，有的到楚国做官，引出了这段历史故事，这就是后来大家耳熟能详的成语——"远水不救近火"的来历。它告诫我们，面对火烧眉毛的问题，不能运用所谓的长远之策来处理，必须对症施策，达到立竿见影的效果。

作　业

本章我们学习了诸子百家代表人物对水的阐述，发现他们常常以水为媒、以水为喻、以水说事，把自然之水上升为社会之水、哲学之水。我们跟随他们通过水的千变万化、水的丰富多彩、水的精妙绝伦，了解如何处理人与自然、人与社会、人与人之间的关系，如何让世界变得精彩、变得和谐、变得美好。

在两千多年前的这些智慧大家的眼中，水成为他们比喻、思考的源头。请围绕诸子百家对水的阐述，选择其中一家的观点，作进一步的论述，写一篇500字左右的小论文。要求：观点鲜明，内容翔实。

参 考 文 献

[1] 靳怀堾. 图说诸子论水[M]. 北京：中国水利水电出版社，2015.
[2] 孔子，张艳国. 论语[M]. 武汉：崇文书局，2015.
[3] 王国轩，王秀梅. 孔子家语[M]. 北京：中华书局，2009.
[4] 杨伯峻，杨逢彬. 孟子[M]. 长沙：岳麓书社，2019.
[5] 荀况. 荀子[M]. 哈尔滨：北方文艺出版社，2013.
[6] 张晚林. 荀子[M]. 长沙：岳麓书社，2019.
[7] 吴根友. 老子[M]. 长沙：岳麓书社，2019.
[8] 萧无陂. 庄子[M]. 长沙：岳麓书社，2019.
[9] 蒋重母，邓海霞. 墨子[M]. 长沙：岳麓书社，2014.
[10] 李树浪. 孙子兵法·孙膑兵法[M]. 长沙：岳麓书社，2019.
[11] 韩非. 韩非子[M]. 黑龙江：北方文艺出版社，2013.
[12] 张觉，尤婷婷，杨晶. 韩非子[M]. 长沙：岳麓书社，2020.
[13] 李山. 管子[M]. 北京：中华书局，2016.

第二章 文学作品篇

水,作为自然的元素,是生命之源,文明之源,亦是文化之源。水,以其丰富的文化资源影响着人们的思想,对中国文学艺术影响是直接、深刻而巨大的。

无水花不开,无水花不艳,水是中国古代诗歌不休的主旋律。水还与唐诗、宋词、元曲以及现当代文学都有不解之缘。本章将从历代佳作中选取关于水意象的文学作品,感受清澈、欢畅、美丽的水世界。

第一节 经辞汉赋中的水

一、《诗经》中的水

《诗经》是我国最早的一部诗歌总集,是我国诗歌的生命起点。它收集和保存了古代诗歌305首。美丽总是在水一方,《诗经》中有很多意象采用了"水",以至影响到后世文学,在悠悠历史长河中,其由简单的自然物像过渡到富有寓意的"水意象",并形成中国文化独特的水文化现象。

秦风·蒹葭

蒹葭苍苍[1],白露[2]为霜。所谓伊人[3],在水一方[4]。溯洄从之[5],道阻且长。溯游[6]从之,宛[7]在水中央。

蒹葭萋萋[8],白露未晞[9]。所谓伊人,在水之湄[10]。溯洄从之,道阻且跻[11]。溯游从之,宛在水中坻[12]。

蒹葭采采[13],白露未已。所谓伊人,在水之涘[14]。溯洄从之,道阻且右[15]。溯游从之,宛在水中沚[16]。

注释

1. 蒹(jiān):没长穗的芦苇。葭(jiā):出生的芦苇。苍苍:茂盛的样子。
2. 白露:露水是无色的,因凝结成霜呈现白色,所以称"白露"。
3. 所谓:所说的。伊人:这个人。
4. 一方:那一边,指对岸。
5. 溯(sù):沿着岸向上游走。洄(huí):逆流而上。从:跟踪追寻。
6. 游:流,指直流的水道。
7. 宛:仿佛,好像。
8. 凄凄:通"萋萋",茂盛的样子。

9. 晞（xī）：干。
10. 湄（méi）：岸边。
11. 跻（jī）：地势渐高。
12. 坻（chí）：水中小岛。
13. 采采：众多的样子。
14. 涘（sì）：水边。
15. 右：弯曲，迂回，形容道路曲折迂回。
16. 沚（zhǐ）：水中的小块陆地。

译文

河畔芦苇碧苍苍，深秋白露结成霜。我所思念的人儿，就在水的那一方。逆着水流沿岸找，道路艰险又漫长。顺着水流沿岸找，仿佛在那水中央。

河畔芦苇密又繁，太阳初升露未干。我所思念的人儿，就在水的那一边。逆着水流沿岸找，道路险阻难登攀。顺着水流沿岸找，仿佛在那水中岛。

河畔芦苇密又稠，早露犹在未干透。我所思念的人儿，就在水的那一头。逆着水流沿岸找，道路险阻弯又扭。顺着水流沿岸找，仿佛在那水中洲。

赏析

《诗经》中以自然景物作为比兴。将"比"和"兴"视为诗人言志的两种手法。此诗运用了比兴的手法，将"水"景物作为传递情感的媒介。水的悠长，犹如爱情之地久天长；水的深广，犹如爱情的深沉广远；水的曲折、犹如爱情之好事多磨；水之汹涌，犹如爱情的波澜起伏。此诗完美呈现了水意境，成为诗经中最具有水文化元素的经典。蒹葭河边上，主人公隔水求索，追求意中人而不得，只有长久伫立在草木凋零的深秋中，望着秋天的蒹葭苍苍与冷冷霜露，在河水阻隔的意象中，娓娓诉说着他满腔的失意，任凭主人公多么努力地上下求索，都无法见到"伊人"，浓浓相爱而不能相见的凄婉之情跃然纸上，让人千回百转。

二、《楚辞》中的水

《楚辞》弥漫着浓厚的水文化氛围，楚辞的核心人物是屈原，他的《离骚》《天问》等亘古名篇都是汉水文化滋养的硕果，也都是屈原在北游"汉北"时期的呕心沥血之作。《楚辞》中众多泣血之作是在秦楚争夺汉水流域军事失利的跌宕起伏的政治军事风云影响下所创作，有忠君爱国之情，也有忧国忧民的苦闷，不觉山水之秀美，却感浊世之悲。

《离 骚》节选

屈 原

跪敷衽以陈辞兮[1]，耿吾既得此中正[2]；驷玉虬以乘鹥兮[3]，溘埃风余上征[4]；朝发轫于苍梧[5]，夕余至乎县圃[6]；欲少留此灵琐兮[7]，日忽忽其将暮；吾令羲和弭节兮[8]，望崦嵫而勿迫[9]；路漫漫其修远兮[10]，吾将上下而求索[11]；饮余马于咸池兮[12]，总余辔乎扶桑[13]；折若木以拂日兮[14]，聊逍遥以相羊[15]；前望舒使先驱兮[16]，后飞廉使奔属[17]；鸾皇为余先戒兮[18]，雷师[19]告余以未具；吾令凤鸟飞腾兮[20]，继之以日夜；飘风屯其相离兮[21]，帅云霓而来御[22]；纷总总其离合兮[23]，斑陆离其上下[24]；吾令帝阍开关兮[25]，倚阊阖而望予[26]；时暧暧其将罢兮[27]，结幽兰而延伫；世溷浊而不分兮[28]，好蔽美而嫉妒[29]。

作者简介

屈原（公元前340—公元前278年），战国时期楚国诗人、政治家。芈姓，屈氏，名平，字原。约公元前340年出生于楚国丹阳（今湖北秭归），楚武王熊通之子屈瑕的后代。

屈原是中国历史上一位伟大的爱国诗人，中国浪漫主义文学的奠基人，被誉为"中华诗祖""辞赋之祖"。他是"楚辞"的创立者和代表作者，开辟了"香草美人"的传统。屈原的出现，标志着中国诗歌进入了一个由集体歌唱到个人独创的新时代。他被后人称为"诗魂"。

注释

1. 敷：铺开。衽（rèn）：衣之前襟。

2. 耿介：光明正大。此中正：此中正之道，即上文所说明主贤臣相得、昏君乱臣相残的道理。

3. 驷（sì）：古代一车套四马，因以称驾一车之四马，或四马所驾之车。这里意思是以四虬龙驾车。虬（qiú）：传说中的一种无角龙。鹥（yì）：传说中的鸟名，凤凰之属，身有五彩花纹。

4. 溘（kè）：忽然。埃：微小的尘土。征：行，此处指乘坐四龙所拉的凤车飞上天空。

5. 发轫（rèn）：拿掉支住车轮的木头，使车前进。借指起程，出发。苍梧：一名九嶷，在湖南宁远东南。

6. 县圃：又作玄圃、悬圃，传说中神仙居处，在昆仑山顶。

7. 灵琐：君门。姜亮夫《屈原赋校注》以为即玄圃之门。

8. 羲（xī）和：古代神话传说中驾驭日车的神。弭（mǐ）节：缓慢行驶。节，车子行驶的步调。

9. 崦嵫（yān zī）：山名，在甘肃天水西境，传说为日落的地方。迫：迫近。

10. 漫漫：形容距离远或时间长。修远：长远。

11. 上下而求索：求索的对象，各家说法不一，联系上下文，当以"求天帝之所在"近是。

12. 咸池：神话中谓日浴之处。

13. 总：系，结，束结。辔（pèi）：驾驭马的缰绳。扶桑：神话中的树名。传说日出于扶桑之下，拂其树杪（miǎo）而升，因谓为日出处。

14. 若木：古代神话中的树名。一说即扶桑。

15. 聊逍遥以相羊：聊逍遥、相羊，是联绵词的不同变体，意思相同，都有徘徊之义。
16. 望舒：神话中为月驾车的神。先驱：原指军队中的前锋，此处引申指向导。
17. 飞廉：即风神。一说能致风的神禽名。奔属（zhǔ）：奔跑着紧跟在后面。
18. 鸾（luán）皇：亦作"鸾凰"。鸾与凰，皆瑞鸟名，常用以比喻贤士淑女。
19. 雷师：神话中的雷神，或说就是丰隆。
20. 凤鸟：凤凰，传说中的瑞鸟。
21. 飘风：旋风，暴风。屯：聚集。离：附丽。
22. 帅：通"率"，率领。霓（ní）：虹的一种，又称副虹（相对于主虹而言）。
23. 总总：聚集一处的样子。
24. 斑：荣盛。陆离：光辉灿烂的样子。
25. 帝阍（hūn）：天帝的看门人。阍，看门人。
26. 阊阖（chāng hé）：神话中的天门。
27. 暧暧（ài）：昏暗的样子。
28. 溷（hùn）浊：混乱污浊。
29. 美：品德、才能皆优秀的人。

译文

衣襟铺开跪着慷慨陈词啊，我得到无私正道心中豁然通明。驾驭四条无角玉龙所拉的凤车啊，倏忽间我依托风云直上天空。早上从苍梧出发啊，傍晚到县圃停歇。我打算在神门前稍歇片刻啊，日头渐渐偏移入暮。我让羲和徐徐前行啊，看到崦嵫山暂且止步。前途漫长遥远无边啊，我将上天入地寻求出路。在咸池饮我的马啊，将马缰系在扶桑神木。攀折若木遮蔽日光啊，姑且逍遥徜徉自由自在。使月神望舒在前面开路啊，让风伯奔跑于后。早有鸾凤为我戒严道路啊，雷神却告诉我严装未备。我命凤鸟们腾翔于九天啊，夜以继日不得疏忽。暴风骤集欲使队伍离散啊，统率着前来迎接的云霓。来势盛大忽散忽聚啊，上下翻转光彩夺目。我命天帝的看门人打开天门啊，他却倚靠在天门外视而不见。此刻光线暗淡日将西落啊，只得编结幽兰长久停驻。世道混乱良莠不分啊，喜欢掩蔽贤才妄加嫉妒。

赏析

《离骚》是中国古代诗歌史上最长的一首浪漫主义政治抒情诗，也是楚辞和屈原作品中最有代表性、最具思想性及艺术性的作品，后人常用"骚"代称《楚辞》作品，以"骚赋"代指屈原的作品。后代楚辞作家的作品，也主要是学习与模仿《离骚》的创作风格。《诗经》与《离骚》一起成为我国文学史上现实主义与浪漫主义的两块奠基石。《离骚》可分十二章。依次追述家世、姓名的由来，历数上古圣王、尧、舜、桀、纣等人的为政得失，申述作者远大的政治理想和在政治斗争中遭受的迫害，对社会政治的黑暗进行了揭露和批判，对幻想中的美政理想境界进行了热情的讴歌。此篇集中反映了屈原追求自身价值及社会理想的坎坷过程和最终美政理想破灭却忠于故国、独立不迁的人格，以及志洁行廉、上下求索的傲岸情怀。

三、汉赋中的水

在我国文学发展史上，汉赋是山水文学的开端，是山水文学产生和形成的重要阶段，汉赋通过夸张的手法借助神灵传说，展示了一个浪漫离奇的世界，反映了汉代文学浪漫的本质特征。汉赋多描写山水之貌，品自然万物之形，其重要的特点是讲究铺陈，铺陈的重要表现方面为"体物"的特征，用观察描摹事物的情状，力求用最真实、最细致的文字将其再现出来，以达到"形似"的审美目的。据统计，汉赋中描写山水风光的赋有 30 多篇。

《七发·观涛》节选

枚 乘

疾雷闻百里；江水逆流，海水上潮；山出内[1]云，日夜不止。衍溢漂疾[2]，波涌而涛起。其始起也，洪淋淋焉[3]，若白鹭之下翔。其少进也，浩浩溰溰[4]，如素车白马帷盖之张。其波涌而云乱，扰扰焉如三军之腾装[5]。其旁作而奔起者，飘飘焉如轻车之勒兵[6]。六驾蛟龙，附从太白，纯驰皓蜺[7]，前后络绎。颙颙卬卬，椐椐彊彊，莘莘将将[8]，壁垒重坚，沓杂似军行[9]。訇隐匈礚，轧盘涌裔，原不可当[10]。观其两旁，则滂渤怫郁，暗漠感突，上击下律[11]，有似勇壮之卒，突怒而无畏。蹈壁冲津，穷曲随隈，逾岸出追[12]。遇者死，当者坏。初发乎或围之津涯，荄轸谷分[13]。回翔青篾，衔枚檀桓[14]。弭节伍子之山，通厉骨母之场[15]，凌赤岸，篲扶桑，横奔似雷行[16]，诚奋厥武[17]，如振如怒，沌沌浑浑[18]，状如奔马。混混庉庉[19]，声如雷鼓。发怒庢沓，清升逾跇，侯波奋振，合战于藉藉之口[20]。鸟不及飞，鱼不及回，兽不及走[21]。纷纷翼翼，波涌云乱，荡取南山，背击北岸，覆亏丘陵，平夷西畔[22]。险险戏戏[23]，崩坏陂池，决胜乃罢。澒㵒溔溔，披扬流洒[24]。横暴之极，鱼鳖失势，颠倒偃侧，沈沈湲湲，蒲伏连延[25]。神物怪疑，不可胜言。直使人踣焉，洄暗凄怆焉[26]。

作者简介

枚乘（？—公元前 140 年），字叔，西汉辞赋家，淮阴（今江苏淮安）人，《汉书》记载为淮阳（今河南淮阳）人。其因在七国之乱前后两次上谏吴王而显名，后拜在梁孝王帐下，汉景帝下召升枚乘为弘农都尉。枚乘在文学上的主要成就是辞赋。

注释

1. 出内：吞吐。内：同"纳"。
2. 衍溢：漫出。漂疾：流得很快。
3. 洪淋淋焉：像山洪奔流而下的样子。
4. 浩浩溰溰（ái ái）：形容波涛在空中白茫茫一片。帷盖：篷幕。张：张设。
5. 云乱：云气翻滚。扰扰焉：纷乱的样子。腾装：带着装备腾跃而起。

6. 旁作：指波涛向两旁涌起。轻车：一种兵车，这里指将帅所乘的指挥车。勒兵：统率军队。

7. 太白：据《文选》李善注，即《淮南子》里的"冯迟太白"，就是河伯即河神。"六驾蛟龙"是说河伯出行以六蛟龙像马那样驾车。纯：专也。皓蜺：素蜺。蜺：同"霓"，就是虹。这句是说波涛腾驾若白虹一般。

8. 颙颙（yóng）卬卬（áng）：高大的样子。椐椐（jū）彊彊：形容江涛前后相随的样子。莘莘（xīn，一说读shēn）将将（qiāng）：形容波涛互相激荡的样子。

9. "壁垒"二句：江涛重重叠叠如军营的坚壁，杳杂众多如军队的行列。

10. 訇（hōng）隐匈磕（gài）：都是象声词，形容江涛发出的巨大轰鸣声。轧盘涌裔：形容波涛翻滚奔腾的样子。轧：排挤。盘：盘桓。裔：流动。原：本。当：抵挡。

11. 滂渤：同"磅礴"，形容气势。怫郁：形容激怒。暗漠感突：形容江涛汪洋一片，左冲右突。感，通"撼"。上击下律：向高空冲击，向下坠落。律，当作"硉"（lù），石从高处滚下。

12. 蹈壁冲津：指波涛拍打江岸，冲击渡口。穷曲随隈（wēi）：指波涛冲向所有江岸弯曲之处。曲、隈，均指江水弯曲的地方。出追：超出沙滩。追：古"堆"字。

13. 或围：疑为地名。茇（gāi）轸谷分：草根被冲动，山谷被冲开。茇：据《说文》为草根。轸，转动。

14. 回翔：指江水回旋。青篾：地名，一说车名。衔枚：古代行军时，士兵口中衔枚以免喧哗，这里形容波涛初起时无声前进。按：水势浩大而初起时无声，有似海啸之初起。檀桓：同"盘桓"。

15. 㧌节：缓慢行进。伍子之山：即伍子山，因纪念伍子胥而得名。通厉：远行。骨母之场：祭祀伍子胥的祠庙，"骨"为"胥"之误，胥母，山名，在今江苏省。《论衡·书虚篇》载，吴王杀伍子胥，投于江中，子胥恚恨，驱水为涛，以溺杀人。一些地方立子胥庙，慰其恨心，以止怒涛。按：过去江浙一带多有伍祠，广陵潮到此稍作停顿，因为伍子胥也。

16. 凌赤岸：超越赤岸。赤岸，地名。篲（huì）扶桑：扫向扶桑。篲：扫帚，用作动词。扶桑，神话传说中的日出之处。雷行：如疾雷般迅行。

17. 诚奋厥武：确实发挥了它的威武。振：通"震"，盛怒的意思。

18. 沌沌（tún）浑浑：波涛相逐的样子。

19. 混混庉庉（tún）：波涛相逐。

20. 㠭（zhì）：阻碍。沓：激溅而出。清升：清波升起。逾趾（yì）：超越。侯：波神，这里以侯波代指大波。藉藉：地名。

21. "鸟不"三句：从侧面显示波涛的迅猛异常。回，回转。

22. 纷纷翼翼：繁多的样子。荡取南山：向南冲荡。取：通"趋"，趋向。背击：回击。覆亏：倾覆亏蚀。夷：平，指荡平。畔：岸。

23. 险险戏戏：危险的样子。戏戏：通"㦞㦞"，危险的样子。

24. 渫（jié）：水波相击声。潺溪：水流的样子。披扬流洒：形容江水汹涌，浪花四溅。

25. 偃侧：犹言东倒西歪。偃，仰躺。侧，歪斜。沋沋（yóu）漫漫：形容鱼鳖歪歪倒倒的样子。蒲伏：同"匍匐"，伏地而行的样子。连延：连续不断。

26. 踣（bó）：跌倒。泂暗：神志不清的样子。

译文

涛声似疾雷，闻于百里之远；二是江水倒流，海水潮涨往上灌；三是山谷吞吐云气，日夜不断。江水满溢，水流湍急，波浪汹涌。那江涛开始出现的时候，山洪飞泻而下，似白鹭向下飞翔。稍进一步，水势浩浩荡荡，白茫茫一片，像白马驾着素车，车上张设着车盖帷幔，当波涛汹涌乱云一般滚来，纷乱的样子就如大军奋起装束列队向前。当波涛从两旁掀腾卷起，飘飘荡荡的样子就像将军坐在轻车上率领军队作战。驾车的是六条蛟龙，跟随在河神的后面。又好似一条白色长虹在奔驰，前后连续不断。潮头高大，浪头相随，互相激荡，像军营壁垒重叠而又坚固；其杂乱纷纭，又像人多马众的军行。江涛轰鸣，奔腾澎湃，其势本不可挡。看那靠岸的两旁，更是水势汹涌，汪洋一片，左冲右突，一会儿向上冲击，一会儿往下跌落。好似勇壮的士卒，奋勇突进而无所畏惧。潮水拍打岸壁，冲击渡口，流遍江湾，注满水曲，跨越堤岸，漫出沙堆。碰着它就要死亡，挡住它就要毁坏。波涛开始时从或围那地方的水边出发，撞到山陇而回转，遇到川谷而分流，到青篾打着旋涡，经过檀桓时像战马衔枚无声疾进。再缓缓流过伍子山，一直远奔到叫做胥母的战场。它超越赤岸，扫向扶桑，横冲直撞，如疾雷迅行，直奔前方。江涛确实奋发了它的威武，既像示威，又像发怒。呼啸嘶鸣，如万马奔腾。轰轰隆隆，似擂鼓震天。水势因受阻而怒起，清波因相互超越而升腾。大波奋起震荡，交战在藉藉的隘口。鸟来不及起飞，鱼来不及回转，兽来不及躲避。水势浩渺劲健，波涌似飞云乱翻。江涛荡击南山，转身又冲撞北岸。摧毁了丘陵，荡平了西岸。多么危险多么可怕啊，它冲垮堤岸，破坏池塘，直到取得决定性的胜利之后方才罢休。然后流水激荡澎湃，浪花飞溅不息。任意泛滥，已到极点。鱼鳖不能自主，腹背颠倒上下翻覆，匍匐而行，连接不断。水中神物可怪可疑，难以尽述，简直叫人惊倒在地，吓得神志不清，丧魂失魄。

赏析

本文节选描写了江涛的汹涌奇观，枚乘连用四个比喻，写出江涛在不同阶段"奇观满目，音声盈耳"的形态。作者极尽艺术之能事，翻空出奇，搜词穷句地竭力形容，虽有夸张但底蕴是客观写物，写出了水势的波澜壮阔，浪涛的千形万态，使读者心神震荡，有身临其境之感。枚乘《七发》中对水的描写虽然未借神灵传说以助其势，但江涛的形象本身就具有神异色彩。

第二节　魏晋南北朝时期文学作品中的水

魏晋六朝山水诗的发展迅速。文学和艺术逐渐与政治脱离，确立了自己独特的价值和地位，魏晋南北朝是我国文学史和艺术史上一个重要的变革时期。如鲁迅所说，这一时代是"文学的自觉时代"。文人们餐霞饮露、优游山林，与自然山水结下了不解之缘。

观 沧 海

曹 操

东临碣石[1]，以观沧[2]海[3]。

水何澹澹[4]，山岛竦峙[5]。

树木丛生，百草丰茂。

秋风萧瑟，洪波涌起。

日月之行，若出其中。

星汉灿烂，若出其里。

幸甚至哉，歌以咏志。

作者简介

曹操（155—220年），字孟德，小名阿瞒，沛国谯县（今安徽省亳州市）人。父亲曹嵩本姓夏侯，因成为曹腾养子而改姓并继承侯爵。曹操一生从陈留起兵到洛阳逝世，奋战30余年，参加大小战役近50余次，消灭了袁绍、袁术、刘表、张绣、吕布等割据势力。曹操是我国历史上杰出的政治家、军事家、文学家，他与两个儿子曹丕、曹植代表了东汉末年的文风，是历史上有名的"文学家庭"。曹操一生有诸多作品，为众人称道的有《观沧海》《龟虽寿》《短歌行》等。很多诗文表现了他高远志向和忧国忧民的情怀。

注释

1. 碣（jié）石：山名。碣石山，河北昌黎碣石山。公元207年秋天，曹操征乌桓得胜回师时经过此地。
2. 沧：通"苍"，青绿色。
3. 海：渤海。
4. 澹（dàn）澹：水波摇动的样子。
5. 竦峙（sǒng zhì）：高高地挺立。竦，高起。峙，挺立。

译文

东行登上碣石山，来观赏那苍茫的海。

海水多么宽阔浩荡，山岛高高地挺立在海边。

树木和百草丛生，十分繁茂。

秋风吹动树木发出悲凉的声音，海中涌着巨大的海浪。

太阳和月亮的运行，好像是从这浩瀚的海洋中发出的；

银河星光灿烂，好像是从这浩瀚的海洋中产生出来的。

我很高兴，就用这首诗歌来表达自己内心的志向。

赏析

曹操的《观沧海》被后人视为中国山水诗的开端。作者登山望海，以碣石为观测点，由近而远、由静及动地描写了大海中的自然景物,用澹澹之海水、竦峙之岛屿作为主画面,融现实于想象于一体,并通过这些描写以及想象的大海包孕星辰的壮阔气势,表达了诗人的万丈豪情,寄托了诗人的宽广胸襟和宏伟的气度。

从斤竹涧[1] 越岭溪行

谢灵运

猿鸣诚知曙[2],谷幽[3]光未显。
岩下云方合,花上露犹泫[4]。
逶迤傍隈隩[5],迢递陟陉岘[6]。
过涧既厉急[7],登栈亦陵缅[8]。
川渚屡径复[9],乘流玩回转[10]。
苹萍泛沉深[11],菰蒲冒清浅[12]。
企石挹飞泉[13],攀林摘叶卷[14]。
想见山阿人[15],薜萝若在眼[16]。
握兰勤徒结[17],折麻心莫展[18]。
情用赏为美[19],事昧竟谁辨[20]?
观此遗物虑[21],一悟得所遣。

作者简介

谢灵运(385—433年),本名公义,字灵运,陈郡阳夏(今河南太康县)人,世居会稽(今浙江绍兴)。东晋至刘宋时期大臣、佛学家、旅行家,是中国文学史上山水诗派的开创者,被誉为"山水诗的鼻祖"。他的写景诗把山水作为独立的审美对象展现出来,对眼中自然山水作全面细致地描摹,用精确的语言描绘大自然的形貌、声色、意蕴。以大量自然山水描写奠定了山水诗的基础,开创了山水诗的新局面。

注释

1. 斤竹涧(jiàn):溪水名。今浙江绍兴县东南有斤竹岭,离浦阳江约十里。题中之岭即此斤竹岭,而溪涧或在此岭山下。

2. 诚:确实,原本。曙:黎明。

3. 谷幽:山谷深邃而阴暗。

4. 犹:仍然,还在。泫(xuàn):水珠欲滴的样子。

5. 逶迤(wēi yí):道路弯曲而漫长的样子。隈隩(wēi yù):山崖转弯的地方。

6. 迢递(tiáo dì):遥远的样子。陟:登高。陉岘(xíng xiàn):山脉中断处叫陉,不太高的山岭叫岘。

7. 厉急:渡过急流。厉,"濿"之省文,穿着衣服涉水。

8. 栈:栈道。在山上用木材架成的道路。陵缅(miǎn):凌空面对着高深的山谷。

9. 川渚(zhǔ):这里指河水。屡:每每,多次。径复:时直时曲,弯来拐去。

10. 乘流：随着溪流。玩：欣赏的意思。回转：倒回来转过去。

11. 苹（pín）萍：都是水草，浮生水面。苹大萍小。沉深：指深沉的溪水。

12. 菰（gū）：即茭白。是生长在浅水中的植物。蒲：菖蒲。是生长在浅水中的植物。冒：覆盖。

13. 企：同"跂"，举踵。抱（yì）：舀。

14. 叶卷：即卷叶，初生尚未展开的嫩叶。

15. 山阿人：指诗人所仰慕的高人隐士。

16. 薜萝：薜荔和女萝。出于屈原《九歌·山鬼》："若有人兮山之阿，被薜荔兮带女萝"。

17. 勤：企望。

18. 麻：疏麻，又叫神麻，一种香草。出于《九歌·大司命》："折疏麻兮瑶华，将以遗兮离居。"

19. 用：以。

20. 昧：不明。

21. 观此：观览沿途的景物。遗：弃，抛开。物虑：尘世间的各种顾虑。

译文

从猿鸣声中可以知道已经是黎明了，但在幽深的山谷间却还看不到阳光。

山下的云方才还是合在一起的，野花上面的水珠仍然晶莹圆转。

沿着弯弯曲曲的道路前进，又登上遥远的山路。

通过溪涧也用不着脱衣服，爬上栈道就可以凌空面对高深的山谷。

溪谷沙洲时直时曲，弯来拐去，顺着溪流游玩，倒回来转过去。

水草漂浮在深沉的水潭上，水生植物从清浅的水泽里伸出枝叶来。

在石上提起脚跟，用脚趾做为全身的力点，去把取飞溅的泉水，高攀丛林中的树枝，去摘取那还没有舒展开的初生卷叶。

本想见到山里的高人隐士，却好像看到山角里有穿薜荔和女萝。

手握兰花希望赠给知己，但却无法寄到，所以常常是忧思结于心中，折了疏麻却无从投赠给所思念的人，所以心愁莫展。

自己所真心欣赏的就是最美的，何必还要去分辨其真假呢？

看到这样动人的风景就会有所领悟而忘却世俗，排除一切烦恼。

赏析

诗中将行迹、景观、想象、领悟全面展开，逐层递进，全方位呈现给读者的是一个完整无缺的山水画面。此诗共二十二句，可分为五节。第一节"猿鸣"四句，写清晨动身出游时情景。第二节"逶迤"四句，写沿山路前行而越岭过涧。第三节"川渚"四句，点出溪行。以上缴足诗题全部内容，概括而精炼。第四节自"企石"以下凡六句，由景及情，联想到深山中幽居避世之人，心虽向往而无由达己之情怀。最后"情用"四句为第五节，以抽象议论作结。全诗结构严密，用词准确，是山水诗之正格。这种凝练精致的写法极见功力，其源悉来自汉赋。窃以为大谢之山水诗乃以赋为诗之典型之作，此诗自是其代表作之一。

《水经注·河水四》（节选）

郦道元

《淮南子》曰[1]：龙门未辟[2]，吕梁未凿[3]，河出孟门之上[4]，大溢逆流，无有丘陵，高阜灭之[5]，名曰洪水。大禹疏通，谓之孟门。故《穆天子传》曰[6]：北登孟门，九河之磴[7]。孟门，即龙门之上口也[8]。实为河之巨阸[9]，兼孟门津之名矣。此石经始禹凿[10]，河中漱广[11]。夹岸崇深[12]，倾崖返捍[13]，巨石临危，若坠复倚。古之人有言，水非石凿，而能入石，信哉！其中水流交冲[14]，素气云浮[15]，往来遥观者，常若雾沾人，窥深悸魄。其水尚崩浪万寻[16]，悬流千丈[17]，浑洪赑怒[18]，鼓若山腾，浚波颓迭[19]，迄于下口[20]。方知《慎子》[21]，下龙门，流浮竹[22]，非驷马之追也[23]。

作者简介

郦道元（466—527年），字擅长，范阳涿州（今河北涿州市）人。北魏时期地理学家。幼时随父访求水道，博览奇书，游历秦岭、淮河以北和长城以南的广大地区，考察河道沟渠，收集风土民情、历史故事、神话传说。为官之后，仕途坎坷，未尽其才。郦道元著有《水经注》，文笔隽永，描写生动，既是一部内容丰富的地理著作，也是一部优美的山水散文汇集，成为中国游记文学的开创者，对后世游记散文的发展影响颇大。

注释

1. 《淮南子》：西汉淮南王刘安（公元前179年—公元前122年）和他的门客撰写的杂家书，也称《淮南鸿烈》。

2. 龙门：即禹门口，在今山西河津和陕西韩城之间，黄河至此，两岸峭壁对峙，形如阙门，故名。相传为禹所凿。

3. 吕梁：山名。在今山西西部，位于黄河与汾水间，主峰关帝山，海拔两千八百三十米。大禹治水，凿吕梁以通黄河，即指此。

4. 孟门：古山名。在今山西吉县西黄河河道中，为水中一巨石。

5. 高阜：高山。灭：淹没。

6. 《穆天子传》：晋武帝司马炎咸宁五年（279年）在汲郡战国魏王古冢中出土的古书，记载周穆王巡游之事。

7. 九河：禹时黄河的九条支流，近人多以为是古代黄河下游许多支流的总称。磴（dèng）：登山的石级。

8. 上口：入口处。

9. 寔：同"实"。巨阸（è）：巨险。阸，险阻重地。

10. 经始：开始。

11. 漱广：因冲蚀而变得宽广。漱，冲刷，冲蚀。

12. 夹岸：两岸。崇深：高峻深邃。

13. 返捍：重叠捍护。返，用通"反"，反复，重叠。捍，捍护。这里指相倚相撑。
14. 交冲：交相冲激。
15. 素气：白色的水汽。
16. 崩：迸溅。寻：古代长度单位，一般为八尺。
17. 悬流：这里指瀑布。
18. 浑洪：浑浊的洪流。赑（bì）怒：形容气势壮大。
19. 浚（jùn）：通"骏"，疾速，疾驰。
20. 下口：河的下游出口处。
21. 《慎子》：书名。战国时期法家代表慎到所著。
22. 流浮竹：漂流浮竹。古代有用水力运送竹木等的方式。
23. 驷马：四匹马拉的车，一般用来指速度快。

译文

《淮南子》说：龙门尚未开辟，吕梁尚未凿通时，河水从孟门上流出，大水泛滥，逆流横溢，连丘陵、高阜都淹没了，名叫洪水。大禹疏通后称之为孟门。所以《穆天子传》说：北登孟门，这是九河的阶梯。孟门，就是龙门的上口。实际上是河上的巨险，兼有孟门津的名称。这里的岩石首先经过大禹开凿，又因河水冲蚀，河道逐渐变得宽广了。两岸高峻而深邃，斜敧的崖壁相倚相撑，巨石临近危崖，好像随时就要坠落下来似的，却又相互倚挂而悬在危崖边缘。古人有言：水虽不是凿石头的凿子，却能穿透岩石，确是如此呀！这里水流交相冲激，白色的水汽好像飘浮的云雾，来来往往遥远观看的人，常常会觉得仿佛被雾露沾湿似的；如向深处俯视，更加惊心动魄。而且河水在此迸溅万寻的浪花，千丈瀑布从高崖一泻而下，奔腾澎湃的浊流，狂暴地涌起如山的巨浪激荡腾跃，疾驰的洪波层层叠叠崩颓而下，直到下游出水口。这才知道《慎子》中所记载的：下龙门时，漂流浮竹，不是驷马所能追上的。

赏析

《水经注》因注《水经》而得名，《水经》一书约一万余字，详细记载了一千多条大小河流及有关的历史遗迹、人物掌故、神话传说等，是中国古代最全面、最系统的综合性地理著作。该书还记录了不少碑刻和渔歌民谣，文笔绚烂，语言清丽，具有较高的文学价值。《水经注》保存了许多资料，对研究中国古代的历史、地理有很多的参考价值。

《水经注》以《河水》开卷，河水就是黄河。本文选取《河水》中描写龙门瀑布片段，此段是《水经注》全书中描写自然风景最精彩的片断之一。

第三节 唐诗中的水

唐朝的国力昌盛，南北统一，版图辽阔。祖国的山川壮美、气象万千，给文人学士们提供了丰富而广阔的审美天地和取之不尽的创作源泉。山水诗发展到唐代，开始步入黄金时期，唐代的绝句与律诗之描写山水者，达到了我国古典山水诗艺术的高峰，形成了云蒸霞蔚的高度繁荣局面。

咏　水

骆宾王

列名通地纪，疏派合天津。
波随月色净，态逐桃花春。
照霞如隐石，映柳似沉鳞。
终当把上善，属意澹交人。

作者简介

骆宾王（约638—684年），唐代诗人，字观光，义乌（今浙江义乌）人。骆宾王与王勃、杨炯、卢照邻合称"初唐四杰"。骆宾王擅长七言歌行，名作《帝京篇》为初唐少有的长篇，当时以为绝唱。

译文

如果对水进行排列名次的话可以列为"天纲地纪"，主宰人世间的万事万物。

水波荡动，跟着月色的变化变得纯净无瑕，形态美丽的浪花追逐泳动，像春天的桃花那样妩媚无比。

照进水中的霞光，像是隐藏在水中、五彩斑斓的石块，倒映在水中的柳树，好像沉入水底、抵然不动的鱼儿。

最终应当把水用于大善大德之事，淡泊交结友人。

赏析

《咏水》这首五言律诗，是历代咏水诗的代表作。首联、颔联、颈联写了水的重要地位、动态之美、静态之美。观水生情，水乳交融，绝妙天成。尾联紧接着使诗的意境大大升华，诗人笔锋一转，写物及人，妙笔生花，写出了水的作用、价值及观水所感，末句升华为君子之交，犹如清水无色无味、清澈透明，友谊纯真，水之品格，如此高雅；君子之交，如此纯洁！诗人的思想引导我们淡泊交友，清廉处世，洁身做人。

整首诗没有一个"水"字，但水之地位、水之形态、水之品格、水之价值，尽在其中，寓意深邃。这首诗不仅具有极高的文学价值，且具有深远的社会意义。

春 江 花 月 夜

张若虚

春江潮水连海平，海上明月共潮生。
滟滟[1]随波千万里，何处春江无月明。
江流宛转[2]绕芳甸[3]，月照花林皆似霰[4]。
空里流霜不觉飞[5]，汀上白沙看不见。

第三节 唐诗中的水

江天一色无纤尘，皎皎空中孤月轮。
江畔何人初见月？江月何年初照人？
人生代代无穷已，江月年年只相似。
不知江月待何人，但见长江送流水。
白云一片去悠悠，青枫浦[6]上不胜愁。
谁家今夜扁舟子[7]？何处相思明月楼[8]？
可怜楼上月徘徊[9]，应照离人妆镜台。
玉户帘中卷不去，捣衣砧上拂还来[10]。
此时相望不相闻，愿逐[11]月华流照君。
鸿雁长飞光不度[12]，鱼龙潜跃水成文[13]。
昨夜闲潭[14]梦落花，可怜春半不还家。
江水流春去欲尽，江潭落月复西斜[15]。
斜月沉沉藏海雾，碣石潇湘无限路[16]。
不知乘月几人归，落月摇情满江树[17]。

作者简介

张若虚（约660—720年），唐代诗人，扬州人，曾任兖州兵曹。唐中宗神龙年间（705—707年），张若虚与贺知章、贺朝、万齐融、邢巨、包融等俱以文词俊秀驰名于京都，与贺知章、张旭、包融并称为"吴中四士"，唐玄宗开元时其尚在世。流传诗仅存《春江花月夜》《代答闺梦还》两首，以《春江花月夜》著名。

注释

1. 滟滟：波光荡漾。
2. 宛转：蜿蜒曲折。
3. 芳甸：芳草茂盛的原野。甸，郊外之地。
4. 霰：天空中降落的白色不透明的小冰粒。形容月光下春华晶莹洁白。
5. "空里"句：古人认为霜是从天空降下来的，所以这里说"不觉飞"。
6. 清枫浦：地名，在今湖南浏阳县境内的青枫浦。这里泛指游子所在的地方。
7. 扁舟子：驾着小舟在江湖张飘荡的游子。
8. 明月楼：月夜下的闺楼。这里指闺中思妇。
9. 月徘徊：月照妆楼，思妇徘徊难眠。曹植《七哀诗》："明月照高楼，流光正徘徊。"
10. "玉户"句：玉户，华美的屋子；捣衣砧，捣衣石。这两句说明月光时时处处引起她的相思之情。
11. 逐：追随。
12. "鸿雁"句：会远翔高飞、传递信息的鸿雁，不可能将相思连同月光带到远方去。
13. "鱼龙"句：会传递书信的鱼儿在深水里跃动，激起波纹。文，同"纹"。
14. 闲潭：幽静的水潭。

15. 复西斜：此中"斜"应为押韵读作"xiá"（洛阳方言是当时的标准国语，斜在洛阳方言中就读 xiá）。

16. "碣石"句：碣石，山名，在今河北省昌黎县。潇湘，水名，湘江与湘水的并称。暗指路途遥远，相聚无望。

17. "落月"句：残月的余晖带着人间的离别之情，摇曳着，散落于江边的树梢上。

译文

春天的江潮水势浩荡，与大海连成一片，一轮明月从海上升起，好像与潮水一起涌出来。

月光照耀着春江，随着波浪闪耀千万里，所有地方的春江都有明亮的月光。

江水曲曲折折地绕着花草丛生的原野流淌，月光照射着开遍鲜花的树林好像细密的雪珠在闪烁。

月色如霜，所以霜飞无从觉察。洲上的白沙和月色融合在一起，看不分明。

江水、天空成一色，没有一点微小灰尘，明亮的天空中只有一轮孤月高悬空中。

江边上什么人最初看见月亮，江上的月亮哪一年最初照耀着人？

人生一代一代地无穷无尽，只有江上的月亮一年年地总是相像。

不知江上的月亮等待着什么人，只见长江不断地一直运输着流水。

游子像一片白云缓缓地离去，只剩下思妇站在离别的青枫浦上不胜忧愁。

哪家的游子今晚坐着小船在漂流？什么地方有人在明月照耀的楼上相思？

可怜楼上不停移动的月光，应该照耀着离人的梳妆台。

月光照进思妇的门帘，卷不走，照在她的捣衣砧上，拂不掉。

这时互相望着月亮，可是互相听不到声音，我希望随着月光流去照耀着您。

鸿雁不停地飞翔，而不能飞出无边的月光；月照江面，鱼龙在水中跳跃，激起阵阵波纹。

昨夜里梦见花落闲潭，可惜的是春天过了一半自己还不能回家。

江水带着春光将要流尽，水潭上的月亮又要西落。

斜月慢慢下沉，藏在海雾里，碣石与潇湘的丽人距离无限遥远。

不知有几人能趁着月光回家，唯有那西落的月亮摇荡着离情，洒满了江边的树林。

赏析

《春江花月夜》融诗情、画意、哲理为一体，凭借对春江花月夜的描绘，尽情赞叹大自然的奇丽景色，讴歌人间纯洁的爱情，把对游子思妇的同情心扩大开来，与对人生哲理的追求、对宇宙奥秘的探索结合起来，从而汇成一种情、景、理水乳交融的幽美而邈远的意境。整首诗篇仿佛笼罩在一片空灵而迷茫的月色里，如水墨画，其色调以淡寓浓，水墨勾勒点染，从黑白相辅、虚实相生中显出绚烂多彩的艺术效果，淡雅清幽，意境甚美。此外，诗的韵律节奏也饶有特色。诗人灌注在诗中的感情旋律其内在悲慨激荡，热烈深沉，而看来却是自然的、平和的，犹如脉搏跳动那样有规律、有节奏。诗的韵律也相应地扬抑回旋。全诗共三十六句，四句一换韵，共换九韵。全诗随着韵脚的转换变化，平仄的交错运用，一唱三叹，前呼后应，既回环反复，又层出不穷，音乐节奏感强烈而优美。这种语音与韵味的变化，切合诗情的起伏，可谓声情与文情丝丝入扣，婉转谐美。

青　溪[1]

王　维

言入黄花川[2]，每逐青溪水。
随山将万转，趣途[3]无百里。
声喧乱石中，色静深松里。[4]
漾漾泛菱荇[5]，澄澄映葭苇[6]。
我心素已闲[7]，清川澹如此。
请留盘石上，垂钓将已矣。

作者简介

王维（701—761年），唐朝河东蒲州（今山西运城）人，祖籍山西祁县，唐朝著名诗人、画家，字摩诘，号摩诘居士。开元十九年（731年），王维状元及第。历官右拾遗、监察御史、河西节度使判官。唐玄宗天宝年间，王维拜吏部郎中、给事中。安禄山攻陷长安时，王维被迫受伪职。长安收复后，被责授太子中允。唐肃宗乾元年间任尚书右丞，故世称"王右丞"。

王维参禅悟理，学庄信道，精通诗、书、画、音乐等，以诗名盛于开元、天宝间，尤长五言，多咏山水田园，有"诗佛"之称。书画特臻其妙，后人推其为南宗山水画之祖。

注释

1. 青溪：在今陕西勉县之东。
2. 黄花川：在今陕西凤县东北黄花镇附近。
3. 趣途：趣，同"趋"，指走过的路途。
4. 声：溪水声。色：山色。
5. 漾漾：水波动荡。菱荇（líng xìng）：泛指水草。
6. 葭（jiā）苇：泛指芦苇。"漾漾"二句描写菱荇在青溪水中浮动，芦苇的倒影映照于清澈的流水。
7. 素：一向。闲：悠闲淡泊。

译文

进入黄花川游览，每每都去追逐那条青溪。
溪水随着山势，百转千回，经过的路途，却不足百里。
水声在山间乱石中喧嚣，水色在深密的松林里幽静深沉。
水草在溪水中轻轻摇荡，芦苇清晰地倒映在碧水之中。
我的心一向悠闲，如同清澈的溪水淡泊安宁。
但愿我能留在溪边的盘石上，在垂钓中度过我的一生。

赏析

这是一首写于归隐之后的山水诗。诗的每一句都可以独立成为一幅优美的画面,溪流随山势蜿蜒,在乱石中奔腾咆哮,在松林里静静流淌,水面微波荡漾,各种水生植物随波浮动,溪边的巨石上,垂钓老翁消闲自在。诗句自然清淡,绘声绘色,静中有动,托物寄情,韵味无穷。

全诗自然清淡素雅,写景抒情皆轻轻松松,均不刻意为之,表面上看似不着意,然而韵味隽永醇厚,平淡而有思致。诗人笔下的青溪是喧闹与沉郁的统一,活泼与安详的糅合,幽深与素静的融合,吟之令人羡慕向往。诗人自己更是心已恬静无欲,如清溪之水,洁净淡泊的态度,保持着无声的沉默。前人评"王右丞如秋水芙蕖,倚风自笑",是再恰当不过的。其和蔼、平和、谦让,如波澜不惊的水面;水静流深,在那平静下面,一定是不断涌动的激情,是锲而不舍的奔流。

渡荆门送别[1]

李 白

渡远荆门外,来从楚国游[2]。
山随平野尽,江入大荒流。
月下飞天镜,云生结海楼。
仍怜故乡水,万里送行舟。

作者简介

李白(701—762年),字太白,号青莲居士,又号"谪仙人"。是唐代伟大的浪漫主义诗人,被后人誉为"诗仙"。其人爽朗大方,爱饮酒作诗,喜交游。李白是盛唐浪漫主义诗歌的代表人物,在其笔下,自然山水充满灵性,而且个性鲜明,摇曳多姿,使得盛唐山水诗多有一种翩然出世、悠然如仙的意蕴和气质,闪烁着自由放逸、遗世独立的精神气质。

注释

1. 荆门:山名,位于今湖北省宜都市西北长江南岸,与北岸虎牙山对峙,地势险要,自古即有楚蜀咽喉之称。
2. 楚国:楚地,指湖北一带,春秋时期属楚国。

译文

乘船远行,路过荆门一带,来到楚国故地。
青山渐渐消失,平野一望无边。长江滔滔奔涌,流入广袤荒原。
月映江面,犹如明天飞镜;云变蓝天,生成海市蜃楼。
故乡之水恋恋不舍,不远万里送我行舟。

赏析

诗人忽而写地面上的山光水色,忽而写太空中的奇异景象,忽而写白天对山峦起伏、江流奔腾的大自然的欣赏,忽而又写夜晚对太空景象变幻的享受,展现了江岸辽阔,天空高远，宛若仙境，充满了浪漫主义色彩。

"山随平野尽"，形象地描绘了船出三峡、渡过荆门山后长江两岸的特有景色。"江入大荒流"，写出江水奔腾直泻的气势，从荆门往远处望去，仿佛流入荒漠辽远的原野，显得天空寥廓，境界高远。

"月下飞天镜，云生结海楼。"两句反衬江水平静，展现江岸辽阔，天空高远，充满了浪漫主义色彩。

李白在欣赏荆门一带风光的时候，面对那流经故乡的滔滔江水，不禁起了思乡之情——"仍怜故乡水，万里送行舟"。诗以浓重的怀念惜别之情结尾，言有尽而情无穷。

湖口望庐山瀑布水

张九龄

万丈红泉落[1]，迢迢半紫氛[2]。
奔流下杂树，洒落出重云[3]。
日照虹霓似[4]，天清风雨闻。
灵山多秀色[5]，空水共氤氲。

作者简介

张九龄（678—740年）字子寿，一名博物，谥文献。韶州曲江（今广东省韶关市）人，世称"张曲江"或"文献公"。唐朝开元年间名相，诗人。其才思敏捷，文章高雅，诗风清淡。他的五言古诗，以素练质朴的语言，寄托深远的人生慨望，对扫除唐初所沿袭的六朝绮靡诗风，贡献尤大。被誉为"岭南第一人"。

注释

1. 万丈：指山高。红泉：指阳光映照下的瀑布。
2. 迢迢：谓天远，从天而降，气势不凡，形容瀑布之长。紫氛：紫色的水汽。
3. 重云：层云。
4. 虹霓：阳光射入窜的水珠，经过折射、反射形成的自然现象。
5. 灵山：指庐山。

译文

阳光映照下的万丈瀑布从山间落下，四周呈现半红半紫的雾气。
飞流而下的瀑布奔腾着流过层层杂树，飘飘洒洒穿过重重云烟。
阳光照耀下如彩虹一样绚烂，在这晴朗的天气里，又好像听到风雨的声响。
这庐山的景色多么的壮美，烟云与水汽融成一片。

赏析

这首诗描写的是庐山瀑布水的远景，从不同角度，以不同手法，取大略细，写貌求神，重彩浓墨，道染烘托，以山相衬，与天相映，描述出了一幅雄奇绚丽的庐山瀑布远景图；而寓比寄兴景中有人，象外有音，节奏舒展，情调悠扬，赏风景而自怜，写山水以抒怀,又处处显示着诗人为自己写照。诗人欣赏瀑布,突出赞叹她的气势、风姿、神采和境界。

作为一首咏瀑布的诗,此诗体现的艺术手法是独特而成功的。"诗言志",山水即人,诗人在诗歌中表达自己的志向和意愿,由于个人的思想、志向及所处环境、地位的不同,所言的"志"也各不相同。寓志于形象中和咏物言志是诗言志的两种表现方式。这首瀑布诗在咏物言志中无疑是一个成功范例。

春 夜 喜 雨

杜 甫

好雨知时节,当春乃发生。
随风潜入夜,润物细无声。
野径云俱黑,江船火独明。
晓看红湿处,花重锦官城。

作者简介

杜甫(712—770年),字子美,自号少陵野老。汉族,祖籍襄阳,河南巩县(今河南省巩义市)人,唐代伟大的现实主义诗人。诗人忧国忧民,人格高尚,诗艺精湛,被看作一代诗宗,被尊为"诗圣"。杜甫流传下来的诗有1400多首,其中写雨的诗有50多首。

译文

好雨似乎会挑选时辰,降临在万物萌生之春。
伴随和风,悄悄进入夜幕。细细密密,滋润大地万物。
浓浓乌云,笼罩田野小路;点点灯火,闪烁江上渔船。
明早再看带露的鲜花,成都满城必将繁花盛开。

赏析

《春夜喜雨》是杜甫在成都草堂居住时所作,被誉为描摹精工、独具风采、通体静妙的一首五言律诗。此诗以极大的喜悦之情赞美了来得及时、滋润万物的春雨。其对春雨的描写,体物精微,绘声绘形,是一首入化传神,别具风韵的咏雨诗,为脍炙人口、千古传诵的佳作。

首句总领全诗,热情澎湃,虽是概括叙述,然而形象如画,感人至深。颔联诗人采用拟人化手法极为准确地捕捉到春雨入夜的特征,"潜入夜"与"细无声"相配合,一"潜"、一"细",用词精当传神,体贴入微,顿觉诗味陡增,妙趣横生。颈联笔锋一转,从听觉转为视觉,此联看来是写作者极目所见的雨夜景色,实际上还是在写雨水。尾联诗人采用倒装句式,换被动为主动,这一换,化平淡为神奇,给人以独特的艺术感受。这一煞尾,果断利索,隽永耐味,饱含着浓烈的浪漫主义色彩。

第三节 唐诗中的水

白雪歌送武判官归京[1]

岑 参

北风卷地白草[2]折，胡天[3]八月即飞雪。
忽如一夜春风来，千树万树梨花开。
散入珠帘湿罗幕[4]，狐裘不暖锦衾薄[5]。
将军角弓不得控[6]，都护铁衣冷难着[7]。
瀚海阑干百丈冰[8]，愁云惨淡万里凝。
中军置酒饮归客[9]，胡琴琵琶与羌笛[10]。
纷纷暮雪下辕门[11]，风掣红旗冻不翻[12]。
轮台东门送君去[13]，去时雪满天山路。
山回路转不见君，雪上空留马行处。

作者简介

岑参（约715—770年），唐代边塞诗人，荆州江陵（现湖北江陵）人。其诗善于七言歌行。所作题材广泛，善于描绘塞上风光和战争景象，气势豪迈，情辞慷慨，语言变化自如。岑参与高适齐名，并称"高岑"，同为边塞诗派的代表。

注释

1. 武判官：名不详，当是封常清幕府中的判官。判官，官职名。唐代节度使等朝廷派出的持节大使，可委任幕僚协助判处公事，称判官，是节度使、观察使一类的僚属。
2. 白草：西北的一种牧草，晒干后变白。
3. 胡天：指塞北的天空。胡，古代汉民族对北方各民族的通称。
4. 珠帘：用珍珠串成或饰有珍珠的帘子。形容帘子的华美。罗幕：用丝织品做成的帐幕。形容帐幕的华美。这句说雪花飞进珠帘，沾湿罗幕。"珠帘""罗幕"都属于美化的说法。
5. 狐裘：狐皮袍子。锦衾：锦缎做的被子。锦衾薄：丝绸的被子（因为寒冷）都显得单薄了。形容天气很冷。
6. 角弓：两端用兽角装饰的硬弓，一作"雕弓"。不得控：（天太冷而冻得）拉不开（弓）。控：拉开。
7. 都护：镇守边镇的长官，此为泛指，与上文的"将军"是互文。铁衣：铠甲。难着：一作"犹着"。着：亦写作"著"。
8. 瀚海：沙漠。这句说大沙漠里到处都结着很厚的冰。阑干：纵横交错的样子。百丈：一作"百尺"，一作"千尺"。
9. 中军：称主将或指挥部。古时分兵为中、左、右三军，中军为主帅的营帐。饮归客：宴饮归京的人，指武判官。饮，动词，宴饮。

10. 胡琴琵琶与羌笛：胡琴等都是当时西域地区兄弟民族的乐器。这句说在饮酒时奏起了乐曲。羌笛：羌族的管乐器。

11. 辕门：军营的门。古代军队扎营，用车环围，出入处以两车车辕相向竖立，状如门。这里指帅衙署的外门。

12. 风掣：红旗因雪而冻结，风都吹不动了。一言旗被风往一个方向吹，给人以冻住之感。掣：拉，扯。

13. 轮台：唐轮台，在今新疆维吾尔自治区米泉县境内，与汉轮台不是同一地方。天山：一名祁连山，横亘新疆东西，长六千余里。

译文

北风席卷大地吹折白草，仲秋八月胡地飘降大雪。
仿佛一夜之间春风吹来，树上有如梨花竞相开放。
雪花飘入帘笼沾湿帐幕，就是穿狐皮袍也不暖和。
将军兽角弓冻得拉不开，都护的铠甲冷得难穿上。
无边沙漠结成百丈坚冰，忧愁的阴云凝结在长空。
帐中摆酒为回京人送行，助兴的是胡琴琵琶羌笛。
黄昏时辕门外大雪纷飞，冻硬的红旗风吹不飘动。
在轮台东门外送你回京，临行时茫茫白雪布满山。
山路曲折不见你的身影，雪地上空留马蹄的印迹。

赏析

《白雪歌送武判官归京》是岑参边塞诗的代表作，作于他第二次出塞阶段。此时，他很受安西节度使封常青的器重，他的大多数边塞诗成于这一时期。岑参在这首诗中，以诗人的敏锐观察力和浪漫奔放的笔调，描绘了祖国西北边塞的壮丽景色，以及边塞军营送别归京使臣的热烈场面，表现了诗人和边防将士的爱国热情，以及他们对战友的真挚感情。

整诗内涵丰富，意境鲜明独特，语言明朗优美，旋律跌宕生姿，具有极强的艺术感染力。有大笔挥洒（如"瀚海"二句），有细节勾勒（如"风掣红旗冻不翻"），有真实生动的描写，也有浪漫奇妙的想象（如"忽如"二句），从咏雪到送人，又从送人到咏雪，咏雪中含着送人，送人中含着咏雪，景使情浓烈，情令景丰韵，景情合一，颇具匠心，笔触浩茫凝重，慷慨雄壮，景奇情真，高亢深沉，诗人正是怀着如此丰富的感情，才吟咏出这样奇壮深沉的白雪之歌。

第四节 宋词中的水

因为宋代词人对水的喜爱，"水"依然是宋词中的经典意象，水意象作为悠闲、淡泊、自由、与大自然亲和的对应体，它千姿百态，或以摇曳的波的动态形式出现，或以亲切可感的水的自然形式出现，或以壮美的浪、涛等形态出现，有着非常丰富的意蕴，装点着宋词的意境。

念奴娇·赤壁怀古[1]

苏 轼

大江东去[2]，浪淘尽，千古风流人物[3]。故垒西边[4]，人道是：三国周郎赤壁[5]。乱石穿空，惊涛拍岸，卷起千堆雪。江山如画，一时多少豪杰。

遥想公瑾当年，小乔初嫁了[6]，雄姿英发。羽扇纶巾[7]，谈笑间樯橹灰飞烟灭。故国神游[8]，多情应笑我，早生华发。人生如梦，一尊还酹江月[9]。

作者简介

苏轼（1037—1101年），字子瞻，号东坡居士，眉州眉山（今四川省眉山市）北宋政治家、文学家。苏轼一生坎坷，但始终保持着旷达乐观的心态，即使屡被贬，也从未消沉过。元丰二年（1079年），他因"乌台诗案"被贬为黄州（今湖北黄冈）团练副使。遭遇人生重大变故之后，苏轼虽然也感叹人生短暂、无常，但他并不消沉，而是以开阔、豁达的胸襟来面对一切。

注释

1. 念奴娇：词牌名。又名"百字令""酹江月"等。赤壁：此指黄州赤壁，一名"赤鼻矶"，在今湖北黄冈西。而三国古战场的赤壁，文化界认为在今湖北赤壁市西北。
2. 大江：指长江。
3. 风流人物：指杰出的历史名人。
4. 故垒：过去遗留下来的营垒。
5. 周郎：指三国时吴国名将周瑜，字公瑾，少年得志，二十四岁为中郎将，掌管东吴重兵，吴中皆呼为"周郎"。下文中的"公瑾"，即指周瑜。
6. 小乔初嫁了（liǎo）：《三国志·吴志·周瑜传》载，周瑜从孙策攻皖，"得桥公两女，皆国色也。策自纳大桥，瑜纳小桥。"乔，本作"桥"。其时距赤壁之战已经十年，此处言"初嫁"，是言其少年得意，倜傥风流。
7. 羽扇纶（guān）巾：古代儒将的便装打扮。羽扇，羽毛制成的扇子。纶巾，青丝制成的头巾。
8. 故国神游："神游故国"的倒文。故国：这里指旧地，当年的赤壁战场。神游：于想象、梦境中游历。
9. 一尊还（huán）酹（lèi）江月：古人祭奠以酒浇在地上祭奠。这里指洒酒酬月，寄托自己的感情。尊：通"樽"，酒杯。

译文

大江浩浩荡荡向东流去，滔滔巨浪淘尽千古英雄人物。

那旧营垒的西边，人们说那就是三国周瑜鏖战的赤壁。

陡峭的石壁直耸云天，如雷的惊涛拍击着江岸，激起的浪花好似卷起千万堆白雪。

雄壮的江山奇丽如图画，一时间涌现出多少英雄豪杰。

遥想当年的周瑜春风得意，绝代佳人小乔刚嫁给他，他英姿奋发豪气满怀。

（周瑜）手摇羽扇，头戴纶巾，谈笑之间，强敌的战船烧得灰飞烟灭。

我今日神游当年的战地，可笑我多情善感，过早地生出满头白发。

人生犹如一场梦，且洒一杯酒祭奠江上的明月。

赏析

此词怀古抒情，写自己消磨壮心殆尽，转而以旷达之心关注历史和人生。上阕以描写赤壁矶风起浪涌的自然风景为主，意境开阔博大，感慨隐约深沉。起笔凌云健举，包举有力。将浩荡江流与千古人事并收笔下。

千古风流人物既被大浪淘尽，则一己之微岂不可悲？然而苏轼却另有心得：既然千古风流人物也难免如此，那么一己之荣辱穷达复何足悲叹！人类既如此殊途而同归，则汲汲于一时功名，不免过于迂腐了。接下两句切入怀古主题，专说三国赤壁之事。"人道是"三字下得极有分寸。赤壁之战的故地，争议很大。一说在今湖北蒲圻县境内，已改为赤壁市。但今湖北省内有四处地名同称赤壁者，另三处在黄冈、武昌、汉阳附近。苏轼所游是黄冈赤壁，他似乎也不敢肯定，所以用"人道是"三字引出以下议论。

诗人是个旷达之人，尽管政治上失意，却从未对生活失去信心。这首词就是他这种复杂心情的集中反映，词中虽然书写失意，然而格调是豪壮的，跟失意文人的同主题作品显然不同。词作中的豪壮情调首先表现在对赤壁景物的描写上。长江的非凡气象，古战场的险要形势都给人以豪壮之感。周瑜的英姿与功业无不让人艳羡。

诉衷情·一波才动万波随

黄庭坚

一波才动万波随，蓑笠一钩丝[1]。金鳞正在深处[2]，千尺也须垂。

吞又吐，信还疑，上钩迟[3]。水寒江静，满目青山，载月明归。

作者简介

黄庭坚（1045—1105年），字鲁直，号山谷道人，晚号涪翁，洪州分宁（今江西省九江市修水县）人，北宋著名文学家、书法家、盛极一时的江西诗派开山之祖，与杜甫、陈师道和陈与义素有"一祖三宗"（黄庭坚为其中一宗）之称。与张耒、晁补之、秦观都游学于苏轼门下，合称为"苏门四学士"。生前与苏轼齐名，世称"苏黄"。

注释

1. 蓑笠（suō lì）：指披蓑衣、戴斗笠的渔翁。
2. 金鳞（lín）：指鳞光闪闪的鱼。
3. 迟：慢。

译文

江上万顷波涛一个接一个涌来，戴斗笠、披蓑衣的渔翁在江边垂钓。鱼儿正在水中深处，即使是深藏千尺也要钓上来。

鱼儿吞下了鱼饵又吐了出来，将信将疑迟迟不肯上钩。渔翁归来的时候已是水寒江静,只见满目青山明月当空。

赏析

词的上片,"一波才动万波随,蓑笠一钩丝",这是幅寒江独钓图,一碧万顷,波光粼粼,有孤舟蓑笠翁,浮游其上,置身天地之间,垂钓于重渊深处,钩入水动,波纹四起,环环相随。这样空灵洒脱的境界令人逸怀浩气。"金鳞"二句写垂钓之兴:鱼翔深底,沉沦不起,为取水下金鳞,渔翁不惜垂丝千尺。此时此刻,渔父专注一念,神智空明,似乎正感受到水下之鱼盘旋于钓钩左右的情态。

词的下片,"吞又吐,信还疑,上钩迟",这一虚设之笔描绘了渔翁闭目凝神,心与鱼游的垂钓之乐,这种快乐中,渔父举目江天山水,忽然得道忘鱼。末三句渲染出一幅空灵澄澈的江渔归晚图:"水寒江静,满目青山,载月明归。"透射出一种置身江天、脱落尘滓的逍遥追求,突出渔父这样一种澄静澹远的境界里,任漂泊而不问其所至,也正是自张志和至黄庭坚所立志以求的最高境界。

该词构思用意上搬用了唐代船子和尚的偈语,将张志和那种心志不渝、逍遥自由的渔父家风,又升华为一种摆脱世网、顿悟入圣的精神境界,借此表明词人当时遭贬后的心胸抱负和向往独钓江天、泛迹五湖的自由生活。取景设境上具有象征色彩,用意于形象后面的暗示。特别是最后"水寒江静,满目青山,载月明归"三句,直以诗家之化境写禅宗之悟境,用自然超妙之景象征自己词人觉悟解脱,由凡入圣的心志襟怀。

苏幕遮·怀旧[1]

范仲淹

碧云天,黄叶地,秋色连波,波上寒烟翠。
山映斜阳天接水,芳草无情,更在斜阳外。
黯乡魂[2],追旅思,夜夜除非,好梦留人睡。
明月楼高休独倚,酒入愁肠,化作相思泪。

作者简介

范仲淹(989—1052年),字希文。祖籍邠州,后移居苏州吴县。北宋初年政治家、文学家。大中祥符八年(1015年),范仲淹苦读及第,授广德军司理参军。后历任兴化县令、秘阁校理、陈州通判、苏州知州等职,因秉公直言而屡遭贬斥。范仲淹政绩卓著,文学成就突出。他倡导的"先天下之忧而忧,后天下之乐而乐"思想和仁人志士节操,对后世影响深远。

注释

1. 苏幕遮:原唐教坊曲名,来自西域,后用作词牌名。
2. 黯乡魂:因思念家乡而黯然神伤。黯,形容心情忧郁。乡魂,即思乡的情思。语出江淹《别赋》:"黯然销魂者,唯别而已矣。"

译文

云天蓝碧,黄叶落满地,天边秋色与秋波相连,波上弥漫着空翠略带寒意的秋烟。

远山沐浴着夕阳，天空连接着江水。不解思乡之苦的芳草，一直延伸到夕阳之外的天际。

默默思念故乡黯然神伤，缠人的羁旅愁思难以排遣，每天夜里除非是美梦才能留人入睡。

当明月照高楼时不要独自依倚。频频地将苦酒灌入愁肠，化为相思的眼泪。

赏析

这首词上片写景，下片抒情，这本是词中常见的结构和情景结合的方式，其特殊性在于丽景与柔情的统一，更准确地说，是阔远之境、秾丽之景、深挚之情的统一。写乡思离愁的词，往往借萧瑟的秋景来表达，这首词所描绘的景色却阔远而秾丽。它一方面显示了词人胸襟的广阔和对生活对自然的热爱，反过来衬托了离情的可伤，另一方面又使下片所抒之情显得柔而有骨，深挚而不流于颓靡。整体说来，这首词的用语与手法虽与一般的词类似，意境情调却近于传统的诗。这说明，抒写离愁别恨的小词是可以写得境界阔远，不局限于闺阁庭院。

采桑子·轻舟短棹西湖好

欧阳修

轻舟短棹西湖好[1]，绿水逶迤，芳草长堤，隐隐笙歌处处随。

无风水面琉璃滑[2]，不觉船移，微动涟漪，惊起沙禽掠岸飞[3]。

作者简介

欧阳修（1007—1072年），字永叔，号醉翁、六一居士，吉州永丰（今江西省吉安市永丰县）人，北宋政治家、文学家，且在政治上负有盛名。因吉州原属庐陵郡，以"庐陵欧阳修"自居。官至翰林学士、枢密副使、参知政事，谥号文忠，世称欧阳文忠公。后人又将其与韩愈、柳宗元和苏轼合称"千古文章四大家"。与韩愈、柳宗元、苏轼、苏洵、苏辙、王安石、曾巩一起被世人称为"唐宋散文八大家"。

欧阳修是在宋代文学史上最早开创一代文风的文坛领袖。领导了北宋诗文革新运动，继承并发展了韩愈的古文理论。他的散文创作的高度成就与其正确的古文理论相辅相成，从而开创了一代文风。欧阳修在变革文风的同时，也对诗风词风进行了革新。在史学方面，也有较高成就。

注释

1. 西湖：指颍州西湖。在今安徽省阜阳市西北。
2. 琉璃：指玻璃，这里形容水面光滑。
3. 沙禽：沙洲或沙滩上的水鸟。

译文

西湖风光好，驾轻舟划短桨多么逍遥。碧绿的湖水绵延不断，长堤上花草散出芳香。隐隐传来的音乐歌唱，像是随着船儿在湖上飘荡。

无风的水面,光滑得好似琉璃一样,不觉得船儿在前进,只见微微的细浪在船边荡漾。看,被船儿惊起的水鸟,正掠过湖岸在飞翔。

赏析

《采桑子》从不同侧面描写了"水深莫测,广袤相齐"(正德《颍州志》卷一)的西湖美景,从中折射出欧阳修挂冠退隐后从容自适的闲雅心理。

这首词是《采桑子》组词中的一首。描写四季风景是欧阳修《采桑子》组词的重要内容。这首名列第一,写的是春色中的西湖,风景与心情,动感与静态,视觉与听觉,两两对应而结合,形成了一道流动中的风景。全词以轻松淡雅的笔调,描写泛舟颍州西湖时所见的美丽景色,以"轻舟"作为观察风景的基点,舟动景换,但心情的愉悦是一以贯之的。色调清丽,风格娟秀,充满诗情画意,读来清新可喜。

菩萨蛮·书江西造口壁[1]

辛弃疾

郁孤台下清江水[2],中间多少行人泪。西北望长安,可怜无数山。青山遮不住,毕竟东流去。江晚正愁予,山深闻鹧鸪[3]。

作者简介

辛弃疾(1140—1207年),原字坦夫,后改字幼安,号稼轩,山东济南府历城县(今济南市历城区遥墙镇四凤闸村)人。南宋豪放派词人、将领,有"词中之龙"之称。与苏轼合称"苏辛",与李清照并称"济南二安"。

辛弃疾一生命运多舛、备受排挤、壮志难酬。但他恢复中原的爱国信念始终没有动摇,而是把满腔激情和对国家兴亡、民族命运的关切,全部寄寓于词作之中。其词艺术风格多样,以豪放为主,风格沉雄豪迈又不乏细腻柔媚之处。其词题材广阔又善化用典故入词,抒写力图恢复国家统一的爱国热情,倾诉壮志难酬的悲愤,对当时执政者的屈辱求和颇多谴责;也有不少吟咏祖国河山的作品。现存词六百多首,有词集《稼轩长短句》等传世。

注释

1. 造口:一名皂口,在江西万安县南六十里。
2. 郁孤台:今江西省赣州市城区西北部贺兰山顶,又称望阙台,因"隆阜郁然,孤起平地数丈"得名。赣江与袁江合流处旧称清江。
3. 鹧鸪:鸟名,其啼声凄苦。

译文

郁孤台下这赣江的流水,水中有多少逃难的人的眼泪。

"我"抬头眺望西北的长安,可惜只见到无数的青山。

但青山怎能把江水挡住,浩浩江水终于向东流去。

江边夜晚我正满怀愁绪,听到深山传来声声鹧鸪的叫声。

赏析

此词写作者登郁孤台远望,"借水怨山",抒发国家兴亡的感慨。上片由眼前景物引出历史回忆,抒发家国沦亡之创痛和收复无望的悲愤;下片借景生情,抒愁苦与不满之情。全词对朝廷苟安江南的不满和自己一筹莫展的愁闷,却是淡淡叙来,不瘟不火,以极高明的比兴手法,表达了蕴藉深沉的爱国情思,艺术水平高超,堪称词中瑰宝。

第五节 元曲中的水

元曲与唐诗、宋词一起并称为我国古代文学艺术发展史上的三座高峰。元曲的组成包括散曲和杂剧两类文体。元散曲为元代的代表性文学艺术门类,其作品多深刻揭示社会现实,以其广阔的题材、通俗的语言、活泼的形式、清新的风格、生动的描绘、多样的手法,书写了中国古代诗歌最后的辉煌。到了元朝,异族入主中原,在重武轻文的强权统治下,文人遭受了无尽的苦痛,他们在叹息和讽刺散曲中泄尽怨愤之后,转而醉于山水、恋于河川,依然临写出如诗如画、灵秀清幽的山山水水。

天净沙·秋思

马致远

枯藤老树昏鸦,小桥流水人家,古道西风瘦马。夕阳西下,断肠人在天涯。

作者简介

马致远(约1250—1321至1324年秋季间),字千里,晚号东篱,大都人,原籍河北省东光县马祠堂村,著名戏曲家、杂剧家,被后人誉为"马神仙",还有"曲状元"之称,与关汉卿、郑光祖、白朴并称"元曲四大家",作品《天净沙·秋思》被称为秋思之祖。

赏析

此曲以"散点"的意象分布,"透视"出孤寂苍凉之意。全曲有枯藤、老树、昏鸦、小桥、流水等12个意象,3个为一组,天涯漂泊的悲思在一组组意象中逐层渗透,最终在天涯断肠人身上浓得再难化开,其萧瑟凄凉的意境因此而得到很好的展现,只余"念天地之悠悠,独怆然而泣下"的落寞情怀。取景入曲,纯出自然,在不经意中,丰富了山水散的意境,萧疏、苍茫而寥远。

双调·大德歌[1]

关汉卿

雪粉华,舞梨花[2],再不见烟村四五家。密洒堪图画[3],看疏林噪晚鸦。黄芦掩映清江下,斜缆着钓鱼艖[4]。

作者简介

关汉卿（约1230—1300年），元代杂剧奠基人，元代戏剧作家，"元曲四大家"之首。晚号已斋（一说名一斋）、已斋叟。解州人（今山西省运城），其籍贯还有大都（今北京市）及祁州（今河北省安国市）等说，与白朴、马致远、郑光祖并称为"元曲四大家"。

注释

1. 双调：宫调名。大德歌：是这个调子的曲牌。
2. 雪粉华，舞梨花：形容雪花像梨花一样的洁白。
3. 堪图画：值得描绘。图画，这里是动词。
4. "斜缆"句：斜系着一条小小的钓鱼船。缆，本是系船的索子，这里作动词用。

赏析

这支小令描绘了一幅淡雅的傍晚郊野雪景图，勾画了饱含着作者无限感慨之情的冬景，曲折地表达了作者向往安宁闲适稳定生活的感情，也表现了元朝文人儒士无限的历世感叹和兴亡之感。全曲用字讲究，境界开阔，层次分明，画面清新淡雅，富于立体感，是描绘景物的好作品，从中可感触戏曲大家智慧的光芒。

小令前四句写大雪漫天飞舞的迷离景色，说明野外的扑朔迷离，依稀难辨，远景的衬托，同时透视出作者赞叹之情，境界开阔，层次分明。后三句，精心摄取几个近景："晚鸦""黄芦""钓鱼艖"一目了然，同时层次清楚：岸上、岸边、水中，三层由高及低，层次清晰，形色鲜明。前四句朦胧，后三句明晰，把朦胧的远景和明晰的近景紧密配合，使得整个画面的空间层次鲜明，而近景中又分三层，富有空间层次感和画面的立体感；白中有寒鸦，一分荒凉；黄芦掩映，色彩富有质量感，给人温馨；渔舟斜缆，安详静谧，给人以想象：雪过天霁，照样下江捕鱼，表达了作者对安闲稳定的生活的向往和赞美之情。

第六节　散文小品中的水

人们常用"行云流水"来形容好的散文，言其文理自然，姿态横生，如水般天然生成，毫无矫揉造作之迹。这大概是因为，水是文人最常见到的自然元素，又被赋予了许多美好的人格情愫，所以文人总是喜爱以水入文，或在明溪翠柳旁，或于微风细雨中，或在湖光山色里，流连忘返，借水以发思古之幽情，寄托高雅脱俗之志。

答谢中书书

陶弘景

山川之美，古来共谈。高峰入云，清流见底。两岸石壁，五色交辉。青林翠竹，四时俱备。晓雾将歇，猿鸟乱鸣；夕日欲颓[1]，沉鳞竞跃。实是欲界之仙都。自康乐以来[2]，未复有能与其奇者。

作者简介

陶弘景（456—536年），字通明，南朝梁时丹阳秣陵（今江苏南京）人，号华阳隐居，著名的医药家、文学家，历经宋、齐、梁三代，精通阴阳五行、星算地理及医术等，齐时官至奉朝请，后隐居于句曲山，设帐授徒，采药炼丹，自号"华阳隐居"。

注释

1. 夕日欲颓：太阳快要落山了。颓，坠落。
2. 康乐：指南朝著名山水诗人谢灵运，他继承他祖父的爵位，被封为康乐公。是南朝文学家。

译文

山川景色的美丽，自古以来就是文人雅士共同欣赏赞叹的。巍峨的山峰耸入云端，明净的溪流清澈见底。两岸的石壁色彩斑斓，交相辉映。青葱的林木，翠绿的竹丛，四季常存。清晨的薄雾将要消散的时候，传来猿、鸟此起彼伏的鸣叫声；夕阳快要落山的时候，潜游在水中的鱼儿争相跳出水面。这里实在是人间的仙境啊。自从南朝的谢灵运以来，就再也没有人能够欣赏这种奇丽的景色了。

赏析

文章以感慨发端：山川之美，古来共谈，有高雅情怀的人才可能品味山川之美，将内心的感受与友人交流，是人生一大乐事，反映了作者娱情山水的思想。作者正是将谢中书当作能够谈山论水的朋友，同时也期望与古往今来的林泉高士相比肩。此文称道江南山水之美，笔笼山川，纸纳四时，文辞清丽，堪称六朝山水小品名作。

起首之句"山川之美，古来共谈"，虽然平和却很自然，且立意高远；接着的"高峰入云，清流见底"至"夕日欲颓，沉鳞竞跃"，不足五十个字，却涉及了山川草木、飞禽走兽。静物和动物，各自跃然在目，不绝于耳；形态各异，却浑然一体，鲜活如生。"实是欲界之仙都"，这归纳之句又回首返顾，使得全文前后呼应，上下贯通。就是最后简短的议论，也是言简意赅，切中文义。

统观全文，语言精练。其一字一句，均是文章的重要组成一部分，少一字会断章离义，多一字便画蛇添足。一个景物，仅仅四字，便描绘恰当，津津有味。清清楚楚，明明白白，一个心声一句话，不多也不少。"夕日欲颓"，势在必然。"沉鳞竞跃"，变化突然。分析文章结构，亦不失巧妙，杂而不乱，结合有序。全文短短六十八字，却胜过鸿篇巨制。全文笔调清新，写景传神，清丽明净而富于含蕴，与充斥在齐梁文坛上的那些繁缛浮艳、内容空虚的骈体文大异其趣，江南山水之美跃然纸上。

与 朱 元 思 书[1]

吴　均

风烟俱净，天山共色。从流飘荡，任意东西。自富阳至桐庐一百许里[2]，奇山异水，天下独绝。

第六节 散文小品中的水

> 水皆缥碧，千丈见底。游鱼细石，直视无碍。急湍甚箭，猛浪若奔。
>
> 夹岸高山，皆生寒树，负势竞上[3]，互相轩邈[4]，争高直指，千百成峰。泉水激石，泠泠作响；好鸟相鸣，嘤嘤成韵。蝉则千转不穷，猿则百叫无绝。鸢飞戾天者[5]，望峰息心[6]；经纶世务者[7]，窥谷忘反[8]。横柯上蔽[9]，在昼犹昏；疏条交映，有时见日。

作者简介

吴均（469—520年），字叔庠（xiáng），吴兴故鄣（今浙江安吉）人。南朝梁时的文学家、史学家。好学有俊才，其诗文深受沈约称赞。其诗清新，且多为反映社会现实之作。其文工于写景，诗文自成一家，常描写山水景物，称为"吴均体"，开创一代诗风。受梁武帝欣赏，任为奉朝请。

注释

1. 书：是古代的一种文体。
2. 许：表示大约的数量，上下，左右。
3. 负势竞上：高山凭依高峻的地势，争着向上。负，凭借。竞，争着。上，向上。
4. 轩邈（miǎo）：意思是这些高山仿佛都在争着往高处和远处伸展。轩，向高处伸展。邈，向远处伸展。这两个词在这里形容词活用为动词用。
5. 鸢（yuān）飞戾（lì）天：出自《诗经·大雅·旱麓》。老鹰高飞入天，这里比喻追求名利极力攀高的人。鸢，俗称老鹰，善高飞，是一种凶猛的鸟。戾，至。
6. 望峰息心：意思是看到这些雄奇的山峰，追逐名利的心就会平静下来。息，使……平息，使动用法。
7. 经纶（lún）世务者：治理社会事务的人。经纶，筹划、治理。世务，政务。
8. 窥谷忘反：看到这些幽美的山谷，就会流连忘返。窥，看。反，通"返"，返回。
9. 横柯（kē）上蔽：横斜的树木在上面遮蔽着。柯，树木的枝干。上，方位名词作状语，在上面。蔽，遮蔽。

译文

风和烟都消散了，天和山变成相同的颜色。（我乘着船）随着江流漂荡，随意的向东或向西漂流。从富阳到桐庐，一百里左右，奇异的山，灵异的水，是天下独一无二的。

水都是青白色的，清澈的水千丈也可以看见底。游动的鱼儿和细小的石头，可以直接看见，毫无障碍。湍急的水流比箭还快，凶猛的巨浪就像奔腾的骏马。

夹江两岸的高山上，都生长着耐寒的树，高山凭依着高峻的山势，争着向上，这些高山彼此都争着往高处和远处伸展；群山竞争着高耸，笔直地向上形成了无数个山峰。泉水飞溅在山石之上，发出清悦泠泠的响声；美丽的鸟相互和鸣，鸣声嘤嘤，和谐动听。蝉儿长久地叫个不停，猿猴长时间地叫个不停。像凶猛的鸟飞到天上为名利极力追求高位的人，看到这些雄奇的高峰，追逐功名利禄的心也就平静下来。那些整天忙于政务的人，看到这些幽美的山谷，就会流连忘返。横斜的树枝在上面遮蔽着，即使在白天，也像黄昏时那样阴暗；稀疏的枝条交相掩映，有时也可以见到阳光。

赏析

作者绘制了一幅绚丽生动、充满诗情画意的百里山水画卷：风烟散尽，天山一色，水天一色；小船随波荡漾，山峰奇异、流水缥碧；江水清澈，游鱼、卵石尽收眼底；流水湍急似飞箭，猛浪汹涌如奔马；山耸千丈，林幽鸟鸣；泉水泠泠，清脆悦耳，好鸟相和，声声动听；蝉音千转，猿声长鸣。如此美景使人流连忘返，息去功名利禄之心，顿有出尘之思。这就是富春江所特有的景色，是秋天的富春江。它与别处之所以不同，就在于它美在山"奇"，丽在水"异"，奇山异水相互映衬，相互补充，才构成了诗一般的美的意境。在这里，有"异"水而没有"奇"山，景物就会黯然失色；有"奇"山而没有"异"水，景物也就失去了灵性，真所谓"奇山异水，天下独绝"。

观　潮

周　密

浙江之潮，天下之伟观也。自既望以至十八日最盛[1]。方其远出海门，仅如银线[2]；既而渐近，则玉城雪岭际天而来[3]，大声如雷霆，震撼激射，吞天沃日[4]，势极雄豪。杨诚斋诗云"海涌银为郭，江横玉系腰"者是也。

每岁京尹出浙江亭教阅水军[5]，艨艟数百[6]，分列两岸；既而尽奔腾分合五阵之势，并有乘骑弄旗标枪舞刀于水面者，如履平地。倏尔黄烟四起，人物略不相睹，水爆轰震[7]，声如崩山。烟消波静，则一舸无迹[8]，仅有"敌船"为火所焚，随波而逝。

吴儿善泅者数百[9]，皆披发文身[10]，手持十幅大彩旗，争先鼓勇，溯迎而上，出没于鲸波万仞中，腾身百变，而旗尾略不沾湿，以此夸能。

江干上下十余里间，珠翠罗绮溢目[11]，车马塞途，饮食百物皆倍穹常时[12]，而僦赁看幕[13]，虽席地不容间也[14]。

作者简介

周密（1232—1298年），字公谨，号草窗，又号霄斋、苹洲、萧斋，晚年号弁阳老人、四水潜夫、华不注山人。祖籍济南（今山东济南），先祖因随宋高宗南渡，落籍吴兴（今浙江湖州），置业于弁山南。一说其祖后自吴兴迁杭州，周密出生于杭州。南宋词人、文学家。

注释

1. 自既望以至十八日：从农历（八月）十六日到十八日。既望，农历十六日（十五日叫望）。
2. 方其远出海门：当潮从入海口涌起的时候。方，当……时。其，代词，指潮。出，发、起。海门，浙江入海口，那里两边的山对峙着。
3. 玉城雪岭：形容泛着白沫的潮水像玉砌的城墙和白雪覆盖的山岭。
4. 沃日：冲荡太阳。形容波浪大。沃，用水淋洗，冲荡。
5. 每岁京尹出浙江亭教阅水军：每年（农历八月）京都临安府长官来到浙江亭教阅

水军。岁,年。京尹,京都临安府(今浙江杭州)的长官。浙江亭,馆驿名,在城南钱塘江岸。

6. 艨艟:战船。

7. 水爆:水军用的一种爆炸武器。

8. 一舸无迹:一条船的踪影也没有了。舸,船。

9. 吴儿善泅者数百:几百个擅长于游泳的吴地健儿。吴地即今江苏、浙江一带。因春秋时为吴国之地,故称吴地。善,善于。泅,游泳、浮水。

10. 披发文身:披散着头发,身上画着花纹。文,动词,画着文彩。

11. 珠翠罗绮(qǐ)溢目:满眼都是华丽的服饰。珠翠罗绮,泛指妇女的首饰和游人的华丽衣服。溢目,满眼。

12. 倍穹(qióng):(价钱)加倍的高。穹,动词,高;倍,形容词,指很多倍。

13. 而僦(jiù)赁(lìn)看幕:租用看棚的人(非常多)。而,表转折。僦、赁,都是租用的意思。看幕,为观潮而特意搭的帐篷。

14. 虽席地不容间也:中间即使是一席之地的空地也不容有容。许,使。间(jiān)空间。虽,即使。席地,一席之地,仅容一个座位的地方。

译文

钱塘江的海潮是天下间最壮观的。从每年的八月十六至八月十八,这期间海潮最盛大。当海潮从远方海口出现的时候,只像一条白色的银线一般,过了一会儿慢慢逼近,白浪高耸就像白玉砌成的城堡、白雪堆成的山岭一般,波涛好像从天上堆压下来,发出很大的声音,就像震耳的雷声一般。波涛汹涌澎湃,犹如吞没了蓝天、冲洗了太阳,非常雄壮豪迈。杨诚斋曾在诗中说:"海水涌起来,成为银子堆砌的城市;钱塘江横着,潮水给系上一条白玉的腰带。"就像这样一般。

每年临安府的长官到浙江亭外检阅水军,巨大的战舰数百艘分别排列于江的两岸,一会儿全部的战舰都往前疾驶,一会儿分开;一会儿聚合,形成五种阵势,并有人骑着马匹耍弄旗帜标枪,舞弄大刀于水面之上,就好像步行在平地一般。忽然间黄色的烟雾四处窜起,人物一点点都看不见,水中的爆破声轰然震动,就像高山崩塌一般。过一会儿烟雾消散,水波平静,看不见任何一条大船,只有演习中充当敌军战船的军舰被火焚烧,随着水波而沉于海底。

浙江一带善于游泳的健儿数百人,每个人都披散着头发,身上满是刺青,手里拿着十幅长的大彩旗。大家奋勇争先逆着水流踏浪而上在极高的波涛之中,忽隐忽现腾越着身子,姿势变化万千,然而旗尾一点点也没有被水沾湿,以此来夸耀自己的才能。

而有钱的巨富、尊贵的官吏,争先赏赐银色的彩绸。在江岸南北上下十余里之间,满眼都是穿戴着华丽服饰的观众,车马太多,路途为之阻塞。所贩卖的饮食物品,比平时价格高出一倍。而游客租借观赏的帐篷,连容纳一席之地的空间也没有,非常拥挤。

赏析

作者先描绘钱塘江潮水雄伟壮美的景象。开篇用"浙江之潮,天下之伟观也"总领全文,先声夺人。接着交代海潮最盛的时间,然后对潮水从形、色、声、势四个方面进行正面描绘,由远及近地写出了海潮的雄奇壮观:当它远远地从海口那儿涨起来时,仅仅像一条银白色的横线。后来,越涌越近,像玉雕的城墙,雪堆的山岭,潮头之高能吞天沃日。"既而渐近,则玉城雪岭际天而来,大声如雷霆,震撼激射,吞天沃日,势极雄豪。"着重表现的是潮水的颜色、声音和气势:以"玉城雪岭"作比,写潮头的颜色,与上文的"银线"一词相呼应;用"雷霆"比况,写潮水的声音;用"震撼激射,吞天沃日"八个字,表现潮水的气势,准确地把握了潮水的特征,笔酣墨饱、畅快淋漓地再现了钱塘江潮的伟观。段后又引用了南宋诗人杨诚斋《浙江观潮》一诗中的句子,恰到好处地补证了文章的描述,不仅加强了作品的艺术表现力,还能给读者留下美好退想的余地。

接着写趁江潮最盛的时候水军演习的精彩场面:参加演习的船只众多,演习中阵势变化多样,文章连用"乘喻""弄旗""标枪""舞刀"四个结构相同、节奏明快的动宾词组列举水兵的多种动作,令人眼花缭乱,目不暇接。后面再跟上"如履平地"的比喻句,从中可见出他们武艺的高强。接下去写实战演习:"倏尔黄烟四起,人物略不相睹,水爆轰震,声如崩山",战斗气氛十分紧张,激战在火热地进行。整个演习过程,写得干净利落。这场战斗写得有动有静,有声有色,含蓄地表现出水兵健儿驶船的高超本领、作战的卓越技能和将领的指挥有度、操练得法。

最后又写吴地健儿精彩的水技表演。全段主要在"善泅"二字上做文章。"披发文身",是写他们的外形打扮;"争先鼓勇,溯迎而上,出没于鲸波万仞中",是写他们的矫健和勇敢;"腾身百变",是写他们泅水技术的超绝;"而旗尾略不沾湿",则是旁衬他们的善泅,寥寥数十字,对吴地这种民间习俗作了极为生动的描述

文末写观潮的盛况。众多的吴地健儿在惊涛骇浪中作精彩表演,吸引了观潮的人群如织,以致"江干上下十余里间""车马塞途""席地不容间"。行文至此,作者意犹未尽,再侧面写物价的昂贵和看棚中的无一席之地。游人之众可想而知。而写游人之众正是为了表现江潮之盛,紧扣题意,不蔓不枝。

湖 心 亭 看 雪

张　岱

崇祯五年十二月[1],余住西湖。大雪三日,湖中人鸟声俱绝。是日更定矣[2],余挐一小舟[3],拥毳衣炉火[4],独往湖心亭看雪,雾凇沆砀[5],天与云与山与水,上下一白。湖上影子,惟长堤一痕、湖心亭一点、与余舟一芥[6]、舟中人两三粒而已。

到亭上,有两人铺毡对坐,一童子烧酒炉正沸。见余大喜曰:"湖中焉得更有此人!"拉余同饮。余强饮三大白而别。问其姓氏,是金陵人,客此。及下船,舟子喃喃曰:"莫说相公痴,更有痴似相公者!"

作者简介

张岱(1597—1689年),一名维城,字宗子,又字石公,号陶庵、陶庵老人、蝶庵、

古剑老人、古剑陶庵、古剑陶庵老人、古剑蝶庵老人，晚年号六休居士，浙江山阴（今浙江绍兴）人，祖籍四川绵竹（故自称"蜀人"），明清之际史学家、文学家。

注释

1. 崇祯五年：公元1632年。崇祯，是明思宗朱由检的年号（1628—1644年）。

2. 是日更（gēng）定：是，代词，这。更定：指初更以后。晚上八点左右。定，开始。

3. 拏：通"桡"，撑（船）。

4. 拥毳（cuì）衣炉火：穿着细毛皮衣，带着火炉。毳衣：细毛皮衣。毳：鸟兽的细毛。

5. 雾凇沆砀：冰花一片弥漫。雾，从天上下罩湖面的云气。凇，从湖面蒸发的水汽。沆砀，白气弥漫的样子。

6. 一芥：一棵小草。芥，小草，比喻轻微纤细的事物（像小草一样微小）。

译文

崇祯五年十二月，我住在西湖边。大雪接连下了多天，湖中的行人、飞鸟的声音都消失了。这一天晚上八点左右，我撑着一叶小舟，穿着毛皮衣，带着火炉，独往湖心亭看雪。（湖面上）冰花一片弥漫，天与云与山与水，天光湖色全是白皑皑的。湖上的影子，只有一道长堤的痕迹、一点湖心亭的轮廓、和我的一叶小舟，舟中的两三粒人影罢了。到了湖心亭上，看见有两个人铺好毡子，相对而坐，一个小孩正把酒炉（里的酒）烧得滚沸。（他们）看见我，非常高兴地说："想不到在湖中还会有您这样的人！"（他们）拉着我一同饮酒。我尽力喝了三大杯酒，然后和他们道别。（我）问他们的姓氏，（得知他们）是南京人，在此地客居。等到了下船的时候，船夫喃喃地说："不要说相公您痴，还有像相公您一样痴的人啊！"

赏析

《湖心亭看雪》选自《陶庵梦忆》，作者以清新淡雅的笔触描绘了雪后西湖宁静清绝的景象，用乐观旷达之心态来观幽静洁白之雪景，营造了一种人间仙境般的纯美意境：西湖上天、云、山、水全都被白雪笼罩，只有长堤露出的一道痕迹，湖心亭的一点，和"我"的一叶小舟，以及船上两三个像米粒一般的游人。此情此景，怎能不令人联想到身处浮华世间，谁又不是"沧海一粟"般的渺小呢？

西湖美景古今共传，但对西湖雪景的描述并不多。张岱以精炼的笔墨、淡雅的笔调，记叙了自己前往湖心亭看雪的经过以及西湖奇丽清绝的雪景，宛然一幅工笔画，简约而不简单，渗透着无尽的寂寞思绪与知己难得的惆怅。他遗世独立、卓然不群，有着高雅的情趣，不愿随世浮沉，更不愿折节事清，雪的洁白正是其精神品质和高尚节操的象征，无一句及此，却又字字透露出此意，真可谓"一切景语皆情语也"。

第七节　现当代文学作品中的水

水，展示了无穷无尽的生命力，水与人的情缘深远绵长，现当代文学作品中的水亦是一道亮丽的风景，如一股清澈的山泉缓缓流淌在青山绿水之间。

梅雨潭的绿

朱自清

我第二次到仙岩的时候,我惊诧于梅雨潭的绿了。

梅雨潭是一个瀑布潭。仙瀑有三个瀑布,梅雨瀑最低。走到山边,便听见花花花花的声音;抬起头,镶在两条湿湿的黑边儿里的,一带白而发亮的水便呈现于眼前了。

我们先到梅雨亭。梅雨亭正对着那条瀑布,坐在亭边,不必仰头,便可见它的全体了。亭下深深的便是梅雨潭。这个亭踞在突出的一角的岩石上,上下都空空儿的;仿佛一只苍鹰展着翼翅浮在天宇中一般。三面都是山,像半个环儿拥着;人如在井底了。这是一个秋季的薄阴的天气。微微的云在我们顶上流着;岩面与草丛都从润湿中透出几分油油的绿意。而瀑布也似乎分外的响了。

那瀑布从上面冲下,仿佛已被扯成大小的几绺;不复是一幅整齐而平滑的布。岩上有许多棱角;瀑流经过时,作急剧的撞击,便飞花碎玉般乱溅着了。那溅着的水花,晶莹而多芒;远望去,像一朵朵小小的白梅,微雨似的纷纷落着。据说,这就是梅雨潭之所以得名了。但我觉得像杨花,格外确切些。轻风起来时,点点随风飘散,那更是杨花了。这时偶然有几点送入我们温暖的怀里,便倏的钻了进去,再也寻它不着。

梅雨潭闪闪的绿色招引着我们;我们开始追捉她那离合的神光了。揪着草,攀着乱石,小心探身下去,又鞠躬过了一个石穹门,便到了汪汪一碧的潭边了。瀑布在襟袖之间;但我的心中已没有瀑布了。我的心随潭水的绿而摇荡。那醉人的绿呀,仿佛一张极大极大的荷叶铺着,满是奇异的绿呀。我想张开两臂抱住她;但这是怎样一个妄想呀。

站在水边,望到那面,居然觉着有些远呢!这平铺着,厚积着的绿,着实可爱。她松松的皱缬着,像少妇拖着的裙幅;她轻轻的摆弄着,像跳动的初恋的处女的心;她滑滑的明亮着,像涂了"明油"一般,有鸡蛋清那样软,那样嫩,令人想着所曾触过的最嫩的皮肤;她又不杂些儿尘滓,宛然一块温润的碧玉,只清清的一色——但你却看不透她!我曾见过北京什刹海拂地的绿杨,脱不了鹅黄的底子,似乎太淡了。我又曾见过杭州虎跑寺旁高峻而深密的"绿壁",重叠着无穷的碧草与绿叶的,那又似乎太浓了。其余呢,西湖的波太明了,秦淮河的又太暗了。可爱的,我将什么来比拟你呢?我怎么比拟得出呢?大约潭是很深的,故能蕴蓄着这样奇异的绿;仿佛蔚蓝的天融了一块在里面似的,这才这般的鲜润呀。

> 那醉人的绿呀！我若能裁你以为带，我将赠给那轻盈的舞女；她必能临风飘举了。我若能挹你以为眼，我将赠给那善歌的盲妹；她必明眸善睐了。我舍不得你；我怎舍得你呢？我用手拍着你，抚摩着你，如同一个十二三岁的小姑娘。我又掬你入口，便是吻着她了。我送你一个名字，我从此叫你"女儿绿"，好么？
>
> 我第二次到仙岩的时候，我不禁惊诧于梅雨潭的绿了。

作者简介

朱自清（1898—1948年），原名自华，号秋实，后改名自清，字佩弦。原籍浙江绍兴，出生于江苏省东海县（今连云港市东海县平明镇）。现代杰出的散文家、诗人、学者、民主战士。

作　　业

请以"水"为主题开展班级诗文朗诵会。朗诵会要求：

1. 朗诵脚本可选用优秀经典诗文（鼓励原创作品）。
2. 精神饱满、姿态大方，感情真挚、表达自然，能通过表情的变化反映诗文的内涵。
3. 朗诵熟练，声音洪亮，吐字清晰，普通话标准，能很好地把握诗文节奏，朗诵富有韵味和表现力，产生共鸣。
4. 鼓励朗诵形式创新，配乐朗诵，可领颂、分颂、合颂，朗诵时间不超过10分钟。

参　考　文　献

[1] 朱海风，张艳斌，史月梅，图说水与文学艺术［M］. 北京：中国水利水电出版社，2015.
[2] 史月梅，中外水文化研究　宋代山水诗句人水情缘研究［M］. 北京：中国水利水电出版社，2017.
[3] 王秀梅，诗经：中华经典藏书（升级版）［M］. 北京：中华书局，2016.
[4] 林家骊，楚辞：中华经典藏书（升级版）［M］. 北京：中华书局，2016.
[5] 俞平伯，唐诗鉴赏辞典［M］. 上海：上海辞书出版社，2013.
[6] 夏承焘，宋词鉴赏辞典［M］. 上海：上海辞书出版社，2013.
[7] 蒋星煜，元曲鉴赏辞典［M］. 上海：上海辞书出版社，2014.

第三章 水利工程篇

水利工程是用于控制和调配自然界的地表水和地下水,达到兴利除害目的而修建的工程。如修建坝、堤、溢洪道、水闸、进水口、渠道、渡漕、筏道、鱼道等不同类型的水工建筑物,实现控制水流,防止洪涝灾害,进行水量调节和分配,以满足人民生活和生产对水资源的需要。

本章主要从我国古代著名水利工程、现代著名水利工程、国外著名水利工程三个方面介绍不同时期、不同区域、不同国家的水利建设与政治、经济、社会、文化、环境和生态等方面的关系。

第一节 我国古代著名水利工程

本节主要从灌溉工程、运河工程、防洪工程和水土保持工程四个方面认识我国古代水利工程中所蕴含的水文化内容,深切感悟中国古代水利工程的科技水平和成就。

一、灌溉工程

灌溉工程是指为农田灌溉而兴建的水利工程。

中国古代以农立国,灌溉发展造就了中国古代精耕细作的农耕文化,奠定了中国基本经济区的格局。灌溉文明和治水传统造就了中国大一统国家,是华夏文明发展和延续的基础。

中国古代灌溉发展历史悠久,成就巨大。世界灌溉工程遗产是国际灌溉排水委员会(ICID)从2014年开始评选的世界遗产项目,旨在更好地保护和利用古代灌溉工程,挖掘和宣传灌溉工程发展史及其对世界文明进程的影响,学习古人可持续性灌溉的智慧、保护珍贵的历史文化遗产。截至2020年,世界灌溉工程遗产总数量已达到105项,遍布亚洲、欧洲、非洲、北美洲和大洋洲等五大洲的16个国家,其中,中国的世界灌溉工程遗产有23处。

表 3-1 中国的世界灌溉工程遗产名单

入选时间	入 选 工 程
2014年	四川乐山东风堰、浙江丽水通济堰、福建莆田木兰陂、湖南新化紫鹊界梯田
2015年	浙江诸暨桔槔井灌工程、安徽寿县芍陂、浙江宁波它山堰
2016年	陕西泾阳郑国渠、江西吉安槎滩陂、浙江湖州溇港
2017年	宁夏引黄古灌区、陕西汉中三堰、福建黄鞠灌溉工程
2018年	四川都江堰、广西灵渠、浙江姜席堰、湖北长渠

第一节 我国古代著名水利工程

续表

入选时间	入 选 工 程
2019年	内蒙古河套灌区、江西抚州千金陂
2020年	福建省福清天宝陂、陕西省龙首渠引洛古灌区、浙江省金华白沙溪三十六堰、广东省佛山桑园围

以下主要介绍我国著名的芍陂（què bēi）、郑国渠、都江堰、它（tuō）山堰、桑园围等几个世界灌溉工程遗产，以及坎儿井等著名灌溉工程。

1. 芍陂

芍陂又称安丰塘，位于今安徽省寿县南，是淮河流域著名的古陂塘灌溉工程，也是我国最早的蓄水灌溉工程，被誉为"世界塘中之冠"。

据史书记载，芍陂由春秋时期楚令尹孙叔敖于楚庄王十七年（公元前597年）主持修建，因水流经过芍亭而得名。水源是淠（pì）河，引水入白芍亭东成湖，东汉至唐可灌田万顷，至今2600多年一直发挥着不同程度的灌溉效益。

（1）工程概况。芍陂位于大别山北麓余脉，东南西三面地势较高，北面地势低洼，雨季山洪暴发易形成涝灾，雨少时又常旱灾。孙叔敖顺应自然法则，因势利导，根据当地的地形特点，组织百姓将东面、东南面和西面三座山上流下来的溪水汇集于低洼的芍陂之中，蓄水积而为湖用于农业灌溉。还修建五个石质闸门来控制水量，"水涨则开门以疏之，水消则闭门以蓄之"，从而不仅天旱有水灌田，水多又可避免洪涝成灾。后又在西南面开了一道子午渠，上通淠河，扩大了芍陂的灌溉水源，使芍陂达到"轮广一百余里，灌田数万余顷"的规模。

芍陂建成后，使安丰一带每年都产出大量粮食，很快成为楚国的经济要地。楚国也因此更加强大起来，打败了当时实力雄厚的晋国军队，楚庄王一跃成为"春秋五霸"之一。

（2）历史作用。芍陂是最早设有"陂官"管理的水利工程，经过历代的整治，一直发挥着巨大效益。东晋时因灌区连年丰收，遂改名为"安丰塘"。新中国成立后，1958年安丰塘纳入淠史杭综合利用工程，灌区人民在党和政府的带领下，对引、蓄、灌、排等几个方面工作进行了系统实施，使安丰塘成为淠史杭灌区一座中型反调节水库。目前芍陂蓄水陂塘面积34平方千米，周长24.6千米，环塘水门22座，有分水闸、节制闸、退水闸等渠系配套工程数百座，渠系总长度678.3千米，灌溉面积4.5万公顷，兼水产养殖和水利旅游，为灌区农业丰收和经济发展发挥了重要作用。

1988年1月，国务院确定安丰塘（芍陂）为全国重点文物保护单位。2015年10月12日，芍陂成功列入世界灌溉工程遗产名单。

2. 郑国渠

郑国渠位于陕西省泾阳县西北25千米的泾河北岸，是最早在关中建设的大型有坝引泾灌溉工程。公元前246年（秦王政元年），由秦王政令韩国水工郑国主持兴建，约十年后完工，它西引泾水东注洛水，长达150多千米。

（1）工程概况。郑国渠以泾水为水源，渠首工程是一座有坝引水工程，全长2300多米，干渠布置在平原北缘较高的位置上，便于穿凿支渠南下灌溉南面大片农田。渠建成后，经济、政治效益显著，据《史记》记载："渠就，用注填阏（è）之水，溉舄（xì）卤之地四万余顷，收皆亩一钟，于是关中为沃野，无凶年，秦以富强，卒并诸侯，因名曰郑国渠。"即郑国渠修成后，用含泥沙量较大的泾水进行灌溉，增加了土质肥力，农业迅速发达起来，使得关中变得富庶甲天下。

公元前230年，秦王发起灭国大战，依次灭掉韩、赵、魏、楚、燕、齐六国，实现了天下统一。

（2）历史作用。郑国渠不仅发挥灌溉效益100余年，还首开引泾灌溉的先河，对后世引泾灌溉发生着深远影响。秦以后的历朝历代都曾以郑国渠为蓝本兴修引泾灌溉的水利设施，比较著名的有汉白公渠、唐三白渠、宋丰利渠、元王御史渠、明广惠渠和通济渠、清龙洞渠等。

1930年12月，为缓解关中大旱，陕西省决定在郑国渠遗址上重修引泾灌溉工程，工程由水利专家李仪祉先生主持，历时近两年修成如今的泾惠渠。泾惠渠是一座有坝引水枢纽，在泾河上修筑长68米、高9.2米的溢流式拦河坝，侧向设置三孔进水口，部分利用了原有的渠道。新中国成立后，又曾多次对泾惠渠进行增建和修缮，滔滔泾河水至今仍浇灌着关中大片土地。

2016年11月8日，郑国渠申遗成功，成为陕西省第一处世界灌溉工程遗产。

3. 都江堰

都江堰位于四川省都江堰市（原灌县）城西，坐落于岷江上，始建于秦昭襄王末年（约公元前256—公元前251年），由蜀郡太守李冰父子在前人鳖灵开凿的基础上组织修建，由分水鱼嘴、飞沙堰、宝瓶口等部分组成，科学地解决了江水自动分流、自动排沙、控制进水流量等问题，消除了水患，两千多年来一直发挥着防洪灌溉的作用，使成都平原成为沃野千里的"天府之国"，至今灌区已达30余县市、面积近六七十万公顷。

它是全世界迄今为止，年代最久、唯一留存、仍在一直使用、以无坝引水为特征的宏大水利工程，凝聚着中国古代劳动人民勤劳、勇敢、智慧的结晶。

（1）修建过程。岷江发源于四川和甘肃交界处岷山南麓，是长江上游水量最大的一条支流。在古代，岷江水患长期祸及西川，阻碍当地的生存发展。

秦昭襄王五十一年（公元前256年），秦国蜀郡太守李冰和他的儿子二郎沿岷江两岸进行实地考察，了解水情和地势等情况，率领当地百姓，在前人治水的基础上，主持修建了著名的都江堰水利工程。

（2）主体工程概况。都江堰的主体工程包括鱼嘴分水堤、飞沙堰溢洪道和宝瓶口进水口三部分，三者有机配合，相互制约，协调运行，引水灌田，分洪减灾，具有"分四六，平潦旱"的功效。

1）宝瓶口。玉垒山在岷江东岸，阻碍了江水东流，从而造成东旱西涝，于是李冰决心凿穿玉垒山引水。由于当时还未发明火药，李冰便命人以火烧石，再用冷水浇筑在烧红的石头上，使岩石爆裂。历经8年努力，终于在玉垒山凿出了一个大约长80米、宽20米、高40米的山口，因其形状酷似瓶口，故取名"宝瓶口"，并把开凿玉垒山分离出来的石堆叫作"离堆"。

打通玉垒山，修建宝瓶口，使岷江水能够畅通流向东边，减少西边江水流量，让滔滔江水流入东边的旱区灌溉良田。这是治水患的关键环节，也是都江堰工程的第一步。

2）分水鱼嘴。岷江东面地势较高，江水难以流入宝瓶口，为了使岷江水能够顺利东流且保持一定的流量，充分发挥宝瓶口分洪和灌溉的作用，李冰在开凿完宝瓶口以后，又决定在岷江中修筑分水堰。于是用装满卵石的大竹笼放在江心堆成一个狭长小岛，因形状酷似鱼嘴，故取名为"鱼嘴"。鱼嘴把汹涌的岷江分隔成外江和内江：西边称外江，由原先的主河道顺江而下，主要用于排洪；东边称内江，流入宝瓶口，进入成都平原，主要用于灌溉。

夏、秋洪水季节，岷江水位相对升高，河流主流线相对变直，大部分江水流向凸岸，于是分水堤将六分的江水排入外江，四分的江水流入内江；冬、春枯水季节，岷江水位较低，河流主流线多靠近河谷凹岸流去，于是分水堤将六分的江水流入内江，四分的江水流入外江，保证灌区的用水量，简称"四六分水"。这样既可以分洪减灾，又可以引水灌田、变害为利。鱼嘴充分利用地形，完美地解决了内江灌区的用水需要和防涝问题。

3）飞沙堰。为了进一步控制流入宝瓶口的水量，李冰又在鱼嘴分水堤的尾部，靠着宝瓶口的地方，修建了分洪用的"飞沙堰"溢洪道，具有泄洪、排沙和调节水量的功能，以保证内江无灾害。溢洪道前修有弯道，江水形成环流，江水超过堰顶时，洪水便流入到外江，使得进入宝瓶口的水量不致太大，保障内江灌溉区免遭水灾；洪水中夹带的泥沙撞击东岸岩石后会翻滚上来，由于离心力作用，泥沙被抛过飞沙堰流入到外江，这样便不会淤塞内江和宝瓶口水道，故取名"飞沙堰"。古时的飞沙堰是用竹笼卵石堆砌的临时工程，如今已改用混凝土浇铸，以保一劳永逸的功效。

为了观测和控制内江水量，李冰又雕刻了三个石桩人像放于水中，以"枯水不淹足，洪水不过肩"来确定水位。还凿制石马置于江心，以此作为每年最小水量时淘滩的标准。

(3) 岁修制度。都江堰治水六字诀"深淘滩、低作堰"。"深淘滩"是一种岁修制度，岁修时修整堰体，深淘河道。宋朝时，订立了在每年冬春枯水、农闲时断流岁修的制度，称为"穿淘"。淘滩的深度以挖到埋设在滩底的石马为标准，而堰体的高度则是修到与对岸岩壁上的印记相齐为准。明代之后，使用了更为稳固的卧铁代替石马作为淘滩深度的标志，每年的清淤工作如果见到"卧铁"，就达标了。现存三根一丈长的卧铁，位于宝瓶口的左岸边，分别铸造于明万历年间、清同治年间和1927年。"低作堰"是控制飞沙堰的高度，高出河床2米就够了。

从都江堰岁修完工到清明节放水春灌前，要举行隆重的大典，俗称"开水"，后更名为"放水节"。现如今，都江堰"放水节"已经列入中国非物质文化遗产，成为了来都江堰观光的游客必看的一个表演节目。

此外，都江堰还有二王庙、伏龙观、安澜桥、离堆公园、玉垒山公园、青城山等名胜古迹。

(4) 治水思想。都江堰的创建，源远流长，惠泽后代，除了巧夺天工的工程布局外，更重要的是遵循了"乘势利导、因时制宜"的治水指导思想、"岁必一修"的管理制度、"遇难弯截角、逢正抽心"的治河原则，以及"砌鱼嘴、立湃缺，深淘滩、低作堰"的引水、防沙、泄洪的管理经验和治堰准则。都江堰以不破坏自然资源、充分利用自然资源为人类服务为前提，变害为利，使人、地、水三者高度协合统一，是全世界迄今为止仅存的一项伟大的生态工程。

(5) 文化内涵。内涵丰富的水文化反映在都江堰工程修建、维修、管理和发展的全过程中，体现了治水先驱和广大劳动人民的智慧。在都江堰水文化的形成和发展过程中，充分反映了"实践是检验真理的唯一标准"的正确性和长期性，这是人类社会发展的重要遗产之一。

1982年，都江堰列为第二批全国重点文物保护单位。2000年，被联合国教科文组织列入世界文化遗产名录。2020年11月18日，当选为"巴蜀文化旅游走廊新地标"。

4. 它山堰

它山堰是中国古代甬江支流鄞（yín）江上修建的御咸蓄淡引水灌溉枢纽工程，位于浙江宁波市。唐代大和七年（833年）由县令王元暐创建，已有1180余年历史。它与郑国渠、灵渠、都江堰合称为中国古代四大水利工程，又与浙江丽水通济堰、福建莆田木兰陂合称东南三大御咸蓄淡水利工程，是我国最早的条石大坝。它具有拦水、蓄洪、灌溉的作用，又能阻止潮水倒灌，对浙东农业发展起了重要作用。

(1) 工程概况。它山堰在鄞江上游出山处的四明山与它山之间，用80块条石砌筑成一座上下各36级的拦河溢流坝，堰身中空，用大木梁支架。据记载，坝的设计高度要求是："涝则七分水入于江，三分入于溪，以泄流；旱则七分入溪，三分入江，以供灌溉"。平时可以下挡咸潮，上蓄溪水，供鄞西平原七乡数千顷农田灌溉，并通过南塘河供宁波城使用。为防止洪水涌入城市，还在南塘河右岸建了乌金、积渎、行春等三座侧向溢流堰，下游通江。

(2) 工程特点。它山堰的堰身在设计方面颇具科学性，迄今千余年历经洪水冲击，仍基本完好，继续发挥着阻咸、蓄淡、引水、泄洪作用。据水利科学方面的专家分析，许多设计原理20世纪才发现，因此它山堰堪称水利建筑史上的奇迹，海内外研究此堰者颇多。

(3) 工程精神。后人为纪念王元暐治水有功，在它山之巅立庙祭奉。南宋乾道年间，朝廷赐号"它山遗德庙"，后又封王元暐为善政侯、善政灵德侯。在王元暐坐像旁，还立有十位建堰民工的雕像。据说建堰之初，遇到了一个大难题，春雨绵绵，河水湍急，河桩一直无法钉立，眼看汛期将至，十位出身不同行业的建堰民工主动站了出来，跳入水中，用他们的身躯，做出了中国古代工程中的壮举：以己为殉，以身定桩。为纪念筑堰殉身的十位民工，发扬舍生取义的精神，建造了"舍身祠"。至今，它山堰开工和完工的日子，即每逢农历三月初三、十月初十，附近群众均自发前来祭仰，千余年盛况不绝。

1988年1月它山堰由国务院列为第三批全国重点文物保护单位，2015年列入世界灌溉工程遗产名录。

5. 桑园围

桑园围地跨广东省佛山市南海、顺德两区，是由北江、西江大堤合围而成的区域性水利工程，历史上因种植大片桑树而得名，是中国古代最大的基围水利工程。桑园围的建设开启了珠江三角洲地区大规模基围农耕开发的历史，发挥了灌溉、防洪排涝、水运等效益，是珠江三角洲地区水利发展和佛山地区经济社会发展的重要历史见证，为区域灌溉农业发展和人居环境安全提供了保障。

(1) 发展过程。据《南海县志》记载，桑园围始建于北宋徽宗年间（1101—1125

年),为了阻挡频发的洪水灾害,广南路宪张朝栋牵头治理,在西樵山下沿西、北江两侧筑起两道高为1~2米的防洪土堤。明代洪武二十九年(1396年),九江堡人陈博民率众堵塞甘竹滩倒流港,并与西、北两江的防洪土堤连接,桑园围由此合围。

直至17世纪时,桑园围形成围堤、河涌水系、窦闸工程的完备体系,成为防洪、挡潮、灌溉、排水、水运等功能齐全的基围灌排工程体系,并于18世纪末成为我国古代最大的基围水利工程。清代嘉庆年间,桑园围成为"近省第一沃壤""粤东粮命最大之区"。

直到现在,围堤全长64.84千米,桑园围工程体系仍保护着265.4平方千米土地的防洪排涝安全,保障着4100多公顷农田的灌溉供水,维系着围内近90万人口的生产生活。

(2) 工程技术。宋、元两代的土堤大多在明代被改砌成石坡,换用石窦,堤围高度一般在5~7米。此外,由于珠江水位渐高,桑园围外围筑用石堤封闭,全围按地形高低分为14堡,各堡之间有子堤相隔,围内水港与西江相通,各堡和外围堤上设有闸门,围内可通航。明清增建小围和闸门,防止江水倒灌。

桑园围在运用过程中,陆续总结出一套行之有效的管理制度。乾隆五十九年(1794年)的《桑园围志》,记录了桑园围的历史和管理维修经验,此后各代又陆续增补。民国五年(1916年),桑园围全围加高三尺,部分堤段用三合土筑基骨。

(3) 工程作用。桑园围修建初期,珠江三角洲人们把沧海变良田,开创出"桑基鱼塘"的科学农耕方式:塘基种桑、塘内养鱼、桑叶养蚕、蚕沙喂鱼、塘泥栽桑,蚕桑经济成了当时围内的主体经济。千百年来,在桑园围的守护下,佛山先民有意识地围垦造田,果基塘围、桑基塘围开始演变出水利与农业兼备的功能。桑园围自建成以来,也一直发挥着不可替代的区域防洪、灌溉排水、挡潮等功能,历史上兼有水运效益。

(4) 工程遗产体系。2020年12月8日,桑园围入选世界灌溉工程遗产名录。桑园围历经900余年的发展,围内古水利工程体系格局仍保存完好。工程遗产体系主要包括灌排工程体系和相关文化遗产两部分。其中,灌排工程体系由围堤、古河涌水系、古窦闸控制工程等组成;非工程遗产包括与桑园围相关的碑刻、文献、水利管理和水神崇拜建筑设施,以及见证桑园围历史与文化的古桥、古树、古井等相关水利遗产,是目前世界灌溉工程遗产中水利工程遗存最多的项目。

6. 坎儿井

坎儿井是干旱地区开发利用地下水最早的水利工程,主要分布在亚洲中西部国家和地区,如伊朗、巴基斯坦、阿富汗等,非洲北部、欧洲和美洲也有少量的坎儿井。

吐鲁番坎儿井,始于西汉时期,至今已有2000多年的历史,与万里长城、京杭大运河并称为中国古代三大工程,古称"井渠"。主要分布在吐鲁番盆地和哈密地区,尤以吐鲁番地区最多,计有千余条,如果连接起来,长达5000多千米,因此称之为"地下运河"。

"坎儿"即井穴,是当地人民吸收内地"井渠法"并结合当地的地形地貌、太阳辐射和大气环流特点,经过长期生产实践创造出来的。人们将春夏季节渗入地下的大量雨水、冰川及积雪融水通过利用山体的自然坡度,引出地表进行灌溉,以满足沙漠地区的生产生活用水需求。由于坎儿井的特殊实用性,当地人民至今仍在使用。据年全国第三次文物普查结果显示,新疆遗存的坎儿井有1540条。

(1) 发展过程。坎儿井开始发展缓慢，直至道光二十五年（1845年）林则徐被贬新疆，在伊拉克"增穿井渠"（《新疆图志·建置》）时，"吐鲁番旧有三十余处"（《清史稿·萨迎阿传》）。后经推广，吐鲁番坎儿井发展到百处，使得吐鲁番的大片荒野变成了良田，当地人感念林则徐，亲切地称坎儿井为"林公井"。

光绪六年（1880年），左宗棠率兵平定阿古柏叛乱后，"督劝民户，淘浚坎儿井""吐鲁番所属渠工之外，更开凿坎井一百八十五处"（《左文襄全集奏稿》卷五十六）。此后，吐鲁番坎儿井继续发展。20世纪60年代，新疆大约有坎儿井1700多条，以吐鲁番最多，约有1100多条。

(2) 工程结构。坎儿井的布置一般是顺地下潜流的流向，与之相平行或斜交，由竖井、暗渠、明渠、涝坝四部分组成。

(3) 工程特点。坎儿井是干旱地区巧妙开发利用地下水的水利工程，它的主体深埋地下，是改变自然水体坡度，使地下水提前出露的水利工程，主要优点有：自流灌溉，可以节约能源消耗；避免阳光照射，减少水量蒸发损失；避免风砂掩埋输水建筑物，保证灌溉水正常流动；受外界因素影响较少，水量稳定，水质好；工艺过程简单，施工技术要求不高。

(4) 工程现状。坎儿井是吐鲁番人民精神的化身，代表了吐鲁番人民的勤劳和智慧，是吐鲁番的象征。坎儿井的清泉浇灌滋润吐鲁番大地，使火洲戈壁变成绿洲良田，生产出驰名中外的葡萄、瓜果、粮食、棉花、油料等。维吾尔族人民把坎儿井称为"江布拉克"，意思是"生命之源"。在维吾尔族大型传统音乐"十二木卡姆"当中就描述了关于坎儿井的掏挖、使用，以及当地人与坎儿井之间的密切关系。当地的社会结构、生计方式、婚姻丧葬的民俗、土地资源使用的方式，均与修建、使用坎儿井有着密切关系。

然而，由于生态环境恶化、人口急剧增加、耕地面积扩大、机电井的数量大幅上升、水资源大量消耗等原因，坎儿井的数量显著减少，出水量也从1957年开始，总体呈现持续下降的趋势。

坎儿井的消失，导致了当地浅层地下水位不断下降，土壤结构发生不可逆的改变，当地荒漠化面积大大增加，生物多样性也显著减少。因此，保护即将消失的坎儿井，是我们义不容辞的责任。

二、运河工程

运河是人工开凿的通航河道，一方面用来沟通河流、湖泊和海洋，以满足航运发展的需要；另一方面按照水资源综合利用的原则，用于满足灌溉、防洪、排涝、发电和城镇供水等国民经济和社会发展的需要。

中国的运河建设历史悠久，现有记载的最早的运河是公元前506年开凿的胥河，它也是世界上开凿最早的运河，还有世界上最长的京杭大运河等。

以下主要介绍我国著名的邗（hán）沟、鸿沟、灵渠、大运河等几个运河工程。

1. 邗沟

邗沟又名渠水、韩江、中渎水、山阳渎、淮扬运河、里运河，南起扬州以南的长江，北至淮安以北的淮河，是最早沟通长江和淮河的古运河，也是我国最早见于明确记载的运河。

(1) 工程起源。春秋时期，各诸侯国间战争频繁。周敬王三十四年（公元前 486 年），吴王夫差为北上伐齐称霸中原，需解决军粮和辎重的运输问题，因此在江北邗国故地修筑了邗城（今扬州市），并在邗城之下开凿了一条沟通长江和淮河的水上通道，避开了海上航运的风险和绕道濡须口的困难，此运河以古邗城为起点而得名邗沟。

(2) 发展过程。邗沟开凿初期，南端自长江引水北流，向北绕经一系列湖泊，以较短的人工渠道相连接，航道弯曲，到末口入淮河。东晋南北朝时，由于自然条件的变化，江水已不能引入运河，于是在上游开支河从今仪征引江水通航，并在运河口建堰埭（dài）、水门用于节水，在河道上也建有多处堰埭。

隋代两次重开此河，隋大业元年（605 年），隋炀帝开挖通济渠时，又开邗沟，自山阳至江都入扬子江，沟通江、淮，成为隋代南北大运河的重要组成部分。唐代开元二十二年（734 年），在扬子镇以南接开伊娄河，经瓜洲入长江。从此，瓜洲运口与仪征运口并用。北宋时期，在邗沟上建有数十处闸、坝、涵、等建筑物，并且出现了世界上最早的船闸工程——复闸。元代开京杭运河，邗沟成为其中的一段，南口在瓜洲和仪征，北口仍在淮安北。

今里运河上承中运河，北起淮阴水利枢纽的淮阴船闸，南到扬州市邗江区六圩入长江，过江在镇江市谏壁口与江南运河相接，长 197 千米，为苏北航运干道，也是江水北调工程中的主要输水线路。

(3) 历史作用。邗沟开凿至今已有 2500 多年的历史，在历史上具有重要作用：开挖之初用于军事，为江、淮、河、济四大水系的枢纽，是交通运输的要冲。东汉末期，邗沟用于漕运。隋唐以后，邗沟是保障朝廷供给的生命线。北宋、明清邗沟的漕运地位更加重要。直至今天，它作为京杭大运河其中的一段，对经济、文化、社会发展仍然发挥着巨大的作用，还诞生了淮安、扬州两座历史文化名城。

2. 鸿沟

鸿沟位于古代荥阳成皋（gāo）一带，今河南省荥（xíng）阳市，是我国古代最早沟通黄河与淮河的人工运河。鸿沟的开凿，为后来南北大运河的开凿创造了条件。

(1) 工程发展。战国时魏惠王十年（公元前 361 年），为了战争需要，魏惠王曾两次兴工开挖鸿沟。其干流自荥阳北引黄河水东流，至大梁（今开封）后转为南流，经由陈留、通许、陈县（今淮阳）等地，最后在项县（今沈丘）附近注入颍水，沟通了黄河、济水、汳水、睢水、涣水、涡水、沙水、颍水、淮水等自然河流，形成了素有"鸿沟运河体系"之称的水运网络。鸿沟运河的开通不仅改变了黄淮地区的水运格局，而且也给战国乃至秦汉时期的政治、经济、文化等格局带来深刻的影响。

鸿沟修成后，在秦、汉、魏、晋、南北朝时期，一直是黄淮间主要的水运交通线路之一。西汉时鸿沟又称狼汤渠。隋代开凿通济渠，即唐宋时的汴河，取代鸿沟成为黄淮间的交通干道，但相当于鸿沟位置的蔡河仍部分起着沟通黄淮的作用。元代开始，建都北京，开通京杭运河，水运干线东移，蔡河就湮塞了。

(2) 鸿沟典故。成语"判若鸿沟"形容界限分明、区别明显。此典故出自楚汉相争，楚汉以鸿沟为界，中分天下。《史记·高祖本纪》："项羽恐，乃与汉王约，中分天下，割鸿沟而西者为汉,鸿沟而东者为楚。"鸿沟这个名词到了今天,就引申为两个人在思想上有分歧,价值观有距离等。另外"楚河汉界"这个词语也是由此而来。

3. 灵渠

灵渠古称秦凿渠、零渠、陡河、兴安运河、湘桂运河,位于广西壮族自治区兴安县境内。

秦统一六国后,向岭南用兵,秦始皇二十八年(公元前219年),秦王嬴政派监御史禄凿灵渠运粮(监御史是官职,他不姓史,史志习惯称他为史禄)。公元前214年,灵渠凿成通航,沟通了湘江、漓江,连接了长江和珠江两大水系,是我国南北交往的重要通道,也是世界上最早的船闸式运河,与四川都江堰、陕西郑国渠齐名,并称为"秦朝三大水利工程"。距今已有2200余年历史,有着"世界古代水利建筑明珠"的美誉。

灵渠的凿通为秦王朝统一岭南提供了重要保证,公元前214年,即灵渠凿成通航当年,秦兵就攻克岭南,随即设立桂林、象郡、南海三郡,将岭南正式纳入秦王朝的版图。

(1) 主体工程。灵渠主体工程由铧嘴、大天平、小天平、南渠、北渠、泄水天平、水涵、陡门、堰坝、秦堤、桥梁等部分组成,尽管兴建时间先后不同,但它们互相关联,成为灵渠不可缺少的组成部分。

(2) 灵渠的现在。古老的灵渠因其自身条件的限制,已经无法适应现代船舶航行的要求,自我国沿海海运的兴起和1936年粤汉铁路建成通车后,灵渠逐渐失去其交通作用。至1956年湘桂铁路全线建成后,有着长达2000多年历史贡献的灵渠,终于功成身退,彻底停航。

如今,这条曾经有着多项世界之最的古老运河,已经成为名胜古迹,有飞来石、三将军墓、四贤祠等文物古迹供中外人士游览观光,同时,它也已经改造成为以灌溉为主的水利工程,在其两侧修建了多条长达100多千米的灌溉渠道和60多处山塘水库,形成一个规模巨大、四通八达的水利灌溉网,承担着万顷农田的灌溉任务。

2018年8月13日,灵渠入选第五批世界灌溉工程遗产名录。

4. 中国大运河

中国大运河或称大运河,始建于公元前486年的邗沟,包括隋唐大运河、京杭大运河和浙东运河三部分,全长2700千米,地跨北京、天津、河北、山东、河南、安徽、江苏、浙江等8个省、直辖市,纵贯在中国最富饶的华北平原与江汉平原上,连接了海河、黄河、淮河、长江、钱塘江五大水系,是中国古代南北交通的大动脉,至今大运河历史已延续2500余年。

(1) 大运河的修建历史。水道交通运输经济省力,很早便受到人们的重视和利用。但是,中国的主要河流绝大多数是东西走向,没有南北水道,制约着全国各地的交通往来,不利于国家的统一、经济文化的交流和发展。因此人们开始设法开凿南北走向的人工运河。

春秋末期,吴国开凿了胥溪、邗沟、黄沟三条运河;汉朝开凿了槽渠,由长安引渭水入渠,沿南山山脚一直通到黄河;魏晋南北朝时期,开凿了一些地方性运河,对后来隋唐运河的开通起了积极作用;隋朝隋炀帝修建了广通渠、通济渠、邗沟、永济渠、江南运河;唐朝进行了四疏汴渠,五浚山阳渎(邗沟),三治江南运河,二凿丹灞水道,三治褒斜道,疏浚嘉陵江故水道,治理灵渠;元朝忽必烈下令开凿了济州河、会通河、通惠河,开凿了元朝京杭大运河,直通南北;明清两代,中央政府高度重视运河漕运,设置漕运总督和河道总督,分别掌管运河漕运管理和运河水利管理。

新中国成立后,于1953年和1957年兴建江阴船闸和杨柳青、宿迁千吨级船闸,开始了对古老的大运河的部分恢复和扩建工作;2002年,大运河被纳入南水北调东线工程。

(2) 大运河的组成。

1) 隋唐大运河。隋唐大运河以洛阳为中心,北至涿郡(今北京),南至余杭(今杭州),后通过浙东运河延伸至会稽(今绍兴)、宁波。

隋唐大运河的开通是在地方性运河的基础上形成的。公元605年,隋炀帝即命开凿大运河,"发河南诸郡男女百余万,开通济梁,自西苑引谷水、洛水达于黄河,自汜水引河通于淮水",长1000多千米,同年利用之前王朝开凿留下的山阳渎疏浚而成邗沟。公元608年,隋炀帝沿洛阳东北方向开凿永济渠,沟通沁水、淇水、卫河,通航至天津,接着溯永定河而上,通涿郡。公元610年,隋炀帝继续开凿江南运河,使得镇江至绍兴段通航。

唐朝对隋唐大运河进行了艰苦不懈的疏浚、修整和开凿,出现了兴旺发达的漕运事业。

2) 京杭大运河。京杭大运河是世界上开凿最早、里程最长、工程最大的古代运河,也是最古老的人工运河之一,与长城、坎儿井并称为中国古代的三项伟大工程,并且使用至今。

京杭大运河南起余杭(今杭州),北到涿郡(今北京),由不同朝代分段挖掘连接而成,按地理位置分为七段:通惠河(北京—河北廊坊);北运河(河北廊坊—天津);南运河(天津—山东临清);鲁运河(山东临清—山东台儿庄);中运河(山东台儿庄—江苏淮安);里运河(江苏淮安—江苏扬州);江南运河(江苏扬州、镇江—浙江杭州),途径北京、天津两市及河北、山东、江苏、浙江四省,贯通海河、黄河、淮河、长江、钱塘江五大水系,主要水源为微山湖,全长约1794千米,是中国仅次于长江的第二条"黄金水道"。运河对中国南北地区之间的经济、文化发展与交流,特别是对沿线地区工农业经济的发展起了巨大作用。

京杭大运河最南端位于杭州拱宸桥,该桥是一座三孔拱桥,初建于明崇祯四年(1631年),已有三百多年的历史。现存为清康熙时重建,全长138米,宽6.6米。该桥位于杭州市运河文化广场,是杭州古运河终点的标志。

3) 浙东运河。浙东运河又名杭甬运河,主要航线西起杭州市滨江区西兴街道,跨曹娥江,经过绍兴市,东至宁波市甬江入海口,全长239千米。运河最初开凿的部分为位于绍兴市境内的山阴故水道,始建于春秋时期。西晋时,会稽内史贺循主持开挖西兴运河,此后与曹娥江以东运河形成西起钱塘江、东到东海的完整运河。运河中修建了许多碶闸和堰坝设施,与数量众多、形式各异的桥梁一起成为了浙东运河的特色,也成为了重要的运河遗产。

浙东运河是古代浙东地区的交通干线,并与中原、海外相联系,是中国大运河南端、海上丝绸之路南起始端,也是我国至今仍在沿用和保存最好的运河。

(3) 大运河的历史意义。大运河将历代京都和最富庶的地区紧密地连接起来,对经济发展、文化交流、国家统一发挥了巨大的作用,不仅促进了商品经济的繁荣,还潜移默化地改变了沿河两岸的风俗民情。

1) 流域价值。大运河沿线是中国最富庶的农业区之一,大运河的开凿促进了沿线各个地区工商业的发展,使得人民的生活水平大幅度提高。河沿线的主要港口有济宁、徐州、邳州、淮阴、淮安、高邮、扬州、镇江、常州、无锡、苏州、吴江、杭州等。

2) 风俗文化。运河水不仅承载着南来北往的船只,还孕育、滋润着沿岸的运河儿女、运河城市。运河边的建筑,如会馆、河埠、码头、桥梁、船闸及漕运衙门等都是根据当时社会生产生活实际需要应运而生的。这些建筑项目都凝聚着浓厚的民风民俗特色,如江苏淮安运河渔民的"交船头""汛前宴""满载会"等。在运河的长期运行过程中还创造出许多与生产相关的民间艺术,如大运河号子,运河上的纤夫有闯船号子、拉纤号子、粮米号子等,船工有出船号、扯帆号、下锚号、拉绳号等。大量宝贵的运河文化遗产对后世的经济发展和民俗文化建设也起到了重大作用。

3) 文学作品。大运河促进了人与人之间、各个地域间文化的交流和融合,伴随大运河千古流淌,古典文学精品层出不穷。如,描写大运河的诗词,就有三类内容:一是书写开凿大运河民工的悲惨命运,揭露隋炀帝骄奢淫逸的生活;二是颂扬、肯定大运河的作用,并对当年开凿运河的民工寄予深切同情;三是抒发对沿河两岸美丽风光的礼赞。其中,皮日休的《汴河怀古》最为人熟知:"尽道隋亡为此河,至今千里赖通波。若无水殿龙舟事,共禹论功不较多。"清朝乾隆皇帝的"运河转漕达都京,策马春风堤上行"道不尽对大运河的惊叹、惋惜,赞美之情。

4) 经济政治价值。早期运河的开凿主要出于军事与经济目的,随着中央集权统一国家的形成,运河漕运功能直接关系到王朝的兴衰,使运河成为历代王朝建都和稳定政权必须考虑的因素。大运河便捷的交通还极大地活跃了沿岸的经济,使这些地区成为中国人口最密集、经济最繁荣、文化最昌盛的地区。

(4) 大运河的申遗。2014年6月22日,中国大运河在第38届世界遗产大会上被列入世界遗产名录,成为我国第46个世界遗产项目。申报的系列遗产分别选取了各河段的典型河道段落和重要遗产点,包括河道遗产27段,总长度1011千米,相关遗产共计58处。

世界遗产委员会认为,大运河是世界上最长的、最古老的人工水道,也是工业革命前规模最大、范围最广的土木工程项目,它促进了中国南北物资的交流和领土的统一管辖,反映出中国人民高超的智慧、决心和勇气,以及东方文明在水利技术和管理能力方面的杰出成就。

三、防洪工程

防洪工程是为控制、防御洪水以减免洪灾损失所修建的工程。主要有堤、河道整治工程、分洪工程和水库等,按功能和兴建目的可分为挡、泄(排)和蓄(滞)几类。

以下主要介绍我国著名的黄河大堤、荆江大堤、洪泽湖大堤、钱塘江海塘等几个防洪工程。

1. 黄河大堤

黄河流域在干流上有甘肃兰州市区堤防、宁夏和内蒙古河套一带堤防、下游河南和两岸堤防，习惯上把黄河下游建在"悬河"两岸的堤防称为黄河大堤。黄河大堤位于河南省、山东省境内的河道两岸，包括两岸的临黄大堤、北金堤等，是黄河下游防洪工程体系的重要组成部分，全长约1370千米，犹如"水上长城"，约束住滚滚黄河水。

黄河下游河道是一条地上河，历史上两岸堤防多次决口改道，在海河与淮河之间形成一个游荡区，威胁着约25万平方千米内人民的生命财产安全。

（1）建设历程。黄河大堤在春秋中期已逐步形成，到战国时期黄河下游的南北大堤陆续建成，具有相当规模。秦汉时期黄河下游堤防体系逐渐完备，开始"决通川防，夷去险阻"，对不合理的堤防进行调整。北宋五代时期有了双重堤防，并按险要与否分为"向著""退背"两类，每类又分三等。从明代隆庆到清代乾隆前期的二百年间，堤防工程的施工、管理和防守技术都达到了较高水平，把堤防分为遥堤、缕堤、格堤、月堤四类，按照各堤的特点因地制宜地修建。

历史上黄河多次决口改道，每次大改道，都沿着新的河道修筑堤防。现行黄河大堤河南兰考县东坝头和封丘县鹅湾以上部分是在明清时代的老堤基础上加修起来的，有500多年的历史；以下部分是1855年黄河铜瓦厢决口改道以后，在民埝基础上陆续修筑的，有130多年的历史。新中国成立后，黄河大堤经过不断改造、加高加固，巨石砌成的堤坝普遍加高到8至9米，还新修缮加固了南北全堤、展宽区围堤、东平湖围堤、沁河堤和河口地区防洪堤等，加上干支流防洪水库的配合，大大提高了黄河防洪的能力。

（2）治水方略。黄河大堤是中华民族与黄河泛滥抗争数千年的工程成果，与众多著名历史人物、历史事件紧密相连，显示出中华民族自强不息的精神。据史书记载，汉武帝曾亲临黄河瓠子指挥堵口抢险，沉白马、玉璧以示决心，君臣同心、官民合力，终于制服洪水，并创作了著名的《瓠子歌》两首。潘季驯、靳辅、林则徐、李仪祉……古今众多治水名人的业绩都与治黄事业紧密相连，载入史册。

明末著名治河专家潘季驯四次总理河道，提出"以河治河，以水攻沙"的治河方略，即以堤防约束河水，利用水流本身的力量来刷深河槽，减少泥沙淤积，增大河床的容蓄能力，从而达到防洪、保运的目的。另外他还提出"蓄清刷浑""淤滩固堤"的方法，即坚筑堤防、固定河槽。

（3）固堤措施。黄河大堤加固措施主要有：①对堤身隐患，采取锥探、灌浆的办法。②加固防渗设施按临河防渗、背河导渗的原则处理，临河一般用抽槽换土、修黏土斜墙等方法进行防渗，背河用沙石反滤、减压井等方法进行导渗。③巩固堤身，利用黄河含沙量多的特点，采取自流、提水或吸泥船进行放淤。到1988年已放淤固堤长约600千米，对巩固堤防起到了显著作用。

（4）历史意义。黄河大堤是重要的防御洪水的工程建筑物，保证了黄河两岸人民的生命财产安全，同时它也是一条文化长廊，内容极其丰富。大堤两岸分布着众多历史文化遗址，如林公堤、仓颉墓、花园口扒堵口处、刘邓大军渡河处、小顶山毛泽东视察黄河纪念地、将军坝、镇河铁犀等人文景观和水利建筑，以及先民们在与洪水抗争过程中形成的黄河号子等民俗文化，以特有的人文景观和黄河文化向人们展示了长期以来的治河成就。

2. 荆江大堤

长江流经湖北省枝江市枝城至湖南省岳阳县城陵矶，全长约340千米，以湖北省公安县藕池镇为界，以上称上荆江，以下称下荆江。荆江河段因泥沙淤积、河道分岔多，蜿蜒曲折，素有"九曲回肠"之称。荆江两岸地势低洼，历代水患不断，民谚有云："长江万里长，险段在荆江"，荆江从古至今都是长江洪涝最频发的河段。

荆江大堤是指荆江左岸的大堤，上起湖北江陵县枣林岗，下至监利县城南，长约182千米，是长江上最重要、最险峻的堤段，被列为长江防洪重点确保工程。

（1）建设历程。荆江大堤始建于东晋永和元年至兴宁二年间（345—364年），相传荆州刺史桓温令陈遵沿江陵城筑金堤，是大堤最早的记载。大堤原起自万城附近较高地带，随着云梦泽淤积演变，沙市以上堤段建成于唐代中期，北宋中期后堤围逐渐向下游发展，在元代初期形成规模。明嘉靖二十一年（1542年），北岸最后一个分流口郝穴堵塞，大堤联成一线，全长124千米，被人称作"万城大堤"。民国初年，以堤身全在江陵且费用全由江陵负担，称"江陵万城大堤"。1918年，因堤居荆江北岸，改称荆江大堤，沿用至今。

1951年国家将堆金台以上8.35千米堤划入荆江大堤。1954年将下游50千米原有干堤划为荆江大堤的范围。至此，荆江大堤全长182.35千米。

（2）险情与建设。荆江大堤堤身高度一般为10~12米，最高达16米，堤基为沙砾基础，堤背有历次溃堤所形成的渊塘，堤基覆盖被破坏，临水面无滩或少滩堤段还有20千米以上，由于人类的活动以及生物（白蚁、蛇、獾、鼠等）的破坏，每临较高水位，大堤险情较多，历史上多次溃口，有时还很严重。

1954年以后，国家开始对荆江大堤进行长达半个世纪的全面培修加固，从1975年起，荆江大堤加固工程正式纳入国家基建计划。经过历年的加固工程建设，主体工程已基本完成，堤身断面全面达到设计标准，堤防的抗洪能力显著提高，成功抗御了1998年、1999年长江流域超设计洪水位的大洪水。

2014年年底，总投资18亿元的荆江大堤综合整治工程开工，许多新技术、新材料、新工艺的运用，大幅度提高了荆江大堤的科技含量，特别是垂直防渗墙新技术，可以截断地下水流，有效防范管涌及管涌群险情。位于大堤监利窑圻垴段的防渗墙最大深度85米，厚度60厘米，创下了同类地基工程的国内之最。综合整治后的荆江大堤，已成为抵御荆江洪水的一道钢铁长城。

如今的荆江大堤沿线有许多名胜古迹，有经过修葺的唐代观音矶、明代万寿宝塔、清代镇江铁牛，以及新中国成立后兴建的分洪工程、分洪纪念亭等，与新建的北闸风景区、宝塔公园、临江仙公园等，共同组成为了荆江人民的"幸福堤"。

3. 洪泽湖大堤

洪泽湖大堤亦称高家堰，位于江苏省淮安市境内，北起淮安市码头镇，南迄洪泽县蒋坝镇，将淮河水全部阻断不能东流入海，蓄积于堰西地区，形成洪泽湖（平原水库），是阻拦淮河东流形成洪泽湖的大型堤堰工程，被称为世界上最早最长最宽、有"水上长城"美誉的人工河堤。

(1) 工程建设。据史料记载，东汉建安五年（200年），广陵太守陈登筑高家堰三十里，以防淮水东侵，高家堰便是洪泽湖大堤的萌芽，距今已有1800多年的历史。南宋时因战乱，造成黄河夺淮，直到明万历七年（1579年），河督潘季顺实行"蓄清刷黄"政策，即将高家堰加高并向南延伸30千米，形成洪泽湖大堤。从明万历八年（1580年）起，洪泽湖大堤开始增筑直立条石墙护面，历经明清两代170多年，使用了6万多块规格统一、筑工精细的千斤条石，体积达60万立方米以上，充分展示了我国古代水利建设的高超技艺。洪泽湖大堤的筑堤成库规划和直立条式防浪墙坝工程技术代表了当时世界的最高水平。

新中国成立后多次对大堤进行改造和加固，成为苏北防御淮河洪水的第一道屏障。2003年，洪泽湖入海水道完工后，彻底解决了几百年来淮河的入海问题。被大堤关锁的洪泽湖，可以接纳淮河中上游面积达16万平方米的水量，最大蓄泄量可达100亿立方米，常年可以储蓄30多亿立方米的水量，从而使洪泽湖成为苏北地区泄洪、灌溉、航运、城市供水、发电、旅游和水产等综合利用的湖泊。

(2) 工程结构。洪泽湖大堤堤长67千米，高3～9米，底宽50～150米，顶宽10～30米，共108弯，临湖面全部为石工，共使用千斤条石6万多块，是苏北淮安、扬州和里下河地区防御淮河洪水的主要屏障。大堤南端建有三河闸，下接淮河入江水道；北部建有高良涧闸、苏北灌溉总渠、二河闸和淮河入海水道，可调节洪泽湖水位，排泄淮河洪水进入长江和黄海。

(3) 历史文化。洪泽湖大堤历史文化底蕴丰厚。清朝康熙、乾隆两代皇帝都非常重视对大堤的治理和保护，曾6次南巡，12次到清口（洪泽湖的出水口）登临天妃闸，巡视河务，指授河臣，在洪泽湖大堤上，留下了40通御笔碑刻和许多治河业绩。

2006年5月25日，洪泽湖大堤被批为第六批全国重点文物保护单位。2014年6月22日，中国大运河入选世界文化遗产名录，洪泽湖大堤作为大运河58处遗产点之一，正式成为世界文化遗产。

4. 钱塘江海塘

海塘是沿海岸人工修建的挡潮堤坝，以块石或条石等砌筑成陡墙形式，又称为陡墙式海堤、海堰。有关海塘最早的文字记载见于汉代的《水经》，最早起源于钱塘江口，至今已有两千多年，是中国东南沿海地带重要的屏障，主要分布在江苏、上海、浙江和福建滨海地区。

钱塘江海塘又名浙江海塘，位于杭州湾钱塘江入海口沿岸，为抵御钱塘江潮汐之患而修筑，始筑于秦，两岸古海塘总长306千米，高6～7米。在现存海塘中，半数以上为石塘，剩下的为土塘，为全国古海塘之最。钱塘江海塘修建年代跨度之久、规模之大、技术之高，均是人类海堤建造史上的创举。

(1) 工程技术。历代王朝都动用大量人力物力财力固堤御潮，然而潮能巨大，海塘屡建屡毁、屡毁屡建。受生产力水平和物质基础的制约，不同历史时期、不同地区的钱塘江海塘在修建过程中采用的工程技术有着一定的区别：

在秦汉时期，开始修筑土塘防范钱塘江大潮，然而当时技术有限，修建的土塘时常发生坍塌。在唐及以前也多为土塘，主要采用打桩、行砝等方式使其密实，然而结构及防水等均不尽人意。两宋至元多为土石木的混合材料，用竹笼或者木柜承装巨石，层层叠置，各层竹笼之间，用木桩贯穿，长木连接为一体，用来阻挡和消减波浪对堤防的冲击，保护塘脚不受冲刷，这种结构在海塘抢险工程中应用较多。明清则以石塘为主，石条在迎水面纵横交错、土塘于背后支撑的塘体结构是中国古代海塘技术成熟的标志。

（2）海塘结构。明代，两浙海塘以海盐为重，工程规模大、投资多，对筑塘方式也有很多创造。明嘉靖二十一年（1542年）黄光升在浙江海盐修筑海塘时根据当地的土质和潮势，首创"五纵五横鱼鳞塘"，创造了较为完备的重力式桩基石塘的结构形式。石塘临水面条石层层相压，又逐层内收，像鱼鳞一样，并且塘基之上一、二层条石采用五纵五横的砌置方法，所以俗称五纵五横鱼鳞塘。有诗称赞："千秋功业修水利，利国利民长远计。台风暴雨夹大潮，海塘不动根入地。"

清康熙五十九年（1720年）浙江巡抚朱轼在海宁老盐仓筑海塘时，进一步改进了石塘建造技术：在每块塘石上下左右均加凿槽榫，在合缝处加灌石灰糯米汁油灰，在条石间加铁攀嵌扣，塘基增设梅花桩，使得小石连成大石，整个海塘石方连成整体，称为"鱼鳞大石塘"。从康熙到乾隆年间，在杭州到海宁之间，总共修建了44.3千米的鱼鳞石塘，其筑造结构精巧，气势雄伟，历经数百年的潮水冲击依然"力障狂澜扶砥柱"，成为我国最坚固的海塘，从而被誉为"捍海长城"。如今海宁盐官镇一带古海塘仍保存完好。

海塘在千年的发展过程中，围绕海塘本身，进而影响到沿线地区，孕育了丰富多彩的民俗文化，主要表现在传说故事、崇拜祭祀、生产习俗、禁忌风俗、特色物产、地名印证等方面。这些文化内涵是重要的海塘遗产组成部分，激励着后人更加积极主动、科学合理地管治海塘、造福民生。

钱塘江海塘是人类与海争地过程中形成的大规模、持续开发的"筑塘防海"系统工程。钱塘江海塘的修筑史，是一部钱塘江两岸人民与大自然抗争并最终赢得与自然和谐共处的历史，这部历史充分反映出两岸人民"自强不息、坚忍不拔、勇于创新、敢为天下先"的精神。这种精神中，又折射出中华民族祖先勤劳、智慧的民族品格，对研究和弘扬爱国主义精神，加强青少年的国情、乡情、水情教育，是难得的载体。

四、水土保持工程

水土保持工程是对自然因素和人为活动造成水土流失所采取的预防和治理措施。我国根据兴修目的及其应用条件，将水土保持工程分为四类：山坡防护工程、山沟治理工程、山洪排导工程、小型蓄水用水工程。其中，梯田属于山坡防护工程的措施之一，是在丘陵山坡地上沿等高线方向修筑的条状阶台式或波浪式断面的田地，是陡坡耕作区古老的土壤保持措施。梯田作为山区农业发展的生态工程措施，能够有效地改良由于坡耕地所带来的水土流失和土壤退化，有利于山区农业的发展和经济效益的稳定。

梯田是我国传统田制，我国坡地改造梯田的历史悠久，长江流域3000年前就有了水稻梯田，黄河流域2000年前就有了旱作梯田，至20世纪80年代，全国已形成北自黑龙江、南到海南岛、东起东海之滨、西至云贵高原的各类梯田约2668万公顷。

2013年6月22日在第37届世界遗产大会上，红河哈尼梯田获准列入世界遗产名录。2018年4月19日，中国南方稻作梯田（包括广西龙胜梯田、福建尤溪联合梯田、江西崇义客家梯田、湖南紫鹊界梯田）在第五次全球重要农业文化遗产国际论坛上，获得了"全球重要农业文化遗产"的正式授牌。

以下主要介绍我国著名的红河哈尼梯田、广西龙胜梯田、湖南紫鹊界梯田等几个水土保持工程。

1. 红河哈尼梯田

红河哈尼梯田位于云南南部，是以哈尼族为主的各族人民利用当地"一山分四季，十里不同天"的地理气候条件创造的农耕文明奇观，据载已有1300多年的历史。这里的梯田规模宏大，绵延整个红河南岸的元阳、红河、绿春、金平四县，总面积约100万亩，其中元阳县境内有17万亩梯田。

2013年6月22日在第37届世界遗产大会，红河哈尼梯田被成功列入世界遗产名录，成为第一个以民族名称命名、以农耕为主题的活态遗产，成为中国梯田的杰出代表、世界农耕文明的典范，其蕴含的人与自然和谐相处的生存智慧和精湛的农耕技艺得到世人的高度赞扬和认同。

（1）梯田特色。哈尼梯田依山势，采取自流引水式渠道纵坡的设计，从海拔700～1800米的山腰平行等高修建干渠，汇集高山来水，然后垂直等高线方向修建支渠，在逐渐修建下级渠道，最后形成较为完备的渠道系统，科学地保证了整个梯田的耕作。

哈尼族垦殖梯田，随山势地形变化，因地制宜，坡缓地大则开垦大田，坡陡地小则开垦小田，甚至在沟边坎下石隙之中，无不奋力开田。因而梯田大者有数亩、小者仅有簸箕大，往往一坡就有成千上万亩。

每一个村寨的上方，都矗立着茂密的森林，为人们提供水、材、薪炭之源，其中以神圣不可侵犯的寨神林为特征；村寨下方是层层相叠的千百级梯田，为哈尼人生存发展提供粮食；中间的村寨由一座座房屋组合而成，是人们安居的场所。山林、小溪、村寨与梯田是哈尼族人最珍视的四样事物。这一结构被文化生态学家盛赞为"江河—森林—村寨—梯田"四素同构的人与自然高度协调的、可持续发展的、良性循环的生态景观系统。

（2）梯田景观。元阳梯田位于云南省元阳县的哀牢山南部，元阳县境内全是崇山峻岭，所有梯田都修筑在山坡上，梯田坡度在15至75度之间，梯田级数最高的一座山达3000级，这在中外梯田景观中是罕见的。因此元阳梯田被誉为"中国最美的山岭雕刻"。

（3）功能和价值。哈尼梯田主要功能有：一是提供梯田红米及其水产品；二是调节气候，净化空气；三是保水保土，防止滑坡；四是维护生物多样性。

红河哈尼梯田历史悠久，其呈现的可持续生态观和精湛的稻作耕种技术，包含着丰富的学术价值。哈尼梯田形成并严格遵循刻木分水、神林崇拜等一系列生态保护、水利管理、乡规民约、宗教祭祀等措施或习俗，在哈尼族内部与其他民族之间互帮互助、礼让谦和，营造出了人与人和谐相处的生产方式和生活状态。

红河哈尼梯田作为人与自然和谐共存、多民族友好融合的典范，对当今世界的发展模式具有深刻的启示作用。

2. 广西龙胜梯田

龙胜梯田位于广西龙胜县龙脊镇平安村龙脊山，景区面积约70平方千米，规模较大的主要有平安壮寨梯田和金坑红瑶梯田两处。

(1) 发展过程。龙胜所处的南岭山地在距今6000~12000年前就出现了原始栽培的粳稻,是世界人工栽培稻的发源地之一。龙脊水量充沛,壮族和瑶族的先民们充分发挥他们的智慧和拼搏精神,在山坡上建成梯田群落。秦汉时期,梯田耕作方式在龙胜已经形成,唐宋时期得到大规模开发,明清时期基本达到现有规模。龙胜梯田距今有2300多年的历史,堪称世界梯田原乡。

(2) 梯田特点。龙脊山海拔近千米,坡度大多在26~35度之间,最大坡度达50度,梯田分布在海拔300~1100米之间,从山脚一直盘绕到山顶,大者不过一亩,小者仅能插下两三行禾苗,形成"小山如螺""大山成塔""层层梯田绕山村,条条渠道涌山泉"的曲线工程。

为了适应梯田的发展和文化的生存,产生了龙脊寨老制度和乡约制度。村寨寨老由本寨群众民主推举产生,负责组织本寨的梯田维修、水渠疏通、社会治安、纠纷调解等,有时还负责举行农业祭祀,祈求获得神灵的保佑。为了保护农作物的正常生长和收成,各级寨老组织还制定了大量的保护与调整水资源、维护农作物正常生长和收获的乡规民约条款,并且每年修订,这些乡规民约对于维护梯田的长久运行、适应环境变化发挥了巨大的作用。

龙脊人相信地上有土地神和龙神,每年都举办隆重的开耕节,祈祷这一年风调雨顺和丰收。开耕节这天,打开竹筒上的封泥放水,龙脊梯田正式开始蓄水,源源不绝的水流入梯田变为了人工湿地。水从高到低层层注入梯田,蓄满水之后,多余的水被竹筒导入小溪,溪水流到山下汇入河流,河水蒸发变为降雨,又回到龙脊的大山之上。如此反复循环,成就了一代代龙脊人的繁衍和发展。

3. 湖南紫鹊界梯田

紫鹊界梯田位于湖南省娄底市新化县西部山区,周边梯田达8万亩以上,核心景区有2万多亩,梯田遍布于海拔500~1000余米的十几个山头上,单块梯田最大的不过0.07公顷,最小的只能插几十蔸(dōu)(棵)禾,连绵起伏,辗转盘旋。

(1) 工程概况。紫鹊界梯田起源于先秦、盛于宋明,是中国苗、瑶、侗、汉等多民族历代先民共同的劳动结晶,是山地渔猎文化与稻作文化融合的历史遗存,是古梅山地域突出的标志性文化景观,距今已有2000多年历史。

紫鹊界梯田的形成,发源于人,得益于水。这里山有多高,田有多高,水就有多高,没有一口山塘、一座水库,也无须人工引水灌溉,天然自流灌溉系统令人叹为观止!国家水利专家评价其可与都江堰和灵渠相媲美,把这种自流灌溉系统称之为"世界水利灌溉工程之奇迹"。

(2) 工程体系。紫鹊界成片梯田以引溪水自流灌溉为主,水源由小溪坝截流引水,经输水渠送到梯田区,梯田内部灌溉是串灌串排,为防止冲刷田埂造成崩塌,从高一级梯田流入低一级梯田时,用竹子通穿挑流,使水送到离田埂脚较远的位置,局部的台田用竹子作枧(jiǎn)(小渡槽)。

层层的梯田同时也有蓄水的功能,田埂高度一般为0.2~0.3米,这样每亩梯田就可蓄水50~60立方米,所有梯田田块的蓄水能力可达近1000万立方米,加上土壤涵养的丰富地下水量,保障了梯田作物充足的水资源。

紫鹊界梯田的用水管理分配和工程维护以乡村自治管理为主，在悠长的农作历程中形成了一些不成文的规定，当地农民世世代代自觉遵守，从未发生过水事纠纷。

梯田是中国古代农耕文明的活化石，是中国水土保持系统工程的范例。梯田积淀的厚重的生态理念和建管经验，为现代坡耕地治理及现代农业发展提供了宝贵经验。当然，在当今经济发展的同时，梯田的开发与保护也是值得我们深思的，如何保护梯田、限制过度开发，如何实行生态补偿、加强梯田恢复和配套建设是我们今后需要着重考虑的。

第二节　我国现代著名水利工程

新中国成立以后，我国水利建设发展迅速，取得了巨大成就。治水实践使我们深刻认识到，水利科学是自然科学与社会科学相结合的综合性学科，水利规划与建设的合理性直接影响当地的社会经济发展和生态环境保护。

本节主要从调水工程和水力发电工程两方面介绍我国现代水利建设的历程及其主要成就。

一、调水工程

为解决水资源分布与城乡工农业生产生活需求的矛盾，我国修建了许多跨流域、跨地区的长距离水资源配置工程，我国是世界上最早建设调水工程的国家之一。20世纪60年代我国先后修建了京密引水渠工程，向深圳、香港供水的东深供水一期工程，向厦门供水的北溪引水工程等；20世纪80年代建成长234千米的引滦入津、入唐工程，珠海磨刀门向澳门供水工程，长290千米的引碧入连工程，引黄济青工程等；20世纪90年代建成东深供水三期工程，引黄入卫工程等等大型调水工程。

以下主要介绍红旗渠和南水北调工程。

1. 红旗渠

红旗渠位于河南安阳林州市，是国家5A级旅游景区，全国重点文物保护单位，被誉为"世界第八大奇迹"。红旗渠是20世纪60年代林县（1994年之后撤县设林州市）人民在极其艰难的条件下，从太行山腰修建的引漳入林工程，被称之为"人工天河"。

（1）工程概况。林县坐落在太行山区河南、山西、河北三省交界处，山高沟深，气候复杂，山多地少，交通不便，水源奇缺，灾害年年有，水缺贵如油，十年九不收，是个山穷、地穷、水穷、人穷的贫瘠山区县。

1960年2月，林县人民开始修建红旗渠（原称"引漳入林"工程），以浊漳河为源，历时近十年，至1969年7月完成干渠、支渠和斗渠配套工程建设，总干渠全长70.6千米，干渠支渠分布全市乡镇，总长1500多千米。该工程一共削平了1250座山头，架设151座渡槽，开凿211个隧洞，修建各种建筑物12408座，挖砌土石达2225万立方米，据计算，如把这些土石垒筑成高2米、宽3米的墙，可把广州与哈尔滨连接起来。

如今，红旗渠灌区沿渠兴建了各类水库、水电站和提水站，成为了"引、蓄、提、灌、排、电、景"配套的灌溉体系工程。

(2) 红旗渠精神。红旗渠精神的内容是：自力更生、艰苦创业、团结协作、无私奉献。红旗渠工程修建过程十分艰巨，又是在三年困难时期上马，在粮食紧张、物资短缺、设备技术条件落后的情况下，林县人民艰苦创业、白手起家，自带工具、自带口粮、自制炸药、烧制石灰、生产水泥、风餐露宿，备历艰辛修建而成。

红旗渠工程规模较大，参加施工人员众多，全县各个地方、各个单位都以大局为重，相互支持，相互配合，全国有关部门及驻地部队大力支持，特别是在各级水利部门及工程技术人员和山西省干部群众的大力帮助下，才保证了工程的顺利进展，处处体现出团结协作的精神。

红旗渠修建过程中，无论是受益地区还是非受益地区都不计较局部利益得失，都积极为红旗渠建设贡献力量。在修建过程中，先后有81位干部和群众献出了自己宝贵的生命，其中年龄最大的63岁，年龄最小的仅有17岁，红旗渠总设计师吴祖太，牺牲时年仅27岁。这些英雄人物集中表现了无私奉献的可贵品质。

(3) 工程意义。红旗渠的建成，彻底改善了林县人民靠天等雨的恶劣生存环境，解决了56.7万人和37万头家畜吃水问题，54350平方千米耕地得到灌溉。红旗渠被林县人民亲切地称为"生命渠""幸福渠"。

改革开放以来，林州人民不断赋予红旗渠精神新的内涵，将中华民族艰苦奋斗的传统美德与时代精神结合起来。如今，在红旗渠精神的激励下，林州"治山山变样、治水水长流、治穷穷变富"，谱写出了气壮山河的"战太行、出太行、富太行、美太行"四部曲，实现了林州由山区贫困县向现代化新兴城市、生态旅游城市的跨越，并入选全国县域经济竞争力百强县（市）。红旗渠已不是单纯的一项水利工程，它已成为民族精神的一个象征。

红旗渠的修建孕育了伟大的红旗渠精神，它成为民族精神的一座丰碑、中华文化的一个符号。红旗渠精神是林州人民和河南人民伟大创业精神的真实写照，这种艰苦奋斗的拼搏精神，激励人们不断战胜各种困难，创造人间奇迹。

2. 南水北调工程

南水北调工程是缓解我国北方水资源严重短期局面的重大战略性基础设施，是目前世界上规模最大的调水工程。它的建设对我国合理地配置水资源，提高水资源的综合利用率，增强环境保护意识和提高社会公益责任等各个方面，都提出了更高的要求。

工程方案构想始于1952年国家主席毛泽东视察黄河时提出。经过20世纪50年代以来的勘测、规划和研究，在分析比较50多种规划方案的基础上，分别在长江下游、中游、上游规划了三个调水区，形成了南水北调工程东线、中线、西线三条调水线路。

通过三条调水线路，与长江、淮河、黄河、海河相互联接，构成我国中部地区水资源"四横三纵、南北调配、东西互济"的总体格局。规划区涉及人口4.38亿人，调水规模448亿立方米，其中东线148亿立方米，中线130亿立方米，西线170亿立方米，干线总长度达4350千米，建设时间约需40～50年，建成后将解决700多万人长期饮用高氟水和苦咸水的问题。

(1) 东线工程。东线工程利用江苏省已有的江水北调工程，从长江下游扬州江都水利枢纽抽引长江水，利用京杭大运河及与其平行的河道逐级提水北送，向黄淮海平原东部和胶东地区以及京津冀地区提供生产生活用水，并连接起调蓄作用的洪泽湖、骆马湖、南四湖、东平湖。出东平湖后分两路输水：一路向北穿黄河后自流到天津，从长江到天津北大港水库输水主干线长约 1156 千米；另一路向东经新辟的胶东地区输水干线接引黄济青渠道，向烟台、威海供水。供水范围涉及苏、皖、鲁、冀、津五省（直辖市）。工程实施分三期，共计投资 420 亿元。

2002 年 12 月 27 日，南水北调工程正式开工。江苏段三潼宝工程和山东段济平干渠工程成为南水北调东线首批开工工程。2013 年 11 月 15 日，东线一期工程正式通水运行。

南水北调东线一期工程创造了世界上规模最大的泵站群——东线泵站群工程。输水干线长 1467 千米，全线共设立 13 个梯级泵站，共 22 处枢纽、34 座泵站，总扬程 65 米，总装机台数 160 台，总装机容量 36.62 万千瓦，总装机流量 4447.6 立方米每秒，具有规模大、泵型多、扬程低、流量大、年利用小时数高等特点。该工程是亚洲乃至世界大型泵站数量最集中的现代化泵站群，其中水泵水力模型以及水泵制造水平均达到国际先进水平。

（2）中线工程。中线工程从长江最大支流汉江中上游的丹江口水库陶岔渠首闸引水，经长江流域与淮河流域的分水岭方城垭口，沿华北平原中西部边缘开挖渠道，通过隧道穿过黄河，沿京广铁路西侧北上，自流到北京颐和园团城湖的输水工程，输水总干渠长 1246 千米。

供水范围主要是唐白河平原和黄淮海平原的西中部，供水区总面积约 15.5 万平方千米，重点为河南、河北、天津、北京 4 个省市沿线 20 多座大中城市提供生活和生产用水，并兼顾沿线地区的生态环境和农业用水。中线工程具有水质好、覆盖面大、自流输水等优点，是解决华北水资源危机的一项重大基础设施。

中线工程修建过程中，遇到许多前所未有的挑战，面临很多世界级重大难题：丹江口大坝坝顶由原来的 162 米加高到 176.6 米，新老混凝土接合史无前例；南阳卧龙区新岗的膨胀土被世界公认为"工程癌症"；南阳方城县垭口工程面临着高渗水地层、淤泥带、流沙层、硬岩地质层等复杂的地质结构，被认为是中线工程河南段施工难度最大的标段；郑州荥阳市的穿黄工程是整个工程的咽喉，是南水北调工程中规模最大、单项工期最长、技术含量最高、施工难度最复杂的交叉建筑物，是人类历史上最宏大的穿越大江大河工程等等。

2003 年 12 月 30 日，南水北调中线京石段应急供水工程动工，标志着南水北调中线一期工程正式启动。2005 年 9 月 26 日，南水北调中线标志性工程、中线水源地丹江口水库的控制性工程——丹江口大坝加高工程正式动工，标志着南水北调中线工程正式进入全面实施阶段。

2014 年 12 月 12 日下午 14 时 32 分，南水北调中线一期工程正式通水运行。截至 2020 年 6 月 3 日，中线一期工程已经安全输水 2000 天，累计向北输水 300 亿立方米，已使沿线 6000 万人口受益。

（3）西线工程。西线工程是在长江上游通天河、支流雅砻江和大渡河上游筑坝建库，开凿穿过长江与黄河的分水岭巴颜喀拉山的输水隧洞，调长江水入黄河上游。供水目标主要是解决青海、甘肃、宁夏、内蒙古、陕西、山西等 6 省（自治区）黄河上中游地区和渭河关中平原的缺水问题，结合兴建黄河干流上的骨干水利枢纽工程，还可以向邻近黄河流域的甘肃河西走廊地区供水，必要时也可及时向黄河下游补水。规划分三期实施。

西线工程地处青藏高原，海拔在3000～5000米，是我国地质构造最复杂的地区之一，工程技术复杂，施工环境困难。因此目前项目处于前期论证阶段，为未建项目。

（4）工程特点。南水北调工程是迄今为止世界上规模最大的调水工程。输水线路长，穿越河流多，工程涉及面广，效益巨大，包含水库、湖泊、运河、河道、大坝、泵站、隧洞、渡槽、暗涵、倒虹吸、PCCP管道、渠道等水利工程项目。其建设管理的复杂性、挑战性都是以往工程建设中不曾遇到的，规模及难度在国内外均无先例，具有工程多样性、投资多元性、管理开放性、区域差异性、技术挑战性、效益综合性等特点。

（5）科技创新成果。在南水北调工程科技工作中，取得了大量的新产品、新材料、新工艺、新装置、计算机软件等科技成果。完成了专用技术标准13项，申请并获得国内专利数十项，部分科研成果已应用到工程设计与施工中，对工程质量和进度起到了保障作用，多项科技研究成果获得了国家与省部级科技奖。

（6）南水北调工程精神。伟大的工程孕育伟大的精神，南水北调精神是在南水北调工程规划、决策、论证和建设以及移民迁安过程中形成的当代中国精神，是民族精神和时代精神的生动实践。南水北调精神的内容如下。

国家层面：人民至上、协作共享的国家精神；

工程建设层面：艰苦奋斗、创新求精的工程建设精神；

移民群众层面：顾全大局、舍家为国的移民精神；

移民干部层面：忠诚担当、攻坚克难的移民工作精神。

南水北调精神是以爱国主义为核心的民族精神和以改革创新为核心的时代精神的集中体现，是广大干部群众在党的领导下谱写出的新时期英雄史诗，是激励后来人不忘初心牢记使命继续前进的精神动力。

二、水力发电工程

水力发电是指利用河流、湖泊等位于高处具有势能的水流至低处，将其中所含的势能转换成水轮机的动能，然后再以水轮机为原动力，推动发电机产生电能。

国外对水电的开发起步较早，世界上第一座水电站是法国于1878年建设的。我国水电开发比国外起步晚，1912年4月，我国第一座水电站——云南昆明石龙坝水电站建成，装机容量为480千瓦。

我国水电从起步到1950年，一直处于缓慢开发状态，建国初期我国水电装机容量仅36万千瓦，基础十分薄弱，直到1950年以后水电才有了较大的发展。以学习苏联等水电技术为基础，通过艰苦奋斗，水电建设者逐步掌握了100米级混凝土坝和土石坝、100万千瓦级水电站建设的关键技术，分别建成了我国第一座自行设计、自制设备、自主建设，坝高达到105米的大型水力发电站——新安江水电站，以及我国首座百万千瓦级（122.5万千瓦）水电站——刘家峡水电站，初步奠定了我国水电发展的基业。我国20世纪50年代以来修建的部分水电站如表3－2所示。

第二节 我国现代著名水利工程

表 3-2　　　　　我国 20 世纪 50 年代以来修建的水电站（部分）

修建年代	名　称	总装机容量 /万千瓦	备　注
20 世纪 50 年代	新安江水电站	66.25	中国第一座自己勘测、设计、施工和制造设备的大型水电站
	三门峡水电站	400	黄河干流上兴建的第一座大型水利枢纽
20 世纪 60 年代	新丰江水电站	292.5	我国自行设计、自行施工、自行安装的大型水电工程
	盐锅峡水电站	352	
	丹江口水电站	900	
	刘家峡水电站	122	中国首座百万千瓦级水电站，曾被誉为"黄河明珠"
20 世纪 70 年代	龚嘴水电站	700	
	凤滩水电站	400	
	乌江渡水电站	630	
	葛洲坝水电站	271.5	长江干流上的第一座大型水电工程
20 世纪 80 年代	大化水电站	400	
	龙羊峡水电站	1280	黄河上游第一座大型梯级电站
	东江水电站	500	
	鲁布革水电站	600	
20 世纪 90 年代，水电建设进入高潮	三峡工程	2250	世界上最大的水电站
	二滩水电站	330	
	小浪底水电站	180	
	李家峡水电站	200	
	天生桥二级水电站	初期 880 后期 1320	
	天生桥一级水电站	1200	
	万家寨水电站	1080	
2000 年后	白鹤滩水电站	1600	在建，建成后中国第二大水电站
	溪洛渡水电站	1386	世界第三大、中国第二大水电站
	乌东德水电站	1020	中国第四座、世界第七座跨入千万千瓦级行列的巨型水电站

注：数据来自中国水利水电网《中国重点水利工程概况》。

1. 新安江水电站

新安江水电站位于浙江省杭州市建德县原铜官镇附近，在钱塘江支流新安江上，距杭州市区 170 千米。

（1）工程概况。新中国成立后，随着国民经济的恢复和发展，长江三角洲地区电力供需矛盾日趋突出，亟须发展区域性大电站和电力系统。1956年6月，国务院批准将新安江水电站建设列入第一个五年计划和1956年计划项目。

1957年4月新安江水电站主体工程正式动工。1965年12月，电站工程竣工。1977年10月，9台机组全部安装完成，并入电网运行。

水电站拦河大坝为混凝土宽缝重力坝，最大坝高105米，坝顶全长466.5米，水库正常蓄水位海拔108米，总库容220亿立方米，工程按千年一遇洪水设计，万年一遇洪水校核。电站总装机容量662.5兆瓦，保证出力178兆瓦，多年平均年发电量18.6亿千瓦·时。

水库可调节多年径流以满足发电需水流量，并担负华东电网调峰、调频和事故备用任务，还具有防洪、改善航运条件、发展渔业、调节补偿下游富春江水电站所需发电流量以及发展旅游事业等综合利用效益。

（2）工程荣誉。新安江水电站在我国已建水电工程中是投资省、速度快、质量好、效益大的一项工程。

新安江水电站是中国自行设计、自制设备、自主建设的第一座大型水电站，也是我国第一座百米高的混凝土重力坝；被誉为"长江三峡的试验田"，是社会主义制度集中力量办大事的范例，中国水利电力事业史上的一座丰碑、中国人民勤劳智慧的杰作，也是华东电网最大的水力发电站，被誉为"华东电网的明珠"。

新安江水电站反映了20世纪50年代中国水电建设的水平，也为国内多座大中型水电站输入了大量人才和领导干部。1978年获全国科学大会的科技成果奖。2019年4月12日，入选"中国工业遗产保护名录（第二批）"。

2. 长江三峡水利枢纽工程

长江三峡水利枢纽工程，简称三峡工程，大坝位于湖北省宜昌市夷陵区三斗坪镇，与下游38公里处的葛洲坝水电站形成梯级调度电站，是一座具有防洪、发电、航运、环保以及养殖、供水等巨大综合效益的特大型水利水电工程，是世界上规模最大的水电站，也是中国有史以来建设的最大型的水利工程项目。

（1）枢纽布置

三峡工程主要建筑物由大坝、电站、通航建筑物三大部分组成。

1) 大坝。三峡工程拦河大坝为混凝土重力坝，坝轴线全长2309.47米，坝顶高程185米，正常蓄水高程175米，水库长2335米，总库容393亿立方米，防洪库容221.5亿立方米，调节能力为季调节型，静态投资1352.66亿元人民币，设有23个泄洪深孔，底高程90米，深孔尺寸为7×9米，其主要作用是泄洪。

2) 电站。电站坝段位于大坝两侧，采用坝后式布置方案，共设左、右两组厂房，安装有32台单机容量为70万千瓦的水电机组，其中左岸14台，右岸12台，地下6台，另外还有2台5万千瓦的电源机组，总装机容量2250万千瓦，是世界上最大的发电机组。2012年7月4日最后一台水电机组投产发电，年均发电量1000亿千瓦时。

3) 通航建筑物。通航建筑物包括永久船闸和升船机，均布置于左岸。永久船闸为双线五级连续梯级船闸，其上下游引航道与长江主河床相连，单级闸室有效尺寸为280米×34米×5米，船闸本身长1607米，加上引航道，全长6.4千米，可通过万吨级船队，居世界之首。

升船机为单线一级垂直提升式,一次可通过一艘3000吨的客货轮,提升最大高度113米,承船厢运行时总重量为1.182万吨,采用全平衡钢丝绳卷扬方式提升,总提升力为6000牛顿。船舶经过升船机通过三峡大坝只需半个小时。

(2)建设历史。

1919年,孙中山先生在《建国方略之二——实业计划》中提出建设三峡工程的设想。

1956年,毛泽东主席在武汉畅游长江后写下了"更立西江石壁,截断巫山云雨,高峡出平湖"的著名诗句。

1970年12月30日,葛洲坝工程开工。

1989年年底,葛洲坝工程全面竣工,通过国家验收。

1992年4月3日,七届全国人大第五次会议表决通过《关于兴建长江三峡工程的决议》,获批准建设。

1994年12月14日,三峡工程正式开工。

2003年6月1日零时,三峡工程正式下闸蓄水。

2006年5月20日,右岸大坝顺利封顶,全面竣工。

2009年8月,最后一次验收通过。

2012年7月4日,发电机组全部投产,成为全世界最大的水力发电站和清洁能源生产基地。

2020年11月15日8时20分,三峡工程发电量已达到1031亿千瓦时,打破了此前南美洲伊泰普水电站于2016年创造并保持的1030.98亿千瓦时的单座水电站年发电量世界纪录。

(3)工程效益。三峡工程是世界上最大的水利枢纽工程,是治理和开发长江的关键性骨干工程,它具有防洪、发电、航运等综合效益。

1)防洪。兴建三峡工程的首要目标是防洪,其巨大库容所提供的调蓄能力可以使下游荆江地区抵御百年一遇的特大洪水,有助于洞庭湖的治理和荆江堤防的全面修补,在调节江水盈亏、解决华北地区缺水等方面起重要作用。

2)发电。三峡工程的经济效益主要体现在发电。该工程是中国西电东送工程中线的巨型电源点,所发的电力将主要售予华中电网的湖北省、河南省、湖南省、江西省、重庆市,华东电网的上海市、江苏省、浙江省、安徽省,以及南方电网的广东省,可缓解我国的电力供应紧张局面。最新数据显示:三峡电站2020年全年累计生产清洁电能1118亿千瓦·时,创下了新的单座水电站年发电量世界纪录。

3)航运。三峡水库显著改善宜昌至重庆660公里的长江航道,万吨级船队可直达重庆港。航道单向年通过能力可由原来的约1000万吨提高到5000万吨,运输成本可降低35%~37%,满足长江上中游航运事业远景发展的需要。

长江三峡水利枢纽工程在养殖、旅游、保护生态、净化环境、开发性移民、南水北调、供水灌溉等方面均有巨大效益。

(4)三峡精神。三峡精神的内容是:科学民主、求实创新、团结协作、勇于担当、追求卓越。

作为中国自主设计、自主建造的世界上最大的水利枢纽工程,从进行工程可行性论证,到民主表决通过方案,再到开展施工、建设,"科学民主"的三峡精神贯穿始终,并成为工程建设顺利推进以及保持平稳运行的重要保障。

为了兴建三峡工程,从20世纪20年代至今,我国几代科技人员进行了艰苦卓绝的研究与勘探,倾注了大量心血、克服了重重困难。基层建设者们削山截岭,在极端艰苦的施工条件下奋战不懈,确保了工程建设的速度与质量,体现了"求实创新、团结协作"的三峡精神。

一项项创新,一次次突破,举世瞩目的三峡工程揽获100多项"世界之最"。新技术、新创举层出不穷,并应用于工程建设之中,将国内水电建设技术和管理提升到新的层次,立足锐意创新,充分体现了"勇于担当、追求卓越"的三峡精神。

三峡工程作为人类历史上最宏伟的水利工程,矗立在浩瀚江水中,屹立在每个中国人心底,以大国重器之力护佑长江安澜、助力经济发展、创造美好生活,用百年风雨历程记录山河变迁、承载价值追求、凝聚民族精神。

3. 其他水电站

截至2020年年底,我国排名前十的已建、在建的水电站工程如表3-3所示。

表3-3 我国十大水电站基本情况一览表

序号	电站名称	流域	装机容量/万千瓦	年发电量/亿千瓦时
1	三峡工程	长江上游水电站	2250	882
2	白鹤滩水电站(在建)	金沙江	1600	624
3	溪洛渡水电站	金沙江	1386	620
4	乌东德水电站(在建)	金沙江	1020	389
5	向家坝水电站	金沙江	600	307
6	糯扎渡水电站	澜沧江	585	239
7	龙滩水电站	红水河	490	157
8	锦屏二级水电站	雅砻江	480	242
9	小湾水电站	澜沧江	420	190
10	拉西瓦水电站	黄河上游	420	102
合计			9125	3752

注:数据来源于水利水电资料库微信公众号。

(1) 三峡工程——世界第一。前面章节已经详细介绍,此处略。

(2) 白鹤滩水电站(在建)。白鹤滩水电站坝址位于四川省宁南县和云南省巧家县境内,是金沙江下游河段四个水电梯级的第二个梯级,以发电为主,兼有防洪、拦沙、改善下游航运条件和发展库区通航等综合效益。

工程主要由混凝土双曲拱坝、泄洪消能建筑物及左右岸输水发电系统等组成,最大坝高289米,水库正常蓄水位825米,总库容206.27亿立方米。电站装机容量1600万千瓦(16台×100万千瓦),多年平均年发电量624.43亿千瓦时。

白鹤滩水电站于 2016 年获得核准，预计 2022 年全部机组投产发电。电站建成后，将仅次于三峡工程成为我国第二大水电站。

(3) 溪洛渡水电站——世界第三。溪洛渡水电站位于四川省雷波县和云南省永善县交界的金沙江下游河道上，是金沙江下游河段规划的第 3 个梯级，以发电为主，兼顾防洪，此外，还有拦沙、改善库区及坝下河段通航条件等综合利用效益，可为下游电站进行梯级补偿。

电站主要供电华东、华中地区，兼顾川、滇两省用电需要，是金沙江"西电东送"距离最近的骨干电源之一，是金沙江上最大的一座水电站，也是目前世界第三大、中国第三大水电站。

工程由混凝土拱坝、坝身泄水孔口（7 个表孔和 8 个深孔）和左、右岸各两条泄洪洞，左、右岸各安装 9 台机组的地下引水发电系统等组成，拱坝最大坝高 285.5 米，仅次于锦屏一级的 305 米、小湾的 294.5 米，是国内第三高拱坝，水库正常蓄水位 600 米，总库容 126.7 亿立方米，具有年调节能力。电站总装机容量 1386 万千瓦（18 台×77 万千瓦），多年平均发电量 619.9 亿千瓦时。

溪洛渡水电站于 2005 年 12 月核准开工，2013 年 7 月首台机组投产，2014 年 6 月 18 台机组全部投产。2016 年荣获素有国际工程咨询领域"诺贝尔奖"之称的"菲迪克工程项目杰出奖"。

(4) 乌东德水电站（在建）——世界第七。乌东德水电站坝址位于云南省禄劝县和四川省会东县交界的金沙江干流上，是金沙江下游四个梯级电站（乌东德、白鹤滩、溪洛渡、向家坝）的第一梯级，是中国第四座、世界第七座跨入千万千瓦级行列的巨型水电站。以发电为主，兼顾防洪、航运和促进地方经济社会发展，是实施"西电东送"的国家重大工程。

工程主体建筑物由挡水建筑物、泄水建筑物、引水发电建筑物等组成。挡水建筑物为混凝土双曲拱坝，坝顶高程 988 米，最大坝高 270 米，坝顶弧长 326.95 米，底厚 51 米，厚高比仅为 0.19，是世界上最薄的 300 米级特高拱坝，也是世界首座全坝应用低热水泥混凝土浇筑的特高拱坝。水库正常蓄水位 975 米，水库总库容 74.08 亿立方米，具有季调节性能。电站总装机容量 1020 万千瓦（12 台×85 万千瓦），多年平均年发电量 389.1 亿千瓦时。

乌东德水电站于 2015 年获得核准，2020 年 6 月首批机组发电，2021 年 1 月其余机组进入总装阶段。

(5) 向家坝水电站。向家坝水电站位于四川省宜宾县和云南省水富县交界的金沙江上，系金沙江下游河段水电规划四级开发方式的最下游梯级电站。开发任务以发电为主，同时改善通航条件，兼顾防洪、灌溉，并有拦沙和对溪洛渡水电站进行反调节等作用。

工程拦河大坝为混凝土重力坝，最大坝高 162 米，水库正常蓄水位 380 米，总库容 51.63 亿立方米，为不完全季调节水库。电站装机容量 600 万千瓦（8 台×75 万千瓦），多年平均年发电量 307.47 亿千瓦时，灌溉面积 375.4825 万公顷。

向家坝水电站于 2006 年 11 月核准开工，2012 年 11 月首台机组投产，2014 年 7 月 8 台机组全部投产。

(6) 糯扎渡水电站。糯扎渡水电站位于云南省普洱市思茅区和澜沧拉祜族自治县境内，是澜沧江中下游河段规划开发的第五个梯级电站，上、下游分别为已建的大朝山水电站和景洪水电站，以发电为主，兼顾景洪市城市和农田防洪任务，并有改善航运、发展旅游业等综合利用效益。作为建成时云南省最大水电站，是实现国家资源优化配置，全国联网目标的骨干工程，是实施"西电东送"及"云电外送"战略的基础项目。

枢纽工程由砾石土心墙堆石坝、左岸岸边开敞式溢洪道及消力塘、左右岸各一条泄洪洞、左岸地下引水发电系统及地面副厂房、出线场、下游护岸工程等组成。水库正常蓄水位812米，心墙堆石坝最大坝高261.5米，居同类坝型世界第三，总库容237.03亿立方米，具有多年调节能力。电站装机容量585万千瓦（9台×65万千瓦），多年平均发电量239.12亿千瓦时。

糯扎渡水电站于2011年3月核准开工，2012年9月首台机组投产，2014年6月9台机组全部建成投产。

(7) 龙滩水电站。龙滩水电站位于红水河、广西壮族自治区天峨县城上游15千米处，是"西电东送"的标志性工程，也是西部大开发的重点工程，以发电为主，兼顾防洪、航运等综合利用。

坝址控制流域面积98500平方千米，占红水河流域面积的71%。设计蓄水位400米，库容273亿立方米，装机容量630万千瓦，年发电量187亿千瓦时，为多年调节水库。

龙滩水电站创造了中国世界纪录协会多项世界纪录，电站拥有三项世界之最：一是最高碾压混凝土重力坝，坝高为216.5米，坝顶长836米；二是最大的地下厂房，主厂房藏于山腹中，厂房长为388.5米、宽28.5米、高74.4米；三是提升最高的升船机，最高提升高度179米，全长1700米。

龙滩水电站于2001年7月开工建设，2007年6月首台机组投产，2009年年底7台机组全部投产发电。

(8) 锦屏二级水电站。锦屏二级水电站工程位于四川省凉山彝族自治州木里、盐源、冕宁三县交界处的雅砻江干流锦屏大河湾上，上接锦屏一级水电站，下邻官地水电站。工程开发任务为发电，利用雅砻江卡拉至江口下游河段150千米长大河湾的天然落差，截弯取直开挖隧洞引水发电。为低闸、长隧洞、大容量引水式电站，是雅砻江上水头最高、装机规模最大的水电站，也是目前世界埋深最大、规模最大、建设条件最复杂的长引水式电站和世界第一高双曲拱坝。

枢纽工程主要由首部闸坝、引水系统、地下厂房及尾水系统、排水洞等建筑物组成，大坝为混凝土双曲拱坝，坝高305米，为目前世界第一高双曲拱坝，4条引水隧洞平均长约16.6千米，开挖洞径13米，为世界最大规模水工隧洞。水库正常蓄水位海拔1646米，库容1401万立方米，电站总装机容量480万千瓦（8台×60万千瓦），多年平均发电量242.3亿千瓦时。

锦屏二级水电站于2007年1月核准开工，2012年6月首台机组投产，2014年11月8台机组全部投产发电。与锦屏一级水电站相互辉映，形成雅砻江"双子星"，是我国西部大开发和"西电东送"的标志性工程。

(9) 小湾水电站。小湾水电站位于云南省大理白族自治州南涧县与临沧市凤庆县交界的澜沧江中游河段，系澜沧江中下游河段规划八个梯级的第二级，上接功果桥水电站，下接漫湾水电站，以发电为主兼有防洪、灌溉、拦沙及航运等综合利用效益，系澜沧江中下游河段的"龙头水库"。

枢纽工程由高达294.5米的混凝土双曲拱坝、坝身泄水孔口、下游水垫塘及二道坝等消能防护设施、左岸泄洪洞、右岸引水发电系统等组成。正常蓄水位海拔1240米，总库容151.32亿立方米，多年调节水库。总装机容量420万千瓦（6台×70万千瓦），多年平均发电量190亿千瓦时。

小湾水电站于2002年1月开工建设，2008年9月首台机组投产，2010年8月6台机组全部投产发电。

（10）拉西瓦水电站。拉西瓦水电站是黄河上游龙羊峡至青铜峡河段规划的大中型水电站中的第二个梯级电站，位于青海省贵德县与贵南县交界的黄河干流上，工程开发任务为发电，是黄河流域装机容量最大、发电量最多、单位千瓦造价最低、经济效益良好的水电站。

电站建成后主要承担西北电网的调峰和事故备用，对西北电网750千伏网架起重要的支撑作用，是"西电东送"北通道的骨干电源点，也是实现西北水火电"打捆"送往华北电网的战略性工程。

工程由混凝土双曲拱坝、坝身泄洪建筑物、坝后反拱水垫塘、右岸岸边进水口和地下引水发电系统组成。正常蓄水位海拔2452米，总库容10.79亿立方米，最大坝高250米，装机容量420万千瓦（6台×70万千瓦），多年平均发电量102.23亿千瓦时。

拉西瓦水电站于2005年12月核准开工，2009年4月首台机组投产。

第三节　国外著名水利工程

国外著名的水利工程有很多，以下主要从灌溉工程、运河工程、水电站工程中选取部分具有代表性的工程进行简要介绍。

一、灌溉工程

1. 荷兰的贝姆斯特圩田

贝姆斯特圩田创建于十七世纪早期，是荷兰人开拓的最早的地区。400多年来荷兰人从填湖造田到后来和大海争夺土地，如今荷兰近三分之一的国土都是这种依靠修建堤坝、抽干湖（海）水而得来的圩田，"圩田模式"已成为荷兰历史上最具有代表性的成就之一。

别具一格的高屋顶的房屋、错落有致的风车、方形的圩田、丰富的河流使荷兰的灌溉工程成为别有一番风味的景观，1999年列入世界文化遗产名录。

2. 印度尼西亚的苏巴克灌溉系统

苏巴克灌溉系统始建于11世纪，由占地2万多公顷的水稻梯田、水渠、水坝、印度教神庙等建筑物组成，至今仍在正常运行，成为巴厘著名人文旅游景观之一，2012年列入世界文化遗产名录。

苏巴克体现了"幸福三要素"的哲学概念，是精神王国、人类世界和自然领域三者的相互结合。这一哲学思想是过去2000年多年中巴厘岛和印度文化交流的产物，促成了巴厘景观的形成。尽管供养岛上稠密的人口是一大挑战，但苏巴克体系所倡导的民主与公平的耕种实施原则使得巴厘人成了群岛中最多产的水稻种植者。

3. 伊朗舒什塔尔的古代水利系统

位于伊朗舒什塔尔市的古代水利系统始建于公元前5世纪的大流士一世时代，是一个多功能、大规模的水利工程，在土木工程结构以及多样性用途（城市供水、磨坊、灌溉、内河运输、防御系统）方面出类拔萃，反映了依拉密特人、美索不达米亚人和近期的纳巴泰人的聪明才智，也反映出罗马建筑的影响。

该系统在克鲁恩河上建造了两个主引水河道，其中一条名为伽格的河道目前仍在使用，通过一系列水车和若干地道向舒什塔尔城供水，灌溉了超过约27万公顷的果园和农场，因此这里被称为"天堂之地"。2009年列入世界文化遗产名录。

二、运河工程

欧美共有五条运河入录世界文化遗产，有法国米迪大运河、比利时中央运河上4座水力升降机、荷兰的阿姆斯特丹运河、加拿大丽都运河、英国的庞特斯尔特渠。

1. 法国米迪大运河

1666年10月，法国国王路易十六下令开凿米迪大运河，其目的是避开直布罗陀海峡、海盗和西班牙国王的船队，促进贸易繁荣，连通大西洋和地中海，提高朗格多克－鲁西永大区的地理战略优势。1681年运河竣工，它也为工业革命开辟了一条航线。

米迪大运河蜿蜒流淌360千米，整个航运水系涵盖了船闸、渡槽、沟渠、桥梁、隧道等328个大小不等的建筑工程设施，创造了世界现代史上最辉煌的土木工程奇迹，1996年列入世界文化遗产名录。

在米迪大运河流过的法国南部优美自然景色中，散布着众多的小镇，有罗马时期、中世纪和文艺复兴时期的教堂，远古洞穴遗址，古老的葡萄酒庄园，以及小巧精致的特色博物馆。沿着运河游览，随处可以发现和品味独特的文化和田园气息。

2. 加拿大丽都运河

加拿大丽都运河建于19世纪初，全长202千米，北起渥太华，南接安大略湖金斯顿港，连通了丽都河与卡坦拉基河。在英美两国争相控制这一区域之际，为战略军事目的开通了此运河。丽都运河是首批专为蒸汽船设计的运河之一，防御工事群是它的另一个特色。丽都运河见证了为控制北美大陆发起的战争，具有重要的历史价值。

1826年，在运河建造初期，英国人选用"静水"技术，避免了大量挖掘工作，并建立了一连串的水库和50座大型水闸，将水位抬高到适航深度。运河上还建有六座"碉堡"和一座要塞，后来又在多个闸站增建防御性闸门和管理员值班室。丽都运河是北美保存最完好的静水运河样本，表明当时北美已大规模使用这项欧洲技术。

丽都运河是唯一一条始建于19世纪初北美大兴建运河时代，流经途径至今保持不变，且绝大多数原始构造完好无损的运河，2007年列入世界文化遗产名录，成为加拿大第14个世界遗产地。联合国教科文组织对它的评语是："他是美洲大陆北部争夺控制权的见证"。

如今，它最为人所知的美誉当属"世界最长的滑冰场"。每年2月中旬，渥太华都会在冰冻后的丽都运河举办热闹非凡的冬季狂欢节。冬庆节的所有活动都围绕冰雪题材展开，它的特色除了有冰雕展、雪橇活动、破冰船之旅外，还有冰上曲棍球赛、雪鞋竞走以及冰上驾马比赛等精彩活动。

3. 荷兰阿姆斯特丹17世纪运河区

阿姆斯特丹运河区于2010年被联合国教科文组织列入世界文化遗产名录，它是16世纪末至17世纪的一项新"港口城市"规划的结果。运河网络的修建是一个长期过程，主要任务是通过运河来排干同心弧形沼泽地，并填平中间的空地来扩大城市空间。阿姆斯特丹的城市扩张是这一历史时期同类发展中规模最大、最均衡的，是这一历史时期大规模城市规划的一个范例，直至19世纪它还仍旧为世界各地所参考。

现今阿姆斯特丹运河已发展成为链接100多座岛屿，由160多条运河、1281座桥梁构成的75千米长的运河网。城市布局像一把打开的扇子，五条主要运河以中心火车站为圆心，一圈一圈地向外扩张。俯瞰阿姆斯特丹就像半个蜘蛛网，运河与陆地井然有序的相互交织着。阿姆斯特丹运河网状构型，对新城市的扩张起到举足轻重的作用。

阿姆斯特丹拥有许多大大小小的游船公司，可以提供游船服务，如运河脚踏船、烛光环游、运河汽艇、运河游船、水上计程车等。

三、水电站工程

1. 阿斯旺大坝

埃及尼罗河上所筑的阿斯旺大坝，位于开罗以南约700千米，是一座具有灌溉、发电、防洪等综合效益的大型水利工程，也是世界七大水坝之一。

工程于1960年在原苏联援助下动工兴建，1970年竣工投产，耗资约10亿美元。枢纽建筑物由大坝、溢洪道和发电站三部分组成。大坝采用黏土心墙堆石坝，坝高111米，顶宽40米，底宽980米，坝顶长3830米，大坝所使用的建筑材料约4300万立方米，其体积相当于开罗西郊胡夫大金字塔的17倍，堪称世界七大水坝之一。水库总库容1689亿立方米，电站厂房位于右岸边，装机容量为210万千瓦，设计年发电量100亿千瓦时。

阿斯旺大坝在黏土心墙内布置灌浆和廊道是大胆创新，廊道净宽3.5米，高5米，为钢筋混凝土结构。高坝建成后，其南面形成一个群山环抱的人工湖——阿斯旺水库，湖长500多千米，平均宽10千米，面积5000平方千米，是世界第二大人工湖，深度和蓄水量则居世界第一。

尼罗河畔在洪水退后留下的淤泥成为农田宝贵的肥源，肥沃的土地是埃及人的生命保障，也是支撑埃及文明的基石。阿斯旺大坝的建成，控制了尼罗河千百年来周而复始泛滥，使灌溉面积得以扩大，40万公顷沙漠变成了良田，埃及的农业产值因此翻了一番。

2. 胡佛大坝

胡佛大坝（Hoover Dam）是美国综合开发科罗拉多河（Colorado）水资源的一项关键性工程，位于内华达州和亚利桑那州交界之处的黑峡（Black Canyon），具有防洪、灌溉、发电、航运、供水等综合效益。

胡佛大坝建在深窄峡谷内，坝基基岩为坚硬的安山岩、角砾岩。坝基设置水泥灌浆帷幕和排水孔，对上游剪力带进行灌浆加固。大坝施工采用柱状浇筑法，分230个柱状块，是首次采用埋设水管冷却的高坝。

工程主要建筑物有拦河坝、导流隧洞、泄洪隧洞和电站厂房。拦河坝是混凝土重力拱坝，坝高221.4米，坝顶长379米，坝顶宽13.6米，坝底最大宽度202米，坝体混凝土浇筑量为248.5万立方米。水电站装机容量原为134万千瓦，现已扩容到208万千瓦，计划达到245.2万千瓦。大坝形成的水库叫米德湖（Mead），总库容348.5亿立方米，对坝址以上的洪水可完全控制。

工程于1931年4月开始动工兴建，1936年3月建成，1936年10月第一台机组正式发电。胡佛大坝孕育了新兴的城市拉斯维加斯。如今，拉斯维加斯成了不夜城，正是胡佛水电站的电力，点亮了拉斯维加斯那流光溢彩、五颜六色的霓虹灯。

3. 伊泰普水电站

伊泰普水电站位于巴拉那河流（世界第五大河，年径流量7250亿立方米）经巴西与巴拉圭两国边境的河段，是目前世界第二大水电站，由巴西与巴拉圭共建，发电机组和发电量由两国均分。

1973年巴西、巴拉圭两国政府签订协议，共同开发界河长200千米一段水力资源，历时16年，耗资170多亿美元，1991年5月建成举世瞩目的伊泰普水电站。

坝址控制流域面积82万平方千米，大坝全长7744米，196米，拦腰截断巴拉那河，形成面积1350平方千米、总库容290亿立方米的人工湖，多年平均流量8500立方米每秒；坝址基岩主要为坚硬完整的玄武岩；电站主坝为混凝土双支墩空心重力坝，最大坝高196米，长1064米，混凝土量526万立方米，是现在世界上同类型坝中最高的。在上游还建成23座水库，与伊泰普水库合计总库容2169亿立方米，其中有效库容1265亿立方米，调节性能很好。

目前共有20台发电机组（每台70万千瓦），总装机容量1400万千瓦，年发电量900亿千瓦时。是当今世界装机容量第二大，发电量第二大水电站，仅次于我国三峡水电站。

历史上任何一项水利工程都是一定政治、经济和社会发展的产物，在一定程度上满足了当时生产发展和人民生活的需求，体现了工程建设者的知识、观念、思想和智慧。通过研究中国古代水利和西方水利蕴涵的水文化内涵及成就，可以为现代水利事业提供借鉴和经验，推动中国水利更好更快地发展与进步。

作　　业

兴水利、除水害，事关人类生存、经济发展、社会进步，历来是治国安邦的大事。请你结合本章内容，谈一谈从古至今修建水利工程的重要意义是什么？

要求：不少于500字，内容有条理性。

参 考 文 献

[1] 毕雪燕. 中华水文化（慕课版）[M]. 北京：中国水利水电出版社，2019.
[2] 王英华. 图说古代水利工程 [M]. 北京：中国水利水电出版社，2015.

[3] 蒋剑勇. 河塘湖库水文化[M]. 北京：中国水利水电出版社，2019.

[4] 靳怀堾. 中华水文化通论（水文化大学生读本）[M]. 北京：中国水利水电出版社，2015.

[5] 董文虎. 水与水工程文化[M]. 北京：中国水利水电出版社，2015.

[6] 贵州省地方志编纂委员会. 贵州省志·水利[M]. 北京：方志出版社，2019.

[7] 中国网. 乌江构皮滩水电站通航工程投入试运行[EB/OL]. (2021-06-23)[2021-07-02]. http：//photo.china.com.cn/2021-06/23/content_77580445_10.htm.

[8] 贵阳网. 夹岩水利枢纽[EB/OL]. (2021-03-03)[2021-07-02]. http：//www.gywb.cn/system/2021/03/03/031022642.shtml.

[9] 中国水利水电网. 中国重点水利工程概况[EB/OL]. (2018-03-01)[2021-07-02]. http：//www.slsdw.com/xueshu/read.aspx?id=952.

[10] 水利水电资料库. 中国十大水电站简介[EB/OL]. (2020-09-03)[2021-07-02]. https：//mp.weixin.qq.com/s/2t6du1_dvt77nTG3YTmuEw.

第四章 治水名人篇

中华民族悠久的治水历史，孕育了众多优秀的水利人才，他们在艰难困苦的治水实践中，彰显出伟大的治水精神，这些精神绵延五千年，薪火相传，生生不息，让我们走进他们的故事，感悟他们的精神。

第一节 浩浩河川，汤汤理水——大禹

大禹从帝都冀州开始，先完成壶口工程，此后又疏浚了很多河流，做出了"决九川，距四海"的重大贡献，而治理黄河是大禹最完美的治水成就之一。

当时，黄河的灾害最为严重，禹在黄河下的工夫也最多，他开凿龙门，使黄河水南到华阴，东下砥柱、孟津。由于黄河上游地处高原，当黄河流经中下游平原地带的时候，水流湍急，容易成灾，大禹便开凿了两条河流，分其水势。到下游，大禹又疏浚了多条河道，让其东流入渤海。

大禹节衣缩食，陆行乘车，水行乘船，在泥沼中行走就乘木橇，在山路上行走就穿上带铁齿的鞋。他一手拿着准绳，一手拿着规矩，还装载着测四时定方向的仪器，就像是一个作风凌厉的工程师模样。春去秋来，寒过暑往，不觉间13年过去了。这"忧劳焦思"的13年仿佛弹指一挥，没人知道大禹的眼角是否平添了皱纹，也没人知道大禹的两鬓是否多了银丝。大禹和新婚四天的妻子匆匆告别，就踏上了漫漫的治水之路。他几次路过家门，都来不及去看望家人。甚至有一次，他还听到了儿子启的哭声。冠盖之下，大我与小我之间的抉择，大家与小家之间的取舍也跃然纸上。

在中国的文化体系中，大禹的精神成为一种可贵的道德典范和人格境界，为人们深深接受，且争相效尤。大禹的公而忘私、舍生取义的精神成为了中华民族崇高精神的一部分。

这短暂而漫长的13年终于过去了，洪水也被遏制住了。在治理水患中，大禹还重新规划了中国的行政地格局，将天下分为九州，即冀州、兖州、青州、徐州、扬州、荆州、豫州、梁州、雍州。人们通常称中国为"九州"，也有人称中国为"禹域"。他走遍天下，熟知各地的地形、习俗、物产。大禹还规定了各地贡品，划定了五服界域：天子帝畿以外五百里的地区叫甸服，再外五百里叫侯服，再外五百里叫绥服，再外五百里叫要服，最外五百里叫荒服。甸、侯、绥三服，进贡不同的物品或承担不同的劳役。要服，不纳物服役，只要求接受管教、遵守法制政令。荒服，则根据其习俗进行管理，不强制推行中朝政教。

帝舜在位三十三年时，正式将禹推荐给上天，把天子位"禅让"给禹。十七年后，舜于南巡中逝世。三年治丧结束，禹避居阳城，要将帝位让给舜的儿子商均。但诸侯都离开商均去朝见禹。在诸侯的拥戴下，禹正式即位，以安邑（今山西夏县）为都城，国号夏。

分封丹朱于唐，分封商均于虞。改定历日，以建寅之月为正月。

出于对大禹的信仰和崇拜，人民把许多重要的远古水利活动都附会在大禹身上。凿龙门之外，导江岷山、导淮桐柏、导河积石、辟伊阙，下砥柱等都被认为是大禹的功劳。

大禹在治理水患中，励精图治，苦心孤诣，以天下为己任。他身执耒锸（chā 挖土工具），以为民先，栉风沐雨，日夜奔忙；腿肚子都累瘦了，腿上的毛也磨光了。不但如此，大禹还保持着简朴而得体的生活作风。他自己虽然舍不得吃好的，自己舍不得穿好的，却舍得用精美的食物来飨宴神祇；同时，大禹更舍不得住好的，居室简陋，把全部资财和心思放在治理水患上。

第二节　兴修水利第一相——孙叔敖

孙叔敖用三年时间治理楚国，积极辅佐楚王推行改革，整顿吏治，布政于道，施教于民，使得楚国国力迅速增强。楚庄王饮马黄河，观兵周疆，问鼎中原，成为"春秋五霸"之一。

治国先治水，治水以兴邦。楚国由蛮夷小国发展成泱泱大国，关键在于孙叔敖的治国方略——将施政的重点放在治水。孙叔敖为相期间，主持修筑了我国最早的大型引水灌溉工程——一期思雩娄灌区，兴建了我国历史上最早的运河——云梦通渠，开凿了我国最早的蓄水灌溉工程——芍陂，使得楚国仓廪充实，武备完善，国势兴盛。可以说是这三大水利工程成就了楚国的辉煌。历史事实昭示了孙叔敖治水兴邦、终成霸业的雄才大略，以及泽被民生、利及千秋的治水功绩。

期思雩娄灌区：我国最早的大型引水灌溉工程。

公元前605年，孙叔敖主持兴建了我国历史上最早的大型引水灌先工程——一期思雩娄灌区。灌区位于今河南固始，是河流、陂塘的综合治理工程。孙叔敖总结前人的经验，利用源泉湖浦的地理条件，截引河水，灌溉农田。他组织乡民在史河东岸凿开石嘴头，引水向北，称为清河；又在史河下游东岸开渠，向东引水，称为堪河。利用这两条引水河渠，灌溉史河、泉河之间干旱的土地。因清河长90里，堪河长40里，共100里范围内的农田灌溉有了保障，后世称其为"百里不求天灌区"。

经过后世不断续建、扩建，灌区内有开凿的渠道、有人工陂塘。引水入渠，由渠入陂，开陂灌田，形成了一个"长藤结瓜"式的灌溉体系。这一灌区的兴建，为大面积发展水田作物提供了有利条件，使水稻的大量种植成为可能。

楚庄王在期思陂建成后不久，即破格重用了孙叔敖为令尹。自此以后，楚人推广了截引河水的工程技术，大大改善了当地的农业生产条件，提高粮食产量，满足了楚庄王开拓疆土对军粮的需求。

楚庄王知人善任，深知水利对于治理国家的重要，任命治水专家孙叔敖担任令尹（相当于宰相）的职务。

《中国水利史稿》称，我国"堤防之设，始于楚相孙叔敖"。他主持修建的期思雩娄灌区比魏国的西门渠、秦国的都江堰，还早二三百年。期思雩娄灌区的修筑不仅促进了当时楚国的农业生产和经济发展，而且为后来的水利建设奠定了良好的基础。

云梦通渠：我国最早的人工运河。楚地地势低洼，河道纵横，水患频仍。杨水作为汉水的支流，穿行于云梦泽的湖沼之中，汛时"萦连江沔"，冬时细流涓涓，冬竭夏盈造成的夏涝春旱，影响了农业生产；而动荡不定的河道也不能保证四季通航的条件。

楚国东有云梦湖泊之饶，南有长江舟楫之利，大规模的水运船队能够航行于长江中下游的广阔水域。然而，自楚国国都荆州向北却无天然水道，北上运输困难重重。荆州北上运输，往往需顺长江而下至汉江口，再溯汉江而上至潜江、沙洋，这一水道里程约740千米左右，而由荆州至沙洋、潜江一带直线距离不到70千米，二者相差670千米，这在很大程度上滞阻了楚国水上交通运输的发展，也妨碍了楚国霸业向北的扩张。

为了疏通河道，防洪排涝，弥补通江达汉的杨水天然航道的不足，公元前6世纪初，由丞相孙叔敖主持，楚人在自然水系的基础上，对部分杨水河道进行了开凿和疏通，形成了一条外接长江、上通沮漳、下达汉水的杨水人工运河。既解决了农田夏涝春旱的矛盾，又解决了北上交通难题。工程的关键是在郢都附近，拦截沮水与漳水作大泽，泽水南通大江，东北循杨水达汉水，所经过的地方正是当时所谓云梦，约当在长江沙市一带到汉水沙洋一带。这是我国历史上第一条人工运河，史称"云梦通渠"，昭示了孙叔敖以水兴邦的雄才大略，体现了楚人非凡的创造能力。

孙叔敖开人工运河之先河，是当之无愧的人工运河之鼻祖。在楚庄王十七年（公元前597年）左右，孙叔敖又主持兴建了我国最早的蓄水灌溉工程——芍陂。

陂塘一般是在原来自然湖泽的基础上经过人工围筑而成的蓄水工程，其作用主要是蓄水灌溉，兼有防洪、排涝以及养殖等方面之利。陂塘多建于丘陵地区，主要是利用丘陵起伏的地形，在蓄区周围筑堤，形成一定蓄水量的人工湖，引水灌溉。被誉为"淮河水利之冠"的芍陂就是这样的陂塘蓄水工程。芍陂选址科学，工程布局合理，是中国历史上最著名的水利工程之一。

时光流逝，斯人远去，但孙叔敖的治水工程仍在造福人民。为了追思先贤的圣德在期思集立碑并建有楚相孙公庙。沧海桑田，孙叔敖修建的期思雩娄灌区、云梦通渠在历史的云烟中已失去了踪迹，只有安丰塘仍旧波光潋滟，滋润着广袤的大地，成为俯卧在大地上的一座无字的丰碑。

第三节　兴建引漳十二渠——西门豹

西门豹，复姓西门，名豹，生卒年不详，战国时期（公元前475—公元前221年）魏国人，我国古代著名的政治家、水利家。

邺地处于漳河出山后形成的冲积扇平原上，土地肥沃，气候温和，本是一片富饶之地，但因漳河时常泛滥成灾，农业发展受到严重影响，百姓生活苦不堪言。

漳河发源于太行山脉，自西向东流淌，与卫河汇流，折向东北，注入渤海。它源远流长，衔接东西，沟通山海。有高山阻挡，漳河水不得不蜿蜒前行，但当它冲出高山，进入邺地平原地带，水流就分散开来，沉淀的泥沙日积月累形成扇形冲积平原。泥沙富含有机物质，特别适宜农作物的生长。但这里时常受到洪水的威胁。每当洪水暴发，万壑奔腾，洪水如脱缰的野马冲出高山，向平原一带横冲直撞，摧毁房屋，吞没土地，邺地的百姓呼

第三节 兴建引漳十二渠——西门豹

号奔突，四处逃荒。

这里除了天灾外，更可怕的是人祸。当地的"三老""廷掾"等地方官吏、土豪劣绅和一些装神弄鬼的巫婆们勾结起来，趁机造谣惑众，巧立名目榨取钱财坑害百姓。他们说漳河发洪水是"河伯显灵"，只要每年选送一位漂亮的女子给河伯送去做媳妇，就能使水灾不兴，百姓平安。

每年春天，他们就开始张罗给河伯娶媳妇的事。巫婆挨家挨户地挑选漂亮姑娘。地方官吏和土豪劣绅们则忙着搜刮为河伯娶媳妇的钱物。他们每年搜刮的钱财多达数百万钱，除去给河伯娶亲所用的二三万钱外，所余皆落入他们的口袋。

天灾人祸逼得百姓无法生存，特别是那些有女儿的人家，每到给河伯娶亲的日子更是惶恐不安。于是百姓们纷纷背井离乡，去寻求生存之路。

魏文侯二十五年（公元前422年），西门豹来到邺地。眼前是一片荒凉景象，土地荒芜，人烟稀少。西门豹深入民间，询问百姓疾苦。当地长老们一致说：除了洪灾的威胁，最怕的是给河伯娶亲。年年的河伯娶亲闹得百姓一贫如洗，鸡犬不宁。西门豹究其缘由，百姓说："巫婆只要看上谁家的姑娘长得漂亮，便强行为河伯订婚聘娶"。他们为姑娘缝制新衣，并在漳河水边修建一所干净的新房，张挂起华丽的帷帐，让姑娘住在里面沐浴斋戒三日。等到给河伯娶亲那天，巫婆将挑选来的新娘梳洗打扮一番，抬放在一张铺垫新席的木床上，然后将木床和新娘放在水中，随水漂流而下。木床漂浮数十里，便连同新娘一起沉了下去。所以有女孩子的人家都怕自己的孩子被巫婆选中，纷纷逃往外地，使邺地的人家越来越少，田地也就慢慢荒芜了。

西门豹知道这是巧立名目搜括民财的勾当，他沉思半晌，想出了一个"即以其人之道还治其人之身"的妙计。他不动声色地对长老们说：等到下次给河伯娶亲的时候，请你们告知我一下，我也来给河伯送亲。

到了给河伯娶亲的日子，西门豹和当地的父老乡亲都来到河边给河伯送亲。"三老""廷掾"等地方官吏、土豪劣绅也一早赶到这里。围观的人群多达两三千人。巫婆是一个70多岁的老妇，后面站立着10多个弟子，都穿着华美的服饰。娶亲仪式开始，西门豹说："把新娘领过来让我看看。"巫婆连忙将打扮一新的新娘领到西门豹面前。西门豹看了看新娘，便说："这个新娘不漂亮，河伯一定不会满意的。麻烦巫婆去给河伯说一下，本官要亲自给河伯选一个漂亮的新娘，过两天再给河伯送去。"说罢便不由分说地命令卫士抱起巫婆，将她"扑通"一声丢下河去。只见那个巫婆在水中扑腾了几下便沉入水中。众人在河边肃立了片刻，不见河中有什么动静。西门豹又说："老巫婆怎么这么久还不见回来？派个弟子去催她一下。"话刚说完，只见卫士又抱起巫婆的一个弟子投进河中。人们在河边又等了一会儿，也不见动静。西门豹说："这个弟子怎么办事也如此磨蹭，再派个弟子去催催！"就这样一连投了三个弟子仍不见动静。于是西门豹说："看来巫婆和她的弟子都是女的，不能将事情讲清楚，还是麻烦'三老'去跟河伯说说。"于是又将"三老"投入漳河之中。周围的人看到这个情况全都吓坏了，只见西门豹神色不动，依然面向漳河水严肃恭敬地立着。又过了一会儿，西门豹又要派"廷掾"和一个豪绅去给河伯送口信。他们都早已吓得面如土色，连忙跪在地上不停地磕头求饶，头都磕破了鲜血直流。西门豹沉静地说："看来河伯要长久地留客了。你们回去吧！"邺地的官吏豪绅们惊恐万状，再也不敢提给河伯娶亲的事了。

西门豹揭穿了巫婆及乡绅用河伯娶亲诈骗百姓的勾当后，就请来治水的能工巧匠，察看邺地的地形和水情，设计规划治理漳水的水利工程。工程建在漳河出山口，即冲积扇的上端，修建12道低堰，呈梯级层层拦截流水。再在每个低堰的上游的南岸修建一条水渠。枯水时12道低堰能拦蓄水流，供给渠道足够的水量。洪水时水流从低堰滚过，经12道低堰层层拦截，水流自然变缓，保证了渠道的安全。

工程设计完毕，接着西门豹便"发民凿十二渠，引河水灌民田"。具体的做法是"二十里作十二磴，磴相去三百步，令互相灌注。一源分为十二流，皆悬水门"。就是在20里的漳河河段上，修建12道低溢流堰，每道堰的上游均开一个引水口，设闸门控制。每口开凿一条水渠，共开凿水渠12条，使邺地的农田都得到灌溉。

据历史记载和新中国成立后对工程遗址的考察，这是我国历史上最早的多首制大型引水渠系。因漳河多泥沙，泥沙淤积常使河道主流摆动迁移，多首引水可避免主流因淤塞与渠口不能对接而无法引水。多首引水也易于清淤修护。引水口均开在河流的南岸，这里地势很高，便于控制整个冲积扇灌区，形成自流灌溉。再者，这里土质坚硬，河床稳定，引水方便。每个引水口又设了闸门，可根据需要调节水量。可见整个工程的设计、施工技术达到相当高的水平。这就是历史上有名的"引漳十二渠"。

西门豹在兴修"引漳十二渠"时征集了大量的民工，加重了百姓的负担，引起了些怨言。特别是他刚正不阿，疾恶如仇，得罪了不少权贵。如开凿沟渠占用一些本地富豪官宦们的土地、房产等，西门豹兴利除弊时，又断了那些土豪劣绅的财路。他们对西门豹恨之入骨，于是乘机向魏文侯大进谗言，罗织了无数罪名，千方百计陷害西门豹。

水利工程本是"前人栽树，后人乘凉"的事，开凿渠道时要付出长期艰辛而繁重的劳动，甚至付出血的代价，又要花费大量的钱物，但它的效果要"假以时日"才能体现。魏文侯见西门豹治邺未有立竿见影之效，又听信了谗言，于是决定收缴西门豹的官印。西门豹真是百口莫辩，他为治邺终日勤勉，兴利除弊，为民除害，特别是"引漳十二渠"的修建，可谓千秋大业，没有论功行赏，反倒罢官问罪，真是天理何在？但西门豹不想为自己辩白，他相信，天长日久天下自有公论。他只是要求魏文侯再给他一年的时间，让他在邺地继续执政。魏文侯答应了他的请求。

西门豹回到邺地一年里，不再问政，闭门休养生息。不再过问百姓疾苦，富豪乡绅、官宦贵族们为非作歹，他也充耳不闻。满一年后，他去见魏文侯，没想到，却得到魏文侯的赞扬和奖赏。魏文侯将官印授予他，让他继续担任邺令。没料想，西门豹却将官印交还给魏文侯说："不为国家和人民办事的官，不如不做！"魏文侯得知了事情的原委，感到十分惭愧，也为西门豹的浩然正气所感动。他请求西门豹继续留任，西门豹答应了魏文侯的要求，继续造福于邺地的百姓。但魏文侯去世后，他儿子魏武侯继位，刚正不阿的西门豹仍然惨遭杀害，含冤而死。

西门豹虽然被杀害了，但他的事迹千百年来一直为人民传颂。司马迁在《史记》中赞颂他："故西门豹为邺令，名闻天下，泽留后世，无绝已时，几可为非贤大夫哉！"

西门豹在世时，邺地的人民就曾为他建造了祠堂，将他敬奉为神。汉代起，在漳河流域的河北临漳县和河南安阳两地先后建有八座西门豹大夫庙，并建造了投巫池。2008年，临漳县文物部门发现了距今已有1600多年的后赵石虎时期的西门豹祠的奠基石,上面字迹清晰地记录"赵建武六年(340年),岁在庚子,秋八日庚寅造西门豹祠殿"。

第四节 无坝引水都江堰——李冰

李冰是秦王派到蜀地的郡守,祖籍在楚,后来迁居陇西。他的父亲李余,曾经和秦相范雎一同拜鬼谷子为师。李冰自幼跟父亲李余学了许多天文、地理知识,公元前272年,秦王因范雎力荐,"以李冰为蜀守",时年30岁。

要知道古代蜀地非涝即旱,有"泽国""赤盆"之称。成都平原的地势是西北高,东南低,从高山连绵的松茂峡谷中汹涌而下的浩荡岷江,一到涨水季节,总是顺地势四下漫流,常常给平原生息的远古生灵带来可怕的洪涝灾难。无奈的蜀民只有祈求神灵。

都江堰水利工程修建成功之后,"泽国"和"赤盆"变成了"陆海"和"天府"。此后蜀地人民祭祀水神的活动逐渐演变为祭祀"川主"李冰的活动。

由《史记·河渠书》记载"蜀守冰凿离堆,辟沫水之害"就是指李冰开凿宝瓶口。"崖峻险阻,不可穿凿,李冰乃积薪烧之"。在尚未发明火药,不能爆破的情况下,李冰以火烧石,使岩石爆裂,终于花费8年时间在玉垒山凿出了一个山口,因形状酷似瓶口,而取名"宝瓶口",开凿玉垒山分离的石堆叫"离堆"。

劈开玉垒山,凿成宝瓶口。宝瓶口不仅是进水口,而且以其狭窄的通道形成一道自动节水的水门,对内江渠系起保护作用。宝瓶口这一岩石渠道,十分坚固,千百年来在岷江激流冲击下,都未被冲毁,有效地控制了岷江水流。清宋树森《伏龙观观涨》一诗云:"我闻蜀守凿离堆,两崖劈破势崔巍,岷江至此画南北,宝瓶倒泻数如雷。"便是对李冰凿成宝瓶口后形成的景观的真实描述。宝瓶口引水工程虽然起到了分流和灌溉作用,但因江东地势较高,江水难以流入宝瓶口。李冰父子又花费4年时间迎着岷江来水方向修筑了一道坝。这就像一条头朝前的大鱼,顺在江水当中,巧妙地将江水一分为二。坝的顶头形如鱼嘴,昂头于岷江江心,岷江流经鱼嘴,被分为内外两江。西边叫外江,仍循原流,主要用于排洪。东边沿山脚的叫内江,是人工造渠,通过宝瓶口流入成都平原,主要用于灌溉、行舟和漂运。

鱼嘴巧妙地利用地形、地势将水量按一定比例划分:"分四六,平潦旱。"春天,岷江水流量小,灌区正值春耕,需要灌溉,这时岷江主流直入内江,水量约占六成,外江约占四成;洪水季节,两者比例又自动颠倒过来,内江四成,外江六成,使灌区不受水潦灾害。

为进一步起到对岷江分洪和减灾作用,李冰父子在鱼嘴分水堤与离堆之间,修建了一条长200米的溢洪道流入外江。更为绝妙之处还在于李冰运用回旋流理论将鱼嘴和宝瓶口之间一段内江河道的堤修筑成一个凹下去的缺口,通过一片开阔地与外江相通。当洪水来临时,内江江水超过堰顶,形成环流,多余的洪水连同夹带的泥石便流入到外江,不会淤塞内江和宝瓶口水道,这就是"飞沙堰"。

从此,岷江水从松茂峡谷汹涌而出,经鱼嘴分流、排沙,经飞沙堰溢洪、再排沙后,汩汩清流从宝瓶口水道源源流出,进入到成都平原,使得四川"水旱从人,不知饥馑,时无荒年"，成为"天府之国"。

李冰任蜀守期间，打通南方的通道，疏通穿过临邛（今邛崃）的文井江，并且在今天的双流华阳设立盐井。在此之前，川盐开采处于非常原始的状态，多依赖天然咸泉、咸石。李冰创造凿井汲卤煮盐法，结束了巴蜀盐业生产的原始状况。这也是中国史籍所载最早的凿井煮盐的记录。尔后，他又修复和开通了北上的栈道。从此，蜀地与外界交通不绝。

李冰在修建都江堰工程中，创造了竹笼装石作堤堰的施工方法。当年并无水泥等先进的建筑材料，在修筑分水堰的过程中，采用江心抛石，但石料被激流冲走，筑堰失败。李冰另辟新路，让竹工编成长三丈、宽二尺的大竹笼，装满鹅卵石，然后一个一个地沉入江底，终于战胜了急流的江水，筑成了分水大堤。而且，笼石层层垒筑，既可免除堤埂断裂，又可利用卵石间空隙减少洪水的直接压力，从而降低堤堰崩溃的危险。

李冰制定了都江堰岁修制度以及岁修都江堰的"六字诀"——"深淘滩、低作堰"。"深淘滩"的深度，《华阳国志·蜀志》载：李冰"作三石人，立三水中，与江神要。水竭不至足，盛不没肩"。最早水下埋的是3个石人马，以前以涨水不过肩部，水枯时不低于人的足部为标准。现今淘滩，以看到4根卧铁为标准，这4根卧铁分别是明、清和"民国"时期以及新中国成立后的九十年代埋下的，只要看见4根卧铁就行了，淘得过深，宝瓶口进水量偏大，会造成涝灾；淘得过浅，水量不足，难以灌溉。这是见于记载最早的水则。"低作堰"是说飞沙堰堰顶不可修筑太高，从卧铁到堰顶要恰巧2.15米，以免洪水季节泄洪不畅，危害成都平原。据当地老人们说，20世纪80年代，由于农田灌溉增加，川西大坝20多个县的农民争水，并出现伤人事件。为加大灌溉用水，在岁修时将飞沙堰坝用水泥加高了80厘米，哪知夏天未至，春汛时成都北部的金堂等县就已成泽国，人们慌忙炸掉加高的水泥堰围，恢复古制，才保证了成都安全度汛。

李冰还制定了治理岷江和解决灌区输水及疏通排洪河道的具体方法，即"遇弯截角，逢正抽心"的八字格言，也可以说是一切治理疏浚河道的通则。"遇弯截角"是指岁修时遇河流弯道，在凸岸截去锐角，减缓冲势，使其顺直一些，减轻主流对河岸的冲刷。"逢正抽心"就是遇到顺直的河段或河道叉沟很多时，应当把河床中间部位淘深一些，达到主流集中的目的，使江水"安流顺轨"，避免泛流毁岸、淹毁农田。

第五节　双子星座，光耀两汉——贾让、王景

先秦时期，黄土高原的侵蚀相对较轻，上面覆盖着大片的森林，是个人迹罕至的地方。因此，黄河输沙量相对较少，洪枯水位变化也较小。在西周，支流泾河的水鸟很多；春秋时期，支流泾河的水还可以饮用，黄河和其他几条重要支流，如汾河、泾河、渭河都还可以通航。

到秦汉时期，黄河输沙量增大了，水患增多了。也是在这个时候，黄河开始姓黄，被冠以黄的姓氏。

黄河到底怎么了？原来，西汉时期的河道已是发展到晚期的平原河道。河道弯曲，河床淤浅，宣泄洪水的能力很差。

第五节 双子星座，光耀两汉——贾让、王景

哀帝初年（公元前5年—公元前6年），要求地方官向朝廷举荐治河人才。绥和二年，贾让上诏，提供了三种可供选择的治河方案，史称"治河三策"。

治河三策以"宽河行洪"为核心思想，上策主张滞洪改河，中策提出筑渠分流，下策则为缮完故堤，贾让还对此进行了对比选优和评估。

贾让在上书前，曾经深入研究治河历史，并在黄河下游东郡一带勘察。他提出，将黄河人工改道是解决黄河问题的上策。办法就是，设想在遮害亭（今河南滑县西南）挖开河堤，让黄河向北流（实际上是偏东北）入大海。由于西面有太行山及其余山脉在地形上的制约，加之东边有金堤的阻挡，黄河不会过度泛滥，不出一个月，自然会形成一个新的河道。

当然，形成一个新河道是要付出代价的。代价便是，数量巨大的移民，以及由此牵连到的社会稳定问题。具体做法是，迁出太行山至黄河北堤之间的百姓，为黄河让出行洪通道，使河水得以从容下行。不过，贾让认为与其每年花费巨资在沿河十个郡修筑河堤，不如将几年的修筑费集中起来，用于安置移民，彻底解决黄河河患的问题。

但是，迁移众多冀州人口，难以为朝廷上下所接受，代价也非常高昂。因此，贾让提出了治河的中策，就是在黄河下游多开支渠，让这些支渠兼有灌溉和分洪的作用。具体的规划则是：设想在遮害亭一带，沿着今天的京广铁路东侧向北修筑一条堤渠，引黄河入漳水河道。然后，再用石料加固黄河自淇口至遮害亭的堤防，并且在这段堤上建造若干水门。同时，在新筑的渠道东堤上也开若干水门。这样，在黄河干道和新渠之间，就组成了许多分水渠。如遇干旱，则开东面的门引水灌溉；如遇大水，则开西面的门分洪。

如此一来，既可以分洪防汛，减轻河防费用，又可以改善两岸农业生产条件，放淤灌溉，提高农业产量，同时还可以发展水运交通。

当然，修渠要花钱，造水门也要花钱。钱从哪里来？贾让算了一笔账：当时守护堤防的官兵每郡都有数千人，采购护河材料的资费每年也有几千万，假使能够采用这样的人力物力，修建渠道和水门是不在话下的，"足以通渠成水门"。又由于"民利其灌溉，相率治渠，虽劳不罢。民田适治，河堤亦成"，真可谓一举两得。

贾让认为，这种治河方法，虽然不是古代圣人所提倡的方法，但也可以"富国安民，兴利除害，支数百岁，故谓之中策"。

由此看来，治河的上策和中策都是不错的方案。

那么，被称为下策的第三策是什么呢？

所谓第三策，就是沿用既有的方法，不断地加高加固河堤。贾让认为，如不采取前两策，只是在狭窄弯曲的河道上"缮完故堤，增卑倍薄"，其后果必然是"劳费无已，数逢其害，此最下策也"。

"治河三策"是中国最早对黄河下游兴利除害的治河文献，对后世产生了重大影响。

王景，字仲通，乐浪邯人。祖先居琅琊不其，西汉初迁居到朝鲜半岛。王景从小学习周易，爱好天文和数学，熟谙工程技术，做事冷静果决。他是东汉最著名的治河专家，主持过封建时代规模最大的治河活动，使黄河安澜八百年，人称："王景治河，千载无患。"

王景受到明帝的重用，得益于他在修浚仪渠时的杰出表现。明帝召见王景，询问治水相关的问题，王景对答如流。明帝非常满意，赐给他《山海经》《河渠书》和《禹贡图》，

为他调配10万兵士,令他在夏天展开治河工作。

王景治河工程历时约1年。他为黄河选了一条新的河道。这在某种意义上,跟贾让的上策有着不谋而合之处。同时,他采用"十里立一水门"的方法,"令更相洄注,无复溃漏之患"。

开水门的目的,即是为了调节和控制黄河流势,保证正常引水。人们通常认为,这是指在济水(即汴水)与黄河相交的地方,在原来引水口(荥口)之外,令辟一个引水口(济口)。这样,济水和黄河之间便有了两个引水口和两条引水道,都设置了水门,两个水门距离十里。

今天看来,王景治河的方法,虽然对平息河患起了重大作用,但黄河安澜的最重要原因,似乎跟中游地区的生态环境发生改变更有联系。当时中游地区水土流失减少,黄河含沙量降低,这才是黄河息怒的原因所在。不然,即使王景的新河道再好,仍不免被重新淤积抬高的可能。同时,这一时期,黄河下游的人口较少,这也为其开辟新河道而减少了很多阻力。

更有人从地理学的角度提出,当时的海平面较低,黄河下游有多个湖泊也是黄河安澜的原因之一。

通航条件的改善,也被记录在史册上。同时,也有人从气候学角度出发,将黄河安澜归结在中游地区的大暴雨减少上。当时,黄河中游地区的大暴雨记录较少,大暴雨的减少,必然导致输沙量降低,从而降低了黄河水患。

从西汉到东汉,从贾让到王景,两位水利专家探索黄河的运动规律,在实战中发展自己的治河思想。他们恍若双子星座,照亮了两汉的天空。

第六节　鉴湖成就一切——马臻

绍兴,古为会稽郡。会稽一带北临沧海,南傍群山,平原多沼泽。每当山洪暴发,平原即成茫茫泽国;而干旱之时却无水用于灌溉。加之杭州湾时有怒潮上溯,农田常被海水淹渍,导致颗粒无收。在这样的水环境下,百姓贫困,生计维艰。

当年东汉会稽郡郡守马臻走马上任,正逢大雨瓢泼,山洪暴发,当地百姓的农田、房屋被大水冲毁,百姓悲号声震天。马臻为此忧心忡忡。如何治理水患,使当地百姓能够安居乐业,成了他苦苦追求的梦。

经过详细查勘,马臻提出了修建鉴湖工程的规划设计方案:把历代修筑的湖堤加高培厚,并增筑新堤,使之连成一座共长63.5千米的大堤。这条大堤以会稽郡城为中心,又分为东西两大堤段,东段起五云门至曹娥江,堤长36千米;西段起常禧门到浦阳江,堤防27.5千米。这条人工大堤拦截了会稽、山阴两县36溪之水,形成了周长155千米、宽约2.5千米的狭长形大湖,这便是号称400千米的鉴湖,又名长湖、镜湖。

鉴湖包围了原来众多的大小湖泊。由于东部地形略高于西部,马臻在湖中间又修了一条六里长的驿道作湖堤,把鉴湖分成东湖和西湖两部分。东湖87.63平方千米,西湖85.09平方千米。在堤坝上,还设有泄洪放水设施:斗门、闸、堰、涵管等,其初期数量已不可考。北魏郦道元《水经注》记有"沿湖开水门六十九所"。曾巩《鉴湖图序》及徐

第六节 鉴湖成就一切——马臻

次铎《复鉴湖议》记有"斗门八所、闸七处、堰二十八处、阴沟三十三处"。此外，尚在会稽五云门外小凌桥以东，及山阴常禧门跨湖桥以南，设有水则牌（相似于今日的水位尺）两处。

由于湖水面高出堤外农田丈余，而农田又高出杭州湾海面丈余，于是形成了三级台阶，形成自流灌溉的态势，加上斗门、闸、堰与涵管等一整套设施，就使得鉴湖发挥出了既能灌溉、又能排水的效益。天干时，打开放水设施，使湖水灌田。山洪到来时，关闭放水设施，把洪水蓄入湖中。鉴湖蓄不了时，又可打开下泄斗门，将水泄入杭州湾。

鉴湖水利工程，在当时就是一项震惊世人的大型工程，它功在当代，利及千秋，当代人必然要为此付出辛劳和牺牲。因此从筹划到施工，反对声不绝于耳。筑湖，要淹没各湖泊间的土地、房屋和坟冢等，而其中大部分土地属于当地豪强大户。于是，筑湖工程遭到豪强大户们的激烈反对。他们施展了许多阴谋诡计，企图阻止鉴湖的修筑。马臻的一些亲朋好友和忠诚幕僚，也深感此事关系重大，弄不好会引火烧身，便劝太守"重举事而乐因循"。面对众多的反对之声，有着远见卓识的马臻全然不为所动。他力排众议，义无反顾。

东汉永和五年（140年）马臻毅然动员 15 万当地民众筑堤挖湖。

施工过程中首先面对的是工程技术难题。会稽平原原为退海沼泽之地，从地表到几十米深处淤泥堆积，新筑的湖堤常常数日后便沉陷坍塌。马臻没有被眼前的困难所吓倒，他走访当地老农，寻求解决的途径，创造出了用松桩强基固本，并填塞以泥土、柴竹的办法，加强了湖堤基础的整体性和柔韧性，保证了湖堤的坚固稳定。他还总结借鉴了历代治水的经验，独具匠心地在湖堤上设置了斗门、闸、堰、涵管和水牌（水位尺），从而形成了科学的鉴湖排灌体系。

由于筑湖工程浩大，修筑中途出现了人力、财力匮乏的局面。马臻清楚，开弓没有回头箭，决不能半途而废。办法只有一个：不顾杀身之祸，动用当年的赋税和皇粮。这显然是挑战皇权的行为。他已作好了准备，以牺牲自己的生命，来换取鉴湖工程这一千秋功业。岁月荏苒，鉴湖在风风雨雨中终于修筑成功。

马臻筑湖淹没了豪门大户的田地、房屋和坟茔，遭到豪强大户们的极力反对和憎恨。修湖时由于人力、财力的匮乏，马臻私自动用了当年的赋税和皇粮，又给反对派们留下了编织罪名的把柄和口实。

几个豪强联合起来，以马臻无视朝廷，耗用国库，毁坏庐墓，淹没良田，溺死百姓罪具状控告。无奈豪强人数太少，又不敢签上真实姓名，为了制造民怨沸腾的假象，于是搬来家谱，填上 1000 多个死人的名字。

不知是"天高皇帝远"实情难察，还是连年忙于征战顾及无暇，抑或是侵犯皇权触怒龙颜，昏聩的朝廷最终将马臻判处极刑——车裂。

真可谓"事修而谤兴，德高而毁来"，千秋功臣竟成为千秋罪人。但马臻自信："俯仰无愧天地，褒贬自有春秋。"临刑时马臻不作任何辩解，大义凛然，从容就义。

"公道自在人心"，越中百姓愤愤不平，他们冒着生命危险，偷偷将遗骸运回会稽。万人哭祭，立祠祭祀，礼葬于郡城偏门外鉴湖之畔。"太守功德在，人虽远益彰"，世世代代的绍兴人心中总是高树着马臻的丰碑。

第七节 繁华盛唐的治水良吏——姜师度

姜师度，这位非常热衷于水利工程的官员，每到一地都要想方设法地兴修水利工程。据统计，自他任职以来，由他主持和新建的水利工程就有13项之多，约占唐前期（618—755年）北方所有水利工程的十分之一，为唐代水利事业的兴盛做出了巨大的贡献，可算是初唐时期兴修水利的杰出的代表人物。

从唐朝的政令法规上我们就可以看出，唐朝对水利事业的重视。当时在中央尚书省下专门设有水部，"掌天下川渎坡池之政令，以导达沟洫，堰决河渠。凡舟楫灌溉之利，咸总而举之。"还颁布了全国统一的水利法律《水部式》，将发展水利作为考核地方官吏政绩的标准。

姜师度顺应了时代潮流，在初唐浩大的兴修水利大潮中，成就了许多卓有成效的水利工程，成为了一位成绩卓著的治水良吏。姜师度（653—723年）唐代魏州魏县人。曾任县尉、县令、刺史、御史中丞、在理寺卿、司农卿、河中尹等职，最后官至将作大匠。

姜师度又任过司农卿一职，而司农卿所掌的部门的职责，几乎都涉及水利的内容。至于他"为河北道监察兼支度营田使"，则更直接承担起负责水利的工作。最后官至将作大匠，亦是负责土木工程营造的官员。

唐朝统治者对水利建设的重视，为"勤于为政，又有巧思，颇知沟洫之利"的姜师度创造了施展才华的有利环境，加之他"明于川途""知相地"，即通过实地考察，掌握所要开发的水利工程的实际情况，如河流的走向、地势等，以及对水利事业的热爱和精通，不辞辛劳的苦干精神，促进了他的水利实践，成就他在水利方面的丰功伟绩。姜师度在今天的河北、河南、山西、陕西一带任职期间，所到之处都有他主持兴建的防洪、排涝、灌溉、船运等水利工程。

神龙初年，姜师度迁任易州（今河北易县）刺史、河北道巡察兼支度营田使。蓟州渔阳一带属重要的北部边防，防御和漕运任务艰巨。姜师度上任时，他遇到的最头痛问题是北方游牧民族的不断入侵，骚扰百姓，当地人民苦不堪言。北方游牧民族奚人和契丹擅长骑射，他们的铁骑入侵往往是长驱直入，难以抵挡。姜师度在蓟北（今居庸关）一带拦截水流，涨水为沟，使之成为了一道军事设施，成功阻止了奚、契丹铁蹄的入侵。

为了解决中原至北部前线的漕运任务，姜师度重修了曹操兴建的平虏渠。东汉末年，曹操北征乌桓时，为便利军运，曾在今沧州市东北开凿过一条渠道，起自津沱，下入孤水，号为平虏渠。平虏渠因战乱和年代久远早已废弃，当时向北方运送军粮仍然绕道海上。

姜师度为避免海运漕粮的艰险，循曹操兴修的平虏渠旧道，用一年时间傍海穿凿，将年久失修的旧渠修整一新，使中原腹地至北疆前线的粮运畅通无阻，该项水利工程，后来成为大运河最北端连接海河的重要河段，直至唐朝以后，仍在发挥着良好的经济效益。

神龙三年（707年），河北威县一带洪涝灾害严重，姜师度"废渠新用"，在今河北威县附近，利用大河故渎开浚张甲河排除洪涝。这条河道在西汉时曾是屯氏河的分支，起到分排黄河洪水的作用，后黄河改道由利津入海，张甲河主要作用是排泄当地的洪涝水。此

第七节 繁华盛唐的治水良吏——姜师度

外,他还在清池县今沧州市东南开了两条渠道:一条下注毛氏河,另一条下注漳水,用来引水灌溉农田。

值得注意的是,姜师度担任河北道监督兼支度营田使之职不过四五年,在辖境各州兴修的水利工程可考的就有7处,由此可见他投身水利事业的热情和勤奋精神。

玄宗开元初年,姜师度迁任陕州刺史,在这里他改造了太原仓的运输通道。在州城西面的太原仓,是江淮粮草、物资运往长安、洛阳的水陆交通的中转点。常年有粮草、物资自仓库装车运至河边,然后转载船上。因岸边地势较高,粮车爬坡而上,又要人背粮下船十分辛苦又很费时间。于是姜师度巧妙地在坡上凿出地道,然后安装木滑槽,粮包自坡上顺滑槽一溜而下,便至水边,节省了数万计的运输经费。

开元六年(718年),姜师度年近古稀,迁任蒲州河中府河中尹。在蒲州境内有一个安邑县盛产盐,是辖区内重要的财政来源。但由于盐池地势太低,洪水来时常遭浸渍,而天旱时又干涸无水,影响盐的产出,盐池渐渐遭到废弃。

姜师度到任后调发民卒开渠引水,疏决水道,设置盐屯,"公私大收其利"。史载姜师度在陕州和蒲州的这两项工程的经济效益极其明显,颇值得称道。

姜师度主持修建的最有成效、影响最大的水利工程当数古通灵陂工程。开元七年(719年),姜师度转任同州(在今陕西大荔)刺史,在这里他完成了他一生中改水造田的最大手笔,圆了汉武帝引洛水灌溉重泉万亩荒原的美梦。

在这一地区,汉代曾开过一条引洛水的龙首渠。龙首渠是用井渠法开凿的我国历史上第一条地下河流。当年庄熊罴向汉武帝上书,建议开挖一条引洛水的渠道以灌溉重泉(今蒲城县东南)以东的土地。如果渠道修成了,就可以使1万多顷的盐碱地得以灌溉,收到亩产10石的效益。汉武帝采纳庄熊罴的建议,调遣万余人,耗时10余年,水渠才得以修成。

由于当地土质疏松,渠道易于垮塌,于是用竖井法开了一条地下河流,开创了后代隧洞竖井施工法的先河。可惜因渠壁未加衬砌,通水后不久,渠土就崩塌,加之黄河主流摆离渠口,渠口无法取水而废弃了。

姜师度重修通灵陂获得成功,他不仅引洛水,而且在黄河上作堰导水,引黄河水入渠,增加了渠道的水量,大大提高了通灵陂的灌溉能力。

通灵陂的修复在当时意义重大。据史料记载,盛唐时期,当时同样繁华的古罗马城仅有居民5万人,而长安居民已是城内100万人,城外100万人,韩愈在《论今年权停选举状》中称:"今京师之人,不啻百万。"可见长安城粮食的需求量很大,而丰饶的关中平原却无法满足长安城的粮食供应。

不想姜师度修复通灵陂后,大兴屯田,重泉(今蒲城县东南)以东的土地已不再是一片盐碱滩。当玄宗于开元八年巡视朝邑屯田区,看到的景色竟是"原田弥望,畎浍连属,由来棒棘之所,遍为杭稻之川,仓庚有京抵之饶,关辅致珠金之润"。惊喜之余,当即下诏褒奖姜师度。"师度以功特加金光禄大夫,赐帛三百匹",同时下令把一部分官屯熟田还给逃亡复归的原主或分给贫穷的欠地之户。可见,姜师度修复通灵陂以及利用该项水利兴置屯田,不但大大增加了唐朝京城的仓储,而且对维护已遭严重破坏的均田制有所裨益,直接造福于当时当地的农民。

此外，姜师度还在长安城中修渠开河，使得长安城中绿水绕朝堂坊市，舟楫往来不绝。他还在华州华阴郡华阴西部开凿排水渠——敷水渠，有效阻止了水害。后来又在郑县疏导了两条旧渠——利俗渠和罗文渠，支分溉田，既可排涝，又用于灌田。这三条水渠的开凿与修整，使关中农田水利系统向渭南地区扩展，在古代关中农田水利开发史上具有积极的意义。

第八节 古代科技巨星——郭守敬

郭守敬，河北邢台人，出生于元代初期。由于多年的战乱，特别是北方金人与蒙古人之间连年不断的战争与野蛮的掠夺，以及后来元朝与南宋政权之间多年的征战，使得农业遭到极大的破坏，百业凋敝，民不聊生。

郭守敬自幼在祖父郭荣的教诲下成长。郭荣精通五经，熟知天文、算学、尤其擅长水利。郭守敬在祖父的严格教育下，小小年纪就显露出了罕有的科学才能和动手能力。他十五六岁就能根据一幅"莲花漏"图，制作出北宋科学家燕肃创制的漏壶——一种结构较复杂、原理较深奥的计时工具——莲花漏。20岁时经过察勘和计算，他在邢台附近，准确判断出一座被冲毁并掩埋在河中多年的石桥桥基的方位，为家乡人们重新修桥立下了奇功。

郭守敬一生在水利方面成就卓著。他的大半生都献身于水利工程的建设，他的足迹踏遍了大半个中国，先后治理了大小河流上百条。

1262年春，在他的老师张文谦的推举下，31岁的郭守敬第一次觐见了元世祖忽必烈，便力陈其水利建设的六项大计。他以高远的目光，预见到元朝定都大都后，面临的最大问题是如何开发和利用大都的水资源，因此在六条大计中第一条便是开通通州至大都的漕运河道。

他的建议得到了元世祖的大力赞扬，当下就任命他为提举诸路河渠，掌管各地河渠的整修和管理等工作，下一年又升他为银符副河渠使。

他面临的第一个大的水利工程是治理宁夏一带的黄河灌渠。

1264年，郭守敬以河渠副使身份，随同西夏中兴等路行省（今宁夏、甘肃、青海一带）长官张文谦巡视宁夏，负责修浚因长期战乱被破坏淤塞的渠道。

当时，宁夏两条最长的干渠——汉延渠、唐徕渠均都淤废，不能发挥原有的灌溉作用。郭守敬实地考察地形水情之后，结合实际提出了"固旧图新"的办法，疏浚了旧渠道，开挖了新渠道，建立了水闸，筑起了水坝。不到两年时间，宁夏引黄灌区灌溉农业重现生机。原来四处逃荒的农民又纷纷返回家园，开荒种地，大兴农桑，塞上江南的面貌重现在黄河两岸。宁夏的老百姓以最高礼仪——为他建立祠堂，来纪念他的功绩。今天，宁夏唐徕公园还立有郭守敬塑像一尊，以纪念他不可磨灭的功绩。

从隋唐至宋，大运河都是以洛阳为中心的一条南北运输线，到金元建都大都（北京）后，南北大运河已无法满足时代的需要。元大都，从统治半个中国的金朝的都城中都，一跃成为元朝政治、经济的中心，对于水资源的需求更显重要。

作为都城，要满足日益增长的人口日常用水、宫廷林园浇灌的需要，更要完成每年从南方往都城调运几百万石粮食的任务。

但元朝初期，南方几百万石粮食和大量物资的运输，主要依靠隋朝开凿的南北大运河和华北的几条河流。老的大运河从洛阳至杭州走了一条"弓形"，且最北端只达通州，从通州至元大都还要依靠陆地运输。

为了缩短从元大都至杭州要绕道洛阳的航运路线，元世祖先下令开凿临清至济州之间的运河。工程分两期进行：先开济州河，再开会通河。济州河南起济州（今济宁市）南的鲁桥镇，北至须城（今东平县）的安山，长75千米。会通河南起安山，接济州河，凿渠向北，经聊城，到临清接卫河，长125千米。这两段运河开凿成功后，南方来的粮船可经此段运河到达通州。

但从通州至元大都的运输，仍要靠车拉马驮，费时费力，且耗费巨大。每至雨天道路泥泞，山陡路滑，车马倒毙，役夫苦不堪言。解决通州至元大都的漕运，是关系到国计民生的大事，是从金朝到元代的统治者最纠结的问题。

金朝大定年间，曾开凿过一条京都至通州的运河：自浑河（今永定河）引水东下，过京都向东，注入通州城东的白河。由于永定河水泥沙过多，常常淤积，洪水来时，河水泛滥成灾。一次发大水，几乎将京城淹没，于是当局不得不将其上游堵塞。漕运的问题便以失败告终。

至元朝后，漕运的问题几经波折，最终还是在郭守敬手中得到解决。

郭守敬先是引元大都附近玉泉山的清泉，利用金朝时旧运河的河道，引水至通州。可惜一条泉水的水量有限，难以承载巨大的漕运量。

接着郭守敬又改用水量充沛的浑河的水流。为了解决泥沙问题，他在上游修了分水闸，遇到洪水时，可将一部分洪水从分水河分出，以减少运河下游的水量，避免了河水的泛滥。

但因上下游水流的落差太大，要控制水流的流速，必须修筑闸门。而河流的泥沙过多容易将闸门淤死。最终运河修成以后，因无闸门控制水流，运河的流速过大，漕运的船只难以航行，漕运又一次宣告失败。

如何将泥沙、水量、河道的坡度，这三个问题必须统筹考虑，妥善解决，成了困扰郭守敬的最大问题。

郭守敬又一次踏勘元大都周围山区的泉流和水道。经过其认真勘察和精密测量，发现大都城西北30千米外的神山（今凤凰山）下有一眼白浮泉，水量充沛，而且海拔当年高于大都城10米，离都城的直线距离仅为30多千米。问题是引水直线向东，要经过沙河和清河的两大河谷，而两河谷的地势均低于大都。

郭守敬大胆决策，先将白浮泉水背离大都方向引向西行，沿着西山山麓开渠转向东南，绕开两个河谷，沿平级的山坡一路汇集西山上流下的众多泉水，导入瓮山泊（昆明湖的前身）。虽说运河增加了里程，却增加了水量，又减缓了河道的坡度，而沿途接壤的清泉含泥沙少，又避免了泥沙淤积，便于修筑闸门，利于漕运船只航行。

元世祖对郭守敬的新方案极为重视，命郭守敬兼职领导，并且调动几万军民，在至元二十九年（1292年）春天动工。这条从神山到通州高丽庄，全长80多千米的运河，连同全部闸坝工程在内，只用了一年半的时间，到1293年秋天就全部完工了。

当时南方来的船舶，可以一直驶进大都城中的积水潭（包括现今的什刹海、后海一带）。史载，当年元世祖忽必烈从上都归来，"过积水潭，见触舻蔽水，大悦"，于是命名这条河为通惠河。

通惠河是南北大运河最北端的一段，自通惠河开凿成功后，新的南北大运河全线开通。新的大运河全长 1700 多千米，它由隋朝的"弓形"，改为南北纵向的"直弦"，航程缩短了 900 多千米。大运河将海河、黄河、淮河、长江、钱塘江五大水系连接起来，密切了元大都与最富庶的江南的联系，促进了元朝经济的发展。

南北大运河自元代起使用，至明、清均得到维护，并一直沿用至 20 世纪初叶。

第九节　明代河工第一人——潘季驯

潘季驯（1521—1595 年），浙江湖州人。从明世宗嘉靖四十四年（1565 年）至神宗万历二十年（1592 年）的 27 年间，他 4 次出任总理河道（官名，明代主持治河的最高官员），负责黄河、淮河和运河的治理。他总结了我国 2000 多年来的治河理论，开拓明清治河的新途径，是我国古代最杰出的水利专家之一。

明王朝自永乐年间（1403—1424 年）迁都北京后，首先完成了南北大运河中的瓶颈河段——会通河的治理，使得大运河成为了赖以维持其统治的南北交通大动脉。但是黄河与大运河成丁字形交汇，而黄河下游主流迁徙不定，并常常泛滥成灾，黄沙淤塞运河河道，引起漕运中断。

嘉靖四十四年（1565 年）七月，当黄河再次在沛县决口，纵横数百里一片汪洋，大运河也被泥沙淤塞了 100 余千米。朝廷一片惊惶。于是朝廷于当年十一月，任命一向勤政有为、政绩显著的潘季驯为总理河道，协助工部尚书兼总理河漕朱衡开展工作。

潘季驯首次的沿河踏勘，看到黄河在邳县决口，谷城、留城、境山一带河渠均被泥沙淤塞，面对满目黄沙，他竟"惶惧无措"。以往为治水采取的多次分水，使河水流速减慢，泥沙壅积，造成黄河漫流，灾情加重。潘季驯感到，治河的关键在于治沙，开河分水是一种消极的治河方法，只会使淤塞更加严重。要从根本上解决黄河的灾难必须筑长堤，复故道，聚集水量，排沙冲淤。

他提出了"开导上源，疏浚下流"的治黄方案，坚决反对分流、改道的意见。希望经过"开上浚下"，结束黄河漫流的现状，实现"水归一槽"的目标。由于"开导上源"花费太大，朝廷只同意"疏浚下流"。后又在潘季驯的力争下，同意修复部分旧河。朱衡和潘季驯两人带领 9 万多劳工，开始投入到紧张的施工之中。很快便开出新河 70 千米，修筑大堤 99 千米，石堤 15 千米。

不想在施工即将结束之时，一场洪水不期而至，将新修的大堤冲决。一些持不同治河主张的人趁机诋毁朱衡，要求弹劾朱衡。潘季驯虽然在治河主张上与朱衡不尽相同。朱以治漕为先，潘以治河为急。潘季驯认为运河的根本问题还是黄河的问题。黄河迁徙不定，使运河水患不绝。在关键时刻，潘季驯不计前嫌，上疏朝廷为朱衡据理力争，并又加紧督导堵住决口，治河工程终于大功告成。朝廷立即嘉奖了两位功臣，并晋升潘季驯为右副都御史。不久潘季驯母亲去世，他丁忧回籍。

第九节 明代河工第一人——潘季驯

隆庆三年（1569年）七月，黄河自沛县决口，九月淮河又决口。黄淮并溢，洪水横流。朝廷惊慌失措，再次任命潘季驯为总理河道兼提督军务。

第一次治河未能完全实现黄河"复故道、归一槽"的想法，当机会再一次来临时，潘季驯决心将自己的治河思想付诸实施。当时"加堤修岸"与"分水杀势"的争论十分激烈。不少人认为修复黄河故道困难太大，不如开新河使黄河分流以杀其势。但潘季驯认为，"水分则势缓，势缓则沙停，沙停则河塞""支河一开，正河必夺"。不解决河复故道的问题，新开河道再多也无济于事。他一针见血地指出："夫避难趋易，争一时之便而略其害非长策也。"

他一次又一次地沿河踏勘，见黄河泥沙不断地淤塞徐邳河段，淤塞清口，淤塞淮扬运河，淤塞海口……潘季驯深深感到不能把黄河问题同一般清水河流等同起来，也不能完全采用适于清水河流的方法来治黄。他说"黄流最浊，以斗计之，沙居其六。若至伏秋，则水居其二矣。以二升之水，载八升之沙，非极汛溜，必致停滞。"这就是黄河的特性。

但如何将黄河故道里淤积的黄沙清完，如用人力浚挖河槽，事绝难成。在治河的实践中他看到，水流入狭窄的河道时，水势猛涨，流速加快，强大的水流将淤沙迅速带走，河道变深。他说"水之力大，则沙随水走，水之力微，则水走沙积"。这时一个大胆的想法油然而生：要使河道不淤，可以借河水自然之力，因黄河本来具有如此能力，只需驾驭有法，必可达此目的。

他提出"必须预筑坚固长堤，水无处泄漏，则沙随水走，无复停蓄壅遏之患"。而束水堤坝相距较近，水流的横断面较小，洪水来时容易漫堤，而欲图长远之利必须"筑近堤以束河流，筑遥堤以防溃决"。于是"筑近堤以束河流，筑遥堤以防溃决"的思想在其脑中形成，并成为其半生治水方略的核心，也是其后300年人类治理黄河的圭臬。

"筑近堤以束河流，筑遥堤以防溃决"，这就如同300年后西方著名水利专家给清政府提出的"双重堤制"：逼近河水在两岸修筑缕堤，缩小过水断面，加大流速以水攻沙，直刷河底；远离缕堤一二里，再各筑一道遥堤，待伏秋涨水可拦洪防溃。双重堤制可谓给黄河上了双保险。

只可惜在潘季驯的第二次治水中，由于财力有限，加之"分流说"流派的反对掣肘等，遥堤未能修筑。但潘季驯亲督5万民工堵塞了11处决口，在徐州至邳州西岸修筑了缕堤3万余丈，疏浚了匙头湾以下淤河，并修复了旧堤。束水攻沙成效大显，河道深广如前，漕运畅通。

这次治河工程大功告成，理应受到嘉奖。不料，潘季驯在治河中坚决反对一切消极的治河主张，得罪了一些权贵。正逢运河大水，漕运船只因超载翻船，漕粮漂没，这本属于漕督大臣的责任，与潘无干，但他们罗织罪名诬告潘季驯，潘被落职回乡。

时光匆匆，不觉之间五年光阴已经过去。在家中闲居的潘季驯依旧念念不忘治河，经过多年的思索，他更坚定了筑堤束水的决心。这时，他突然又一次接到朝廷下达治河的命令。

原来是黄淮又遭严重水灾。万历初，黄河决崔镇而北，淮河决高堰而东。黄河南北两岸共决口130多个，其中崔镇决口宽达0.6千米，河水越过归仁集，直冲泗州的明祖陵。黄、淮、运交汇处的清口一片淤沙，清口以下的黄河入海尾闾也被严重淤塞。朝廷无计可施,在宰相张居正的力荐下,朝廷于万历六年(1578年)第三次起用潘季驯。

潘季驯难忘在二次治水时因众议纷纭,谤声汹涌,治河工程受到的严重影响,以及他自己受到的诬告。但他相信,清者自清,浊者自浊。他自己的事轻,而治河的事重。要坚持"修复故道""水归一槽"的治水方略,实现运河畅通、黄河安澜的宏图大业,必须排除各种不切合实际的治水主张的干扰和掣肘。

他上疏朝廷,说明治河工程之艰难,特别是劳师动众,少不了怨懑,最易涣散军心。他要求朝廷给予他治水大权,便于他独立处置治水要务。他也立下了军令状:以三年为限,若治水不奏效,甘受军法处置。神宗皇帝准许了他的请求,并亲自任命他为都察院右都御史兼工部侍郎、总理河漕兼提督军务。

他一上任,便深入治水一线"相度地形"。他认为黄河运河相通,治理了黄河也就保护了运河,黄河、淮河相汇,治淮也就是治黄,既不能离开治黄谈保运,也不能抛开治淮谈治黄,必须将三者结合起来综合治理。

因运河常被黄河泥沙淤塞,要治理运河,必须先治理黄河。他首先在黄河两岸实施"束水攻沙"方略,大筑堤坝,形成堤防系统和河工建筑群。

堤防系统是由遥堤、缕堤、格堤、月堤等组成。遥堤拦洪防溃,是堤防中的骨干;缕堤束水攻沙,直接与水沙搏斗;遥堤和缕堤之间是一个滞洪区,可以滞蓄一定的洪水;格堤横隔在遥缕二堤之间,既可保护遥堤堤根不受冲刷,又可以截留洪水挟带的大量泥沙,淤高滩地,巩固堤防。

河工建筑群,是在黄河堤坝上修筑了滚水坝、减水闸、涵洞等各种形式的水工建筑,一般洪水,可以通过减水闸分泄一部分;如果遇到大洪水,则可以通过滚水坝泄洪;洪水消退以后,遥缕二堤之间低洼处的积水还可以由涵洞排走。

在他任职的两年间,共筑土堤336.6千米,石堤11千米。其中黄河北岸自徐州至清河城和南岸自徐州至宿迁城的遥堤分别为61.82千米和94千米,并在遥堤上修筑了闸门和减水坝20多座。为了防止黄河向南侵入淮河,又修归仁大堤25千米。在清江浦等处修筑旧堤和新堤。堵塞决口139处。

当大筑黄河两岸遥堤缕堤、挽河归槽之后,运河畅通。潘季驯又将目光转向淮河。望着清澈的淮河水,另一个大胆的计划在他心中产生——大筑高家堰,蓄淮刷黄。

潘季驯的这个主张让不少人吓破了胆。他们认为两河归并,水力更猛,更易造成河堤决口,造成更大的灾难,于是坚决反对。

但潘季驯成竹在胸:一是借淮水之"势"来冲沙,水合则势猛;二是借淮水之"清"以释浑,水清则沙刷。潘季驯由于大权在握心无旁骛,立即组织人力大筑高家堰,将淮水拦在洪泽湖内,并充分利用堤内万家湖、泥墩湖、富陵湖等洼地,使它们连成一片,极大地扩充了洪泽湖的蓄水容积。这不仅完成了"蓄淮刷黄"的任务,而且使洪泽湖成为淮河的调洪水库,可以大大减少淮河洪水对下游淮扬地区的威胁。

此次大治理之后,出现了"两河归正,沙刷水深,海口大辟,田庐尽复,游移归业","漕运畅道"多年未遇的大好局面。万历八年(1580年)潘季治河有功,升任南京兵部尚书,后改任刑部尚书。

万历八年(1580年)十二月,张居正病卒后,其家被抄,其80多岁的老母生活无着。

潘季驯虽然在张居正当权之时，在开泇河上与张意见相左。但他认为张居正十年改革成效卓著，不应落得如此下场，他仗义执言为其母求情，却被以"党庇居正"罪而落职为民。

潘季驯第四次治河，已是他上次成功治河之后第八个年头了。

潘季驯离去之后，堤防松懈，河工废弛，堤坝因"车马之蹂躏，风雨之剥蚀"，大部分已"高者日卑，厚者日薄"。于是河患又不断发生。朝廷责令安抚使臣和地方官吏分区治理，但均无成效。神宗皇帝不得不第四次请潘季驯"出山"。

万历十六年（1588年），潘季驯以67岁高龄出任总理河槽。他深知千辛万苦修筑的堤坝及其他河工建筑，不可放松修守。他说"向来河堤之决，人皆归罪于河之猖獗"，而实际上"河势自无不猖獗者。譬之狂酋悍虏，环城而攻，唯在守城者加之意耳。"他说："治河有定义而河防无止工。"

他花大力气组织和完善堤防修守和管理制度：如铺夫制度、堤防每岁加固制度、四防二守制度、岁办待料制度、防汛报警制度、闸坝启闭制度以及工程修筑质量管理制度等，对堤防的岁修守护，特别是防洪度汛作出了明确规定。对筑堤、塞决、建闸坝、修涵洞、疏浚、扩堤等河工技术也总结了一套行之有效的管理办法。

潘季驯在治河实践中发现，在遥堤和缕堤之间修筑的格堤还有淤高滩地的妙处：当伏秋洪水退后，挡在格堤中的水仍流回到河槽，淤沙却留在格堤内，加厚了缕堤，又淤肥了滩地。这给潘季驯以极大启示：过去只想把泥沙冲走，现在才知道泥沙还可以留下来。

留在河槽中有害，留在滩地上却有利。于是又提出了利用黄河本身的冲淤规律实行游滩固堤的措施。

他在职期间，对旧有的78.1千米堤防闸坝进行了整修加固。在黄河两岸修筑堤坝114.5千米，新建堰闸24座，土石月堤护坝51处，堵塞决口和疏浚淤河990千米，使黄、淮、运河保持了多年的稳定，实现了运河畅通，黄河安澜的宏伟目标。

回眸史鉴，瞩目来今，潘其驯的形象在历史的烟云中卓然而出，熠熠生辉。"地维赖其立，天柱赖其尊"，中华民族历经苦难而得以生存，得益于有无数像潘季驯这样的人。他们是中华民族的脊梁，是民族精神的楷模。

第十节 水利大家，治水名臣——林则徐

林则徐出生在清末，当时社会矛盾重重，加之西方列强和日本侵略者的侵扰，清朝政权处于风雨飘摇之中。林则徐出身贫寒，对底层百姓的疾苦感同身受，对贪官污吏深恶痛绝。在京为官时期，他矢志做一个济世匡时的正直官吏。

为了挽救衰落的经济，发展农业，他特别重视水利设施的兴修，在《娄水征文序》中，他说："水利之兴废，农田系焉，人文亦系焉。"这说明林则徐不仅认识到水利是农业的命脉，而且洞察到水利能左右社会文化的兴衰。

国计民生过度依赖漕运，带来诸多弊病。他在京师为官七年中，广泛搜集元、明以来几十位专家关于兴修畿辅水利的奏疏、著述，写就了《北直水利书》。书中明确指出"直隶水性宜稻，有水皆可成田""农为天下本务，稻又为农家之本务"。认为只有发展华北水利，提倡种稻，就地解决漕粮，才能合理解决南粮北运及由此产生的漕运积弊问题。弊端

不除，江河何以安澜。

治理河道是关乎社会稳定，国家安全的大事，每年朝廷要拨大量的银两用于治理水患。由于河防官吏贪腐严重，河道得不到有效的治理，水患不断。

嘉庆二十五年（1820年）二月，林则徐受命江南道监察御史，巡视州县，考察官吏。林则徐在署衙倾听到下属禀报：有官员在治河过程中徇私舞弊、偷工减料，大搞垛料投机。他不禁拍案而起："似这种积习不改，弊端不除，江河何以安澜？民众何以养息？必先周其弊，乃可严立其防，方可奏效"。当晚便带领随员直奔仪封（今河南兰考东）黄河工段，巡检工事。

在仪封黄河工段上，林则徐逐一查巡险工，询问工地上的河员、堡夫、民工，了解河工秸料的购买、使用、验秤、运输、堆垛等详细过程。他发现一些收购的秸料质量以次充好，重量大小不一，料垛保管不善，堆放松散，严厉斥责官员、堡夫，并限期解决。

在工地上他还发现有些人大搞垛料投机，哄抬料价，致使民工停工待料。他即奏准朝廷交料物按平价购买，杜绝中间盘剥。他整治贪官，河南巡抚琦善由此被朝廷褫职议处。

一时间，工地上下，料垛为之一新。仪封险工也迅速得以修复。大小官员，无不称颂林则徐督察认真，政纪严明。连皇帝也赞扬他："向来河工查验料垛，从未有如此认真者。"

同年八月，林则徐调任杭嘉湖兵备道。到任不久，就勘查了保障滨海良田的海塘工程。当他发现"旧塘于十八层中，每有薄脆者掺杂"，病险程度严重，因资金一时难以解决，他立刻主动捐出自己的廉银充作修塘经费，委任海盐（今属浙江）知县加固这些病险工程。他还特别强调"新塘采石，必择坚厚"。经过整修之后，新塘"较旧塘增高二尺许"，且在"旧制五纵五横之外加添桩石"，极为坚牢。后经部议作为筑塘成式。

道光三年（1823年）五月，江苏遭受罕见水灾，江河横溢，三十余州县一片汪洋。灾民饥寒交迫，无路可走，只得冲进官府要求赈灾放粮。林则徐时任江苏按察使，正深入灾区，察看灾情。巡抚韩文绮等官员主张派兵镇压灾民暴乱，林则徐却极力反对。他采取了"禁屯积，广劝募，招商贾，赈饥者"等措施，并亲自微服到施粥队伍中去排队受粥，清查并严惩个别施粥官员贪污克扣赈粮的行为，安抚了灾民，平息了动乱，被灾民誉为"林青天"。

林则徐经过考察指出，江苏的水灾，主要是太湖出水道的吴淞江、黄浦江、娄江（又名浏河）及白茆河久淤不畅所致，要保证今后不再成灾，必须赶在冬春季节修浚三江一河，"水道多一分疏通，即田畴多一分之利赖"。他把自己的意见上奏朝廷，很快得到了批准。

但疏浚河道所需钱粮甚多，一时不能凑齐。无奈之下，林则徐便去拜访巡抚韩文绮，商借江宁、江苏两藩库银十五万两。为了使工程能早日开工，林则徐甘冒风险，亲自写下借据，并情愿辞去布政使，去从事艰苦的水利工程。

经费筹齐之后，三江一河同时兴工。由于他克己为民、敢于负责，感动了督抚官员们和百姓。几个水利老官也不顾年迈体弱，日夜跟随林则徐奔忙于工地上，勤于职守。数百里河段内人流如潮，万众争奋，疏浚工程如期完成。

是年九月，正在验收工程时，林则徐母亲病逝，他只好回乡守制。

第十节 水利大家，治水名臣——林则徐

守制的第二年岁末，地处黄、淮、运交汇处高家堰十三堡和山盱六堡发生溃决，十余州县悉被水淹。"黄强淮弱，漕艘稽阻"，直到次年三月，漕运依旧不通。朝廷为之震惊。道光帝降特旨起复守制中的林则徐，"夺情"赶赴河南督修堤工。

林则徐接旨后，日夜兼程赶到高家堰，投入抢险。林则徐身穿孝服，不加顶戴，赤脚奔走于泥泞工地，督修险工，工地上的人们谁也看不出他是个三品大臣。工程历时近半年即告竣工。高家堰堵决完成了，而林则徐却因劳累过度而病倒了，不得不回乡继续守制并养病。

道光七年（1827年），林则徐复任江宁布政使。这年冬其父病逝，丁忧三年。丁忧期间，林则徐仍念念不忘水利，帮助家乡整修了小西湖。

福州的小西湖凿成于西晋，湖面宽20千米，可蓄水灌田达数千顷。后来由于沿湖豪富大肆围湖造田，不断蚕食湖面，致使湖面仅留七里之宽。林则徐不忍心"纵豪右之兼并，而致良农之坐困"说服官吏和乡亲自筹经费修复。

林则徐带领民众经过十一个月苦战，挖取土1.5万余方，使湖水深达2至7尺，沿湖砌石岸4千米，并在湖岸种植梅树千株。小西湖又恢复了昔日的风貌，湖水灌溉周边农田达三千多顷。不但恢复了闽都濒于湮塞的水利工程，而且建成了著名的风景旅游区，百姓交口称赞。

道光十一年（1831年）六月到次年七月，林则徐先后任湖北、河南、江宁布政使。他锐意整顿财政，兴修水利，救灾办赈，"一时贤名满天下"。史载他"一岁之中，周历三省，所至贪吏望风解绶。疆臣重其才，皆折节倾心下之"。

当年十月，由于林则徐政绩卓著，治水有方，擢升为东河河道总督，专管河南、山东的黄河、运河河务。

为了治理黄河，十一月间，林则徐不顾天寒地冻，奔走于闸河上下，对河势工情反复查勘，历时月余。对备用的几千个治水秸料进行检查，还将沿河地势、水流情况绘图张挂，便于了解和治理。面对关系到河道民生重大问题，他"破除情面""力振因循"，以求"整除窳节，工固澜安。"他在滕县发现运河清淤开工已迟，当即严令该汛员弁，"加倍添夫赶挑，以速补迟"，确保不误工期。并告诫下属："所有挑夫，自即日起，均按日计工，以取实效；不力者，一律扣而不发。"林则徐对工程质量要求极严。在巨（野）嘉（祥）工地，他发现挑挖的河道稍偏于东岸之处，"虽量明丈尺不差，并非弊窦，但不居中挑挖，侧注一边，则靠西浅处诚恐日久积淤，河身遂窄"，影响通航。林则徐对负责该工程的主簿徐恂严加训斥，并当场摘掉他的顶戴，限令他限期改正以戴罪立功。

在堵口筑堤中林则徐还大力推广抛石新技术。清代河工向以秸料为主，而秸料容易腐烂，需年年拆旧换新，耗资巨大。康熙时试用在埽前抛碎石护根，效果都不错，但未普遍推开。林则徐善于吸收新技术，在他接任河督后亲自试验，并向河工查对抛石后的实效，从而得出了"碎石之于河工有益"的结论。于是他奏明朝廷，大力推广。这是晚清河防工程的一大进步。

道光十七年（1837年）正月，林则徐升湖广总督。面对湖北境内每到夏季大河常泛滥成灾，林则徐采取有力措施，提出"修防兼重"，使"江汉数千里长堤，安澜普庆，并支河里堤，亦无一处漫口"，对保障江汉沿岸百姓的生命财产，做出了不可磨灭的贡献。

林公任湖广总督不久，湖北监利县两年内共收堤工费6万串，但薪饭开支竟达1万余串，虚耗假报激起公愤，导致聚众毁局。为了平息众怒，林公大力整顿堤工总局，规定出"局不许多设，人不许多充，用不许多开，费不许多派……"的原则，既减轻了人民的负担，又有利于堤工建设，终于使长江和襄河（即今之汉水）在他上任后次年安澜度汛。

在鸦片战争中，林则徐明明抗英有功，却遭投降派的诬害，被扣上"办理不善"的罪名革职降级，充军新疆伊犁。道光二十一年（1841年）五月，他怀着满腔悲愤，踏上了谪戍边陲的万里行程。

这年六月，黄河于祥符（今河南开封）三十一堡发生溃决。由于河官和地方大员抢修不力，堵口无方，致使省城遭滔滔黄流围困。不久豫、皖五府一十三州县也沦为泽国，只见哀鸿遍野，饿殍满地，朝廷上下为之震动。皇帝赶派大学士王鼎亲往河南总理河务。而王鼎深知任务重大，非得力官员相助不能完成此任，他竭力推荐林则徐。皇帝遂下特令"林则徐折回东河，效力赎罪"。

林则徐于八月赶到祥符工地，随即深入决口河段查看险情，提出具体堵口方案，王鼎按照林则徐的方案，急令所有官员抓紧时间堵口。一方面组织灾民筹备秸料、石料，另一方面调集人力进占口门，动工兴筑正坝、上边坝和下边坝三道挑水坝，并开挖引河。

当时林则徐只是一个戴罪之臣，无一官半职，但他不计个人得失，以匡世济民为己任，呕心沥血日夜奔波在工地上，督促进度，监督质量。由于过度劳累，几次鼻疾复发，血流不止，又患腹泻，却始终坚持在堵口第一线。

次年二月五日，堵口合拢前夕，王鼎举办庆功宴，恭请林则徐首座。王鼎表示，一定将林则徐的这一功绩如实上奏皇帝，请留林则徐继续在河工任职。

七日上午，原宽1千米的口门全部合拢，河水由引河回归故道，工地之上一片欢腾。但皇上传下圣旨："林则徐于合拢后，著仍往伊犁。"王鼎听旨后，泪如泉涌。所有官员以及众河工十分不解，又愤愤不平。而林则徐反而心怀坦荡，神色自若。他以"塞马未堪论得失，相公切莫涕滂沱""公身幸保千钧重，宝剑还期赐尚方"的诗句，告慰大家，便从容揖别上路了。

林则徐一行昼行夜宿，出阳关，涉黄河，穿戈壁沙漠，越天山冰原，于道光二十二年（1842年）十一月初抵达伊犁。伊犁驻军将领布彦泰分派林则徐掌管粮饷处事，从而开始了他的谪戍生活。

林则徐不顾长途劳累，年老体弱，第三天一早，便出去巡查。他没料到眼前的边陲伊犁，竟然是沃土千里，牛羊遍野。由于有大山阻挡了北方的寒风，这里气候温和，适合农业生产。他兴奋异常，当晚就给布彦泰写了一封信，提出兴修水利、开发屯田的主张。布彦泰见信后十分赞赏，急奏朝廷批准，下旨林则徐即日起辅佐喀喇沙大臣全面督办屯田事务。

林则徐从修渠引水入手，开凿了长120千米的伊犁河渠。当时伊犁的财力困难，对阿齐乌苏渠（后称"湟渠"）采取了捐资分段承修的办法，林则徐主动捐资承修了整个渠工最艰巨的龙口工程。他当众声明，此举并非是"希冀乞恩"，"既然在此效力，不敢置身事外，虽是一名罪臣，也要随众捐献工程"。

林则徐亲自出马，"查龙口地势，高二三丈至八九丈不等，水傍坡流，须刨挖石坎北岸系碎石陡坡；南岸坐在河流之中，必须建坝筑堤，钉桩抛石，方免冲刷之虞。应修要工渠宽三丈至七八丈不等，深五六尺至丈余不等，长六里有奇"。

"湟渠"于1844年6月兴工，历时4个月完竣。"湟渠"的开挖，使得伊犁城东的大片荒地得到开垦，当年即获得大丰收，百姓感激不尽。"湟渠"流水淙淙，流淌至今，伊犁人民吃水不忘开渠人，他们今日仍习惯将"湟渠"称为"林公渠"。

道光二十四年（1844年）十一月，冰天雪地之中，林则徐带着两个儿子从伊犁上路奔赴南疆开拓屯田的工作。他们历时一年，往返1.5万余千米，"周历南八城，浚水源，辟沟渠""凡垦田4.6万公顷"，创造出惊人的奇迹。

在伊拉里克（今托克逊西北），他协助少数民族大修沟渠，使高山雪水穿过沙漠，灌溉农田。为加强管理，还按渠系把耕地划分为人、寿、年、丰四区，并按地形进行编号，每号各设正户长一人，副户长二人，乡约四人，"择诚实农民充当承领。凡该号内钱粮水利等事，责成经理"。又制订《经久章程》四条，对协调农牧民关系以及维修出工等项都作了规定。

在吐鲁番盆地，林公初见坎儿井，看到坎儿井将高山融化的雪水穿行于地下引入盆地，避开了戈壁沙滩上烈日的蒸发，他为其奇妙的设计而惊异不已，视此为"不可思议之事"。林则徐高度评价坎儿井的效益。他说："此处田土膏腴，岁产木棉无算，皆卡井（即坎儿井）水利为之也。"于是在当地大力推广，一下子新修了六十多道，为历史上的两倍，使许多"溉田久荒"的土地变成沃壤。

为感念林则徐这一功绩，群众把坎儿井改称为"林公井"，赞誉他是"吾乡之伟大人物哉"，树立碑刻，世代传颂。

第十一节　近代水利事业奠基人——李仪祉

李仪祉（1882—1938年），陕西蒲城人。他出身于书香门第，父亲李桐轩为关中名儒，伯父李仲特为数学家，曾任川汉铁路工程师。

他生长的年代正是清朝末年，清朝政府昏庸腐败，帝国主义列强乘机入侵，人民遭受多重压迫，饱受苦难。此时国内资产阶级民主革命风起云涌，他的父亲和伯父都是同盟会的重要成员，为辛亥革命做出过贡献。他自幼受父辈民主革命思想的熏陶，学习和接受近代科学知识，特别是两次留学德国学习西方先进的科学技术，奠定了他忧国忧民、科学救国的思想基础。

他与哥哥李约祉同于北京京师大学堂学习期间加入同盟会，并参加了反清反帝革命运动。1905年，他上书清廷痛斥御史王少瀛奏请清廷镇压天津、上海罢工罢课的工人、学生的无耻行径。他积极参加反美运动，要求废除中美关于旅美华侨不平等条约。1908年，他上书控告陕西蒲城县知县李体仁残酷镇压学生的罪行，迫使清政府将李体仁革职。

1911年，武昌起义爆发，在德国留学的李仪祉立即购买了手枪和子弹，辍学回国，积极投身于辛亥革命之中。由于他家父子三人和伯父一起，积极参加了辛亥革命，并有着突出的贡献，人们对他们有"一家人四口，革命人两双"的赞誉。后因南北和议，民国成立，李仪祉转而致力于水利教育和水利工程建设。

清朝灭亡，民国成立，但国家仍是一个烂摊子。军阀混战，经济凋敝。面对岌岌可危的国家和饱经苦难的人民，许多志士仁人都在努力寻求着强国富民的良方。科技救国、教育救国、实业救国等各种救国救民的"良方"争论不休。李仪祉是赞同科技救国的，他先去德国柏林皇家工程大学土木工程科学习铁路建设，但中途辍学回国参加辛亥革命。回国后他看到我国作为一个农业大国，农业落后，农村凋敝，农民食不果腹。特别是长期以来，水利失修，旱灾、水灾频仍。每当灾害来临，便是哀鸿遍野，饿殍载道。他曾亲眼目睹了家乡关中大旱时人相食的悲惨景象，这使他痛心疾首不已。

他的家乡关中，在历史上就有著名的水利工程——郑国渠和白渠，它们曾造福百姓，利济一方。他对修筑郑国渠的郑国和修筑白渠的白公敬佩不已。他想起历史上：魏以引漳而富，秦以引泾而强，蜀修都江堰而获天府之国美称，苏杭以太湖水利而富甲天下。他以史为鉴，认定"水可兴国"。

特别是他留学德国时，游历了俄、法、荷、比、英、瑞等欧洲各国，考察了河流闸堰堤防。看到那里水利发达，农业兴旺的景象，回想我国水利事业的颓败和农业的衰落，更激起了他"水利救国"的宏愿。他认为水利与农业、工业、商业、交通等都休戚相关，是社会安定、国家兴旺的最基本事业和文明程度的重要标志。他第二次赴德时，毅然放弃了铁路建设专业，义不容辞地改学了水利，他决心终生以治水为志，学习西方先进的水利工程科技，总结、发掘中国丰富的传统治水经验，求郑白之愿，效大禹之业，振兴中国水利事业。

1915年，李仪祉从德国留学归来，踌躇满志地回到陕西，准备为家乡的水利事业做些实事。不想陕西政局不稳，加之财政困难，为家乡兴修水利的愿望，只好暂时搁置。

他应全国水利局总裁、实业家张謇之聘请，参与创办我国第一所高等水利学府——南京河海工程专门学校，任教务长。当时高等水利教育事业初兴，教师、教材都十分缺乏。他除了亲自讲授《现代水工》和我国古代治河理论外，还四处延揽有真才实学的著名学者、专家到学校任教。他曾聘请茅以升任教授，请竺可桢讲学。他亲自编写教材，编写了《水功学》《水力学》《水工试验》《潮汐论》等教科书。他还亲自动手将各地的水利工程做成模型，进行直观教学。他还带领学生到海河流域等河流实地考察，联系实际示范引导。

他在河海工专执教7年，培养了200多名我国现代水利科技的骨干专家。著名水利专家宋希尚、沙玉清、汪胡桢等都出自于他的门下。

他还先后参加创办了三秦公学、陕西水利道路工程专门学校（后改为西北大学工科）、陕西水利专修班（后改为西北农学院水利系），担任教授、校长，兼任陕西省教育厅厅长。他还在北京大学、清华大学、同济大学、第四中山大学、交通大学执教，造就了大批科学技术人才，为我国水利工程教育事业做出了卓越贡献。

他教书育人从不计个人得失。1923年，他创办陕西水利道路工程专门学校时，由于当时人们对水利和交通认识不足，报考的人仅有七八名。李仪祉"不以投考者寥寥而懈其志，常围坐庭院，讲述泾渠计划，农事改良，水利之切要"。在强调"水利之切要"时，他说："水利实为利农要图。西北地势高亢，旱灾时见，不有水利，农事何赖？"

他教育学生学好水利知识，为国家的振兴建功立业。他对学生说："要做大事，不要

第十一节 近代水利事业奠基人——李仪祉

做大官,一切事情要讲求实际,不要争虚名。将来学成到民间,改良农作物,指导农民复兴农业,挽救岌岌可危的国家。这么大的责任都要放在诸位的肩膀上,是多么大的使命!"他说:"学工程的青年,于求学时代便应存一济民利物的志愿,日展其所学便时时想到如何可供一般人民受到我的益处。"

他看到西方科学技术的先进,人力主张学生们学习西方先进的水利科技,同时总结发掘我国丰富的传统治水经验,"用古人之经验,本科学之新识"。他还要求学生理论联系实际,使学生由"通、广、博"向"专、深、约"发展。

为了壮大我国水利事业的科技人才,他采取"请进来""送出去"的方法,培养年轻一代。他想尽办法筹集资金,选送优秀的学生出国深造。又请国外的著名学者、专家来学校讲学。由于他在水利教育事业上的卓越贡献,被誉为我国"近代水利导师"。

1922年,李仪祉离开南京回到陕西,任陕西省水利局长兼渭北水利局总工程师。他多年以来效法郑国、白公振兴关中水利事业的宏愿,终于可以实施了,他兴奋不已。他设想在关中修筑八条大渠:泾惠、渭惠、洛惠、梅惠、黑惠、涝惠、沣惠、泔惠,即"关中八惠",彻底解决关中地区的干旱问题。但工程量巨大,只能一步步进行。他准备先解决引泾灌溉工程,于是四处网罗人才,组织引泾灌溉工程的勘探设计。1924年引泾灌溉工程的勘探设计工作胜利完成。

不想陕西当局根本无视水利建设,处处作梗,工程资金更无从解决,李仪祉痛斥当局尸位素餐无视百姓疾苦的不良行径,愤然辞职而去。他在给友人的信中说:"弟自十一年(1922年)回陕,乡人之属望愈切,弟心神之苦痛愈甚。荏苒光阴,去我知矢,望小辈努力成功也其壮志未酬之苦痛,对乡人期望落空之歉疚溢于言表。

后来陕西接连三年大旱,要求兴修水利的呼声日渐高涨。1930年,杨虎城督陕,任陕西省主席,他召回李仪祉并任其为省政府委员兼建设厅长,于是,引泾灌溉工程提上议事日程。省政府筹款40万元,华洋义赈会筹款40万元,美国檀香山华侨募捐15万元,朱子桥先生捐出水泥2万袋。各方共筹款百万余元,工程于1930年顺利开工。1932年6月,泾惠渠第一期工程完工通水,可灌溉土地50万亩。1935年第二期工程完工,扩灌面积至65万亩,成为当时中国现代化水利工程之典范。

在兴修泾惠渠不久,洛惠渠也开始动工,李仪祉不顾重病在身,组织、领导了洛河的勘测工作。洛惠渠由于工程艰巨,至解放初才得以完工。渭惠渠也于1935年开工,1937年第一、二期工程相继竣工,可灌溉土地30万亩。不久梅惠渠开工兴建。1938年初,李仪祉抱病参加渭惠渠拦河大坝南土坝合龙工程,回家后因心力交瘁卧病不起,不久便离世。至1938年李仪祉逝世,泾惠、渭惠、洛惠、梅惠四渠初具规模,共可灌溉土地180万亩,关中的万顷旱田成为了旱涝保收的米粮川,初步实现了"郑白宏愿"。李仪祉去世后留下了《引泾论》《考察龙洞渠报告》《测勘黄渭航道报告》等几十篇有关关中水利的著作。

1933年,李仪祉奉命筹建黄河水利委员会。8月,黄河发特大洪水,中下游决口70余处。李仪祉抱病前往南京参加救灾工作,堵塞决口,救助灾民。黄河水利委员会成立后,他全力投入治黄工程。他不畏艰险,亲赴黄河上下游各地踏勘水情、地势,根据我国独特的地理环境,结合国外的水利科技和我国古代传统的治水经验,提出了一整套科学工作治理黄河的理论。

他主张治理黄河要上中下游并重，防洪、航运、灌溉和水电兼顾。这些理论改变了几千年单纯着眼于黄河下游的治水思想，将治理黄河的方略向前推进了一步，并为我国现代水利的发展奠定了基础。

他首先提出要科学治河。中国几千年治理黄河靠的是官僚治河，不管懂不懂得水利，官吏们都可参与治河。李仪祉说："然历来施于河之治功多矣，迄今成效者何？""筑堤无学理之研究，守护无完善之方法，官吏无奉公之才德耳！欲根本图治，一要施科学的研究，二当改变其河务组织，洗清流弊，力谋更新始可。"他一针见血地指出长期以来治理黄河不见成效的根本原因：一是不讲科技，二是社会、河政方面的原因。

他提出，现代水利靠的是科技治河和专家治河。"通过精确测勘，了解流域中丘壑形势、气候变迁、流量增减、沙淤推徙及床址长削原因"。此外，还要有严密的水工试验作为治理工程的依据。

依据水利科技和黄河独特的地理、水文特点，他提出黄河的治理要上中下游综合治理。黄河为害的根本原因是泥沙淤积。泥沙主要来源于上中游，如何减少泥沙淤积？

他提出：上游要植树造林，防止泥土冲刷；还要在山谷设置谷坊、横堰，平缓水势平治阶田，开辟沟洫，减少泥沙下泄。中游在于支流上修建水库，控制洪水，避免沙淤。而下游的防洪，主要是为洪水"筹划出路，务使平流顺轨，安全泄泻入海"。具体做法为整治河槽，开辟减河，疏浚河口。

其中植树造林，防止泥土冲刷是治理黄河之本，它开了我国水土保持理论之先河，为我国水土保持研究奠定了基础。

在繁忙的治理黄河的实践中，他还抓紧时间埋头著述，写下了《黄河治本之探讨》《黄河水文之研究》《黄河流域土壤研究计划》《宋以前河堤之概况》《治理黄河工作纲要》等40多篇治理黄河的理论文章，为我们留下了一笔宝贵的水利科技遗产。

在《黄河治本计划概要叙目》中，他高瞻远瞩地提出黄河治理的根本方略和长远规划，其内容为：黄河下游河防整理计划、黄河入海口整理计划、黄河干支流水库建设计划、黄河防沙计划、黄河流域造林计划、黄河干支流水利计划。他还把黄河的除害和兴利结合起来，提出综合开发利用黄河，为民造福。他提出灌溉、放淤、垦荒、航运、水电五大水利综合开发计划，将黄河百害变为百利。

在管理体制上，他主张水政统一，河政统一。在黄河的治理中，他多次提出流域的统一管理，以免政出多门，对于今日的流域管理也有重要的意义。

他还参加了长江、淮河、海河的治理研究，勘测了长江上中游，提出了坚堤，护岸，消除洪水暴涨，确保河道航运等措施，写下了《对于治理扬子江之意见》等重要理论文章。他对海河的治理重点放在治理永定河上，写下了《永定河治本计划》。他曾筹划了白河水利，设置了黄河水文站，勘察了运河和淮河，拟定了导淮计划，设计了杭州湾新式海塘，在天津创建了我国第一个水工实验室。他一生著述丰厚，共撰写了水利科技文章多达200余册（篇），至今仍有着重要的科学价值。

第十二节　绝壁凿出通天渠——黄大发

黄大发，汉族，贵州遵义人，1935年出生，1959年加入中国共产党，1958—1966年先后担任草王坝大队大队长、民主村村委会主任，1966—2004年担任民主村党支部书记、草王坝村党支部书记。黄大发曾先后被遵义地委、行署授予年度先进生产（工作）者，多次被授予县、乡优秀共产党员称号，是贵州省第五届道德模范，2016年入选"贵州榜样·最美人物"。

"自从有了这水渠，村里就再也没有发生过旱灾。"说起屋后的水渠，贵州省遵义市播州区最偏远的平正民族乡团结村（原草王坝村）村民杨持禄充满了感激。杨持禄所提的水渠，远远望去，犹如一条系在悬崖绝壁上的玉带，绕过了三重大山，穿过了三道绝壁，绵延约7千米，汩汩清泉从中顺流而过，滋养着沿线的百姓。带头修建水渠的，是曾长期担任村党支部书记的82岁老人黄大发，村民故而将水渠称为"大发渠"。

"不修好水渠誓不罢休"，提起草王坝，当地及周边地区稍有年纪的人都熟悉这样一句顺口溜，"山高石头多，出门就爬坡。一年四季苞谷饭，过年才有米汤喝"。

深究贫困背后的原因，缺水是最为重要的因素。"一年的收成全指望着老天，十年九旱，年年吃救济粮。"昔日的情形，村民夏时江至今仍历历在目。当时，全村只有一口望天水井，"别说浇地，吃的水都不够"，村民不分昼夜排队挑水，"一个多小时才能等到一挑水"。

1958年，时年23岁的黄大发被推选为草王坝大队长，次年加入中国共产党。"我决心为村民干三件事，引水、修路、通电。"1963年，在黄大发的积极争取下，一个名为"红旗水利"的工程在村民吆喝声中动工。按设想，该工程完工后，将把7千米外的马家河水引入草王坝。

要修水利，渴怕了的草王坝人铆足了劲。但因不懂技术，没有水泥，修修补补十几年，马家河的水就是进不了草王坝。当时有人断言，"草王坝的人就是这个贱命，别再想吃上白米饭"。

第一轮修渠就这样失败了。但黄大发不服输，"不修好水渠誓不罢休"，一直关注水利技术的发展，期盼着有朝一日能让全村人吃上马家河的水。为了学习水利技术，他还到区水利站跟班学了3年。

到20世纪90年代，随着水泥、炸药等工程物资的日益充足，再修水渠的时机已然成熟。

曾经失败的经历，让村民的心散了，再修水渠的提议遭到不少人的反对。舅公杨春发就是其中之一，他指着黄大发说："你要是能把水引过来，我手掌心里煮饭给你吃。"

信心满满的黄大发也不示弱："这次不把水引进来，我的名字倒过来写。"

"为了水，我愿意用命来换。"黄大发召开群众大会，反复做工作，终于说服了全村百姓。同时，黄大发还争得上级部门支持，筹集建设资金近30万元。水利部门也派来技术人员测量工程，选定线路。

1992年1月16日，随着一声炮响，水渠正式开工。

虽然决心大，但困难真不少。

线路所经过的三处悬崖，让人望而却步。紧要关头，黄大发冲了上来。

道路不通，水泥、砂子、炸药等建材只能人背马驮运上工地。为了背材料，黄大发带领村民们天亮出门，深夜归家。有一次，天降大雨，为了不误工期，黄大发带领村民冒雨前行，"摔了好几跤，脚板都磨破了皮"。

修渠期间，每天200多人带着红薯、冷饭扎进深山，施工队在前面放炮打槽，村民紧跟其后砌墙筑渠，"天不亮就出门，天黑才归家"。作为带头人的黄大发，为防止材料丢失，常在工地上和衣而眠。

修渠期间，黄大发的二女儿和13岁的大孙子相继因病离世。但为了水渠，黄大发安葬好亲人后，抹掉眼泪，婉拒村民让其休息的劝阻，带着工具又上了山。功夫不负有心人。经过3年多的不懈努力，草王坝人用双手硬生生地在绝壁上凿出了一条跨3个村、10个村民组，宽60厘米、深50厘米的水渠。

1994年4月份，全长7.2千米的主渠建成，并于当年7月正式通水。通水当天，村里的群众杀羊摆酒，庆祝一番，"大家比过年还高兴"。

1995年春，长2.2千米支渠也建成了。至此，草王坝人翘首以盼几辈子的水，终于流进了家门口。

"为了脱贫，必须带着村民一起干"。

作为党支部书记，村里什么不足、群众期盼什么，黄大发就带头干什么。

"要吃白米饭，就得大家干。"通水后，已过花甲之年的黄大发，又争取资金购买了大锤、钢钎，带领大家实施"坡改梯"。

当时，黄大发经常在陡峭荒坡上爬坡下坎，好几次险些摔伤。在他的带领下，经过3年的艰辛劳动，草王坝人硬是从荒坡上改出了450亩梯田，彻底告别了"靠天吃饭"的历史。"一年的粮食收成，够吃3年。"村民黄大明笑称，"有了粮后，群众的腰板都挺直了"。

脱贫不是一个人的事情，只有大家齐心协力，才能成功。"为了脱贫，必须带着村民一起干。"

此后，黄大发又相继带领群众集资拉通了电线，修通了通村公路，极大改变了群众的生产生活条件。

自幼父母双亡的黄大发，识字不多，"一本《三字经》都没读完"。因为没文化，吃了不少苦，"在乡里领了东西，签名都不会"。真正要拔掉穷根，还是得靠读书。为了让后辈们不吃二茬苦，黄大发对教育十分上心。"有了文化，村里就能发展快些，即使出门打工，工资也高点。"

在黄大发带领下，村里的小学多次迁址，校舍条件不断改善。特别是在1997年，黄大发争取乡政府支持4万元，多次协调土地，将学校由偏远的高家坳搬迁至人口相对集中的艾子田上寨，建成砖木结构的校舍3栋。

时任村小代课教师的徐国棋告诉记者，"新学校学生上学路途缩短了，教室也更宽敞了，代课教师也增加到6人"。

黄大发的儿子黄彬权当时也是学校的代课教师，因为收入微薄，黄彬权便到周边去打工，"打工一天能挣60元，做代课老师一个月才有90元5角。"知道消息后，黄大发给儿子做工作，最终将其叫了回来，继续代课。

在村小原校长徐开祯老人的记忆中，每到新学期开学时，黄大发都会来学校查看学生报到情况。"没来上课的，他都会帮忙上门催。"

当时，村小只有一间厕所，黄人发就自己掏钱买来水泥、石灰，带领两个女儿又修了一间厕所。

如今，村里的小学在爱心人士的帮助下，已变成占地1500多平方米、教学设施完备的重点村级学校，在校学生50多人，"除了本村的，还有不少周边村子的。"在黄大发的重视下，仅百余户人家的草王坝，已经走出了23名大学生。"现在我们草王坝是个出读书人的地方。"

"党员身份和责任，时刻不敢忘"。

"心中要时刻想着群众，多为群众做点事。"村里的事情，黄大发却干得比谁都起劲。入党时，黄大发就决心"全心全意为人民服务到底，当好群众勤务员，不怕牺牲、不怕困难"。

当年为了让"大发渠"尽快立项，黄大发身着单薄的衣裳、穿着破胶鞋，从草王坝用两天时间，冒雨步行200多千米赶到县城，找水利部门。"见到他时，嘴唇都冻乌了。"原遵义县水利局副局长黄著文对当时的情形记忆犹新。

58岁的村民唐恩良告诉记者，当年为了砍出一条电线线路，黄大发总是冲在最前面，"衣服都被刺破了"。

修水渠用的水泥堆得像山一样高，但掉落的水泥，黄大发总要仔细清扫入库。妻子徐开美至今仍记得，当时家里的灶台坏了，让黄大发拿点水泥来修补一下，都被断然拒绝。

2004年，年近古稀的黄大发从村党支部书记的岗位退下来，但他离岗不离职，仍然时刻关注村子的发展，"虽然不是支部书记了，但我还是共产党员，党员的身份和责任不敢忘"。如何让群众过上好日子，是黄大发这名有着近50年党龄的老党员思考得最多的问题。

2014年，平正民族乡党委召开会议，作为离职村干部的黄大发在会上发言时，将村里面临的问题、今后发展的方向，说得有条有理，让乡党委书记张文富暗生敬意，"没想到一位老党员还能有如此深入的思考，佩服"。

去年，黄大发外出参观时，看到新农村的新气象，回来便建议村里调整产业结构，目前650亩胡柚已经种下地，"再过几年，就能有收益"。

时至今日，黄大发为之脱贫奋斗了一生的草王坝仍是播州区最偏远、最贫困的地区之一，脱贫任务还很艰巨。可喜的是，一系列打基础、管长远的发展项目正加紧实施，黄大发梦想的实现，指日可待。

作　业

请全班划分为不同的小组，进行课本剧表演。

要求：从本篇13位治水名人中选择一位名人的事例，改编为小故事剧本，小组成员分角色扮演。剧本要体现该人物的水利精神。表演时间为 10 分钟以内。

参 考 文 献

[1] 水利部精神文明建设指导委员会办公室. 水利人的精神家园［M］. 北京：中国水利水电出版社，2015.
[2] 任红. 图说水利名人［M］. 北京：中国水利水电出版社，2015.
[3] 水利部精神文明建设指导委员会办公室. 中国水利人：4［M］. 北京：中国水利水电出版社，2019.
[4] 中共中央宣传部宣传教育局. 时代楷模. 2017——黄大发［M］. 北京：学习出版社，2017.

第五章 水利法规民约篇

水利法规的出现,是社会生产、经济发展到一定阶段的产物,它与人们生活、生产对水的需求增大直接相关,当自然水体不能满足人们需求时,水利法规应运而生。学习和研究我国历代水利法规、制度、管理机构、民间规约等制度层面的水文化遗产,对于不断提升当代中国水利事业管理的制度化、法治化水平,具有非常重要的现实意义。

第一节 古代水利法规

世界上最早的水利法规可追溯至4000多年前,古巴比伦时期(约公元前2300年)的《汉谟拉比法典》,对防洪工程有明文规定,古罗马人在公元五六世纪间制定的《朱思廷尼亚法典》,对灌溉工程提出了规定。

在我国,水利法规早在春秋时期就已经出现。最初的水利法多是某个水利门类的单项法规,或附属于国家大法当中的有关条款,以后逐步完善,至迟在唐代已有全国综合性的水利法律法规。

一、国家大法中的水利条款

1. 先秦时期

《礼记·月令》载:"时雨将降,下水上腾,循行国邑,周视原野,修利堤防,导达沟渎,开通道路,毋有障塞。"这是春秋末年国家大法中的水利条款。

《周礼·秋官·雍氏》载:"雍氏掌沟渎、浍、池之禁。凡害于国稼者,春令为阱擭(huò)沟渎之利于民者;秋令塞阱杜擭。禁山之为苑泽之沈者。"当时设置有称作雍氏的专管官吏,主要工作是兴水利。

秦统一六国之后所制定的国家大法中,也有关于水利的条文。《秦律十八种》中的《田律》规定:"春二月,毋敢伐材木山林及壅堤水",并严格规定凡遇旱、涝、风、虫等灾情,县政府必须按照所要求的时间向中央呈报雨水情况和旱涝灾情。

2. 唐代

在封建社会中唐朝的法律比较发达。《唐律疏议》中的杂律规定有水利条款:"近河及大水有堤防之处,刺史、县令以时检校。若须修理,每秋收讫,量功多少,差人夫修理。若暴雨汛溢损坏堤防交为人患者,先即修营,不拘时限。"如果维修不及时致使造成财物损失和人员伤亡,要比照贪污罪和争斗杀人罪等进行处罚。如因取水灌溉等缘故而致决堤,不论因公因私都要脊杖一百下。如有故意破坏堤防而致人死亡者,按故意杀人罪论处,即使损失较轻,最低也要判三年徒刑。

《唐律疏议》中还规定自然水体中的物产为公共所有,不得有权人霸占。否则,"诸占固山野陂湖之利者杖六十"。长孙无忌解释说:"山泽陂湖物产所植,所有利润与众共之。

其有占固者杖六十。已施功取者不追。"即山林河湖属于公共资源，霸占者要受惩罚，但承认已建成的水利工程的合法地位与利益。大历十四年（779年）中央政府主管山林渔捕的虞部曾根据这一法律规定，要求将以往由位于朝邑的长春宫（皇家离宫）收取的山泽收入，平均分给贫苦百姓，再按规定征收赋税，得到批准。

3. 清代

清代，除刑法中规定有水利条款外，关于典章制度的专书，更有详尽的水利条文，同样具有法律意义。《大清会典》是康熙、雍正、乾隆、嘉庆、光绪五个朝代所修会典的总称。它按行政机构分目，内容包括宗人府、内阁、吏、户、礼、兵、刑、工六部等职能及有关制度。从内容看，是以行政法律为主要内容的法律汇编，详细记述了清代从开国到清末的行政法规和各种事例，反映了封建行政体制的高度完备。它不仅是清朝行政法规大全，也是中国封建社会最完备的行政法典。

光绪年间撰修的《大清会典》和《清会典事例》中有关于河工、水利等方面的规定，内容比较细致，成为晚清时期水官设置、奖惩水官、处理水问题、修建水利工程的主要法律、行政依据。其中《大清会典事例》，具体叙述清历朝官制的沿革损益和递迭嬗变的详细情况，共1220卷，其中河工19卷，海塘4卷，水利8卷，共计31卷之多，条文规定得相当细致。以河工为例，内容包括：河务机构、官吏设置、职责范围；各河工机构的河兵和河夫的种类数量及其待遇；各地维修抢险工程的经费数量及开支；木、草、土、石等河工物料的购置、数量、规格；堤、坝、涵洞、木龙等各种工程的施工规范和用料；不同季节堤防的修守；河道疏浚的规格和经费；施工用船只和土车的配备；埽工、坝工、砖工、石工、土工的做法和规格及用料；河工修建保险期限的规定和失事的赔修办法；河工种植苇柳的要求和奖励办法；河工和运河禁令等。

二、综合性国家水利法规

当水利进一步普及和发展之后，原本附属于国家大法中的水利条款，开始独立出来，汇集为综合性国家水利法规。全国性的水利法规包括水利的各个门类。由于水资源是有限的，各用水方面对水资源的利用有时彼此矛盾，以致互相排斥。因此，一部综合性的水法，还要对各用水部门的相互关系作出规定，它并不是分类法规的简单叠加。

1. 唐《水部式》

现存最早的全国性的水利法规是唐代的《水部式》，《水部式》为中央的水利立法。《水部式》的原文早已失传，现有残卷29条，约2600余字，其内容包括农田水利管理，水碾、水磨设置及用水的规定，运河船闸的管理和维护，桥梁的管理和维修，内河航运船只及水手的管理，海运管理，渔业管理以及城市水道管理等内容。这些事务都属于尚书省工部水部郎中和员外郎的职责范围。

这部综合性水利法规的内容很丰富，作为法律条文，它的规定非常细致。其中关于灌溉工程的管理为多，又以关中灌区管理内容最为详细。例如，对郑白渠等大型灌区规定：渠系配水工程均应设置闸门；闸门的尺寸要由官府核定；关键配水工程有分水比例；干渠上不允许修堰壅水，支渠上只允许临时筑堰；灌区内各级渠道控制的农田面积要事先统计清楚；灌溉用水实行轮灌，并按规定时间开启闸门，使灌区内田亩都能均匀受益。

对于灌区管理行政，《水部式》规定：渠道上设渠长，闸上设斗门长，渠长和斗门长负责按计划分配灌溉用水。大型灌区的工作由州县政府派官员主持和随时检查；有关州县还需分别选派男丁和工匠轮着看守关键配水设施。如果灌溉季节工程设施损坏，应及时修理，损坏太多，则由县向州申报，要求派工协助。并且还规定，灌溉管理的好坏作为官吏考核晋升的重要依据。

对于各个用水部门之间的利益关系，《水部式》有专门条款。例如，处理灌溉用水和航运以及水碾、水磨的用水矛盾，规定："凡有水灌溉者。碾磑不得与争其利。"航运关系的是整个国家运输动脉的畅通，牵掣全局利益，而农田灌溉则只涉及一个地区的农业收成，因而一般来说，用水秩序是首先要保证航运、放木的需求，然后是灌溉。一般只在非灌溉季节才允许开动水碾和水磨。在灌溉季节里，水碾和水磨的引水闸门要下锁封印并卸去磨石，如果因为水力机械用水而使渠道淤塞，甚至渠水泛溢损害公私利益者，这座水碾或水磨将被强迫拆除。

此外，对于城市供水渠道的维护，漕运夫役和技术工人的人数和来源，重要浮桥的维修夫役人数、材料的数量、规格和产地等都有具体规定。

《水部式》是现存最早的中央政府制定的水利法规，有利于资源的合理利用和水利矛盾的依法解决，使水利工程的运行管理做到了制度化、规范化，促进了水利事业的健康发展，它的出现是社会发展和水利事业发展的必然结果。

2. 宋《农田水利约束》

宋代元丰官制规定："水部掌川渎河渠，凡水政，详立法之意，非徒为穿凿开导修举目前而已"。强调指出，水利部门不能只管眼前的水利建设，还要详订水法，加强管理。崇宁三年（1104年）北宋政府决定要继承元丰修明水政的做法。

宋代所制定的水利政策法规以熙宁二年（1069年）由制置三司条例司颁行的《农田水利约束》最为著称，又称《农田利害条约》。这是一部鼓励和规范大兴农田水利建设的行政法规，是王安石变法的主要产物之一，属于中央政府颁发的农田水利政策。

其主要内容有：凡能提出有关土地耕种方法和某处有应兴建、恢复和扩建农田水利工程的人，核实后受奖，并交付州县负责实施；各县应上报境内荒田顷亩，所在地点和开垦办法；各县要上报应修浚的河流，应兴修或扩建的灌溉工程，并作出预算及施工安排；河流涉及几个州县的，各县都要提出意见，报送主管官吏；各县应修的堤防，应开挖的排水沟渠要提出计划、预算和施工办法，报请上级复查，然后执行；各州县的报告，主管官吏要和各路提刑或转运官吏协商，复查核实后，委派县或州施工；关系几个州的大工程，要经朝廷批准；工程太多的县，县官不胜任的要调动工作，事务太繁重的可添置辅助官吏；私人垦田及兴修水利，经费需求过多时，可向官府贷款，州县也可劝谕富家借贷；凡出力出财兴办水利的，按功利大小，官府给予奖励或录用；不按规定开修的，官吏要督促并罚款，罚款充作工程费用；各县官吏兴修水利见成效者，按功劳大小升赏，临时委派人员亦比照奖励。

《农田利害条约》在实行过程中又不断完善。熙宁四年补充规定，对兴修农田水利有功的官员，按灌溉顷亩千公顷以上、五百公顷以上和百公顷以上三等分别予以奖励。熙宁五年又补充兴修水利占用民田，应以官田补偿的办法，以及对无力承办兴工者，出官钱资助的办法等。

三、不同水利门类的单项法规

按照不同的服务对象，水利分作防洪、农田水利、航运、城市水利等门类。随着水利事业的发展，各水利门类的专项法规也逐渐丰富。

1. 防洪法规

防洪工程的起源甚早，传说在大禹的父亲鲧"筑城"以保护部落区免受洪水之害。据史料记载，江河防洪堤防至迟在西周时期已经出现。春秋时期，列国争霸，常常利用堤防作为危害别国的手段。相传齐桓公称霸时期，就假借周天子名义，提出"毋曲堤""毋雍泉""毋曲防""毋障谷""毋雍利"等禁令。这些盟约和制度是中国防洪法规的早期雏形。

战国时期防洪工程已相当普遍，围绕防洪工程修建已有较详细的施工管理制度，代表性的文献是《管子·度地》。秦统一六国后，制定了一系列的法规。其中与防洪有关的条文有"决通川防，夷去险阻"，即拆除春秋战国以来阻碍泄洪的工事和交通关卡，从整体上把握河流防洪工作。

目前所见最早的防洪法原件是蜀汉章武三年（223年），由蜀国丞相诸葛亮颁行的护堤令："丞相诸葛令，按九里堤捍护都城，用防水患，今修筑浚，告尔居民，勿许侵占损坏，有犯，治以严法，令即遵行。"九里堤在今成都西北，当地地势低洼，是一条用以保护成都安全的防洪堤。

唐代江河决溢记载较少，有关防洪法的条文反映在《唐律疏议》的刑法之中，主要是有主管官员不及时修筑堤防面导致灾害者，按情节严重程度惩处。对于掘堤盗水灌溉而引发决溢者和故意破坏堤防者都有相应治罪条文。

宋代黄河决溢频繁，除在《宋刑统》中保留唐代有关护堤条例外，还有系统的河防法规。宣和二年（1120年）编纂的《宣和编类河防书》共计二百九十二卷，即是一部系统的河防法规。其主要精神是："元丰之制，水部掌水政，崇宁二年十月有司请推广元丰水政。"

现在所能见到的中国历史上第一部系统防洪法令是金代泰和二年（1202年）颁布的《河防令》，是关于黄河和海河水系各河的河防修守法规，共11条，主要内容包括河防机构、防洪工程、河防管理等方面的规定。

元代的治河法规集中反映在《通制条格》中，它是《大元通制》的一部分，其中《河防》《营缮》篇与防洪有关。

明代制定了"四防二守"的防洪制度，四防即昼防、夜防、风防、雨防；二守即官守、民守。这种防汛管理制度被奉为防守法规。此外关于修筑堤防的位置选择、修堤取土的地点、修堤的土质、大堤的断面等都有规定。明嘉靖四十五年至隆庆二年（1566—1568年），荆江知府赵贤主持大修江堤后始立《堤甲法》，职责是"夏秋守御，冬春修补，岁以为常"。

明万历《湖广总志》载有《护守堤防总考略》和《修筑堤防总考略》，《护守堤防总考略》对堤防溃决提出了立堤甲、免重役、置铺舍和严禁令等四种管理措施。《修筑堤防总考略》共十条，主要包括审水势、察土宜、挽月堤、塞穴隙、坚杵筑、卷土埽、植杨柳、培草鳞、用石瓮、立排桩等10条。

长江流域的修守制度在清代不断完善，乾隆五十三年（1747年）荆江堤防溃决，损失惨重，恢复重建后制定了12款修堤章程和防洪章程。道光年间，林则徐任湖广总督期间制定《防汛事宜》10条，以及王凤生编《详定江汉堤工防守大汛章程》11条等。《大清会典事例》中有十九卷防洪法规，比以前的法规更为祥备。

2. 农田水利法规

有明确记载农田水利的律文始于战国时代的秦国。四川省青川县战国墓发掘的秦简中发现，秦武王二年（公元前309年）曾制定《田律》，条款中有"十月，为桥，修陂堤，利津溢"的规定。湖北云梦秦简中有《秦律十八种》，其中的《田律》是有关农田水利的条文。这些规定是农田水利法规的雏形。

最早见于记载的专门性农田灌溉法规始于西汉。《汉书·儿宽传》记载：汉元鼎六年（公元前111年），左内史倪宽建议开凿六辅渠，灌溉郑国渠旁地势较高的农田，建成以后"定水令，以广溉田"。由于有了合理的用水制度，灌溉面积大大增加。《汉书·召信臣传》记载：西汉末年，召信臣在河南南阳大兴水利，修建六门陂、钳卢陂等著名蓄水灌溉工程，同时也"为民作均水约束，刻石立于田畔，以防纷争"。《后汉书·王景传》记载：东汉永平十六年（73年），王景任庐江太守时主持恢复古灌区芍陂，"遂铭石刻誓，令民知常禁"。这些都是按需要分配用水的法规，用以约束各受益农户，以免无端争水，减少纠纷。

现存具体的灌溉管理制度，最早见于甘肃敦煌的甘泉水灌区，《敦煌县用水细则》，明确了灌溉用水制度，现存残卷两千余字。内容分两部分，一是记述渠道之间轮灌的先后秩序。灌区内各干渠、支渠之间都有轮灌的规定。二是对全年灌溉次数和各次灌水时间的规定。灌区全年共灌水五次，五次灌水时间又分别和节气相适应，并考虑不同作物品种需水时间和次数的不同要求。

3. 航运法规

运河是古代漕运的主要通道，自唐代以来，运河成为历代王朝的经济大动脉，围绕工程维修、航运秩序等方面形成了一系列具体的法规。

在唐代，运河上航运与灌溉争水是普遍存在的问题。当水源不足，航运与灌溉不能兼顾时，《水部式》规定，应首先满足通航要求。北宋对运河通黄河河段的管理有多条规定："为满足航深要求，每岁自春及冬，常于河口均调水势，止深六尺，以通行重载为准"，"浅深有度，置官以司之，都水监总察之"。明成化九年（1473年）二月，兵部尚书白圭拟定的综合性航运法规《漕河禁例》规定，以及一些国家法律涉及漕运管理，如《大明律》中有关盗河防、圩岸及不应河防差役的量刑及处罚条款，《问刑条例》《占夫条例》亦有对水源管理、运河河道管理方面的具体条文。清朝有关运河法规，主要集中在《大清会典事例》《户部则例》卷二十三《漕运五》，有关上谕、奏折等文献中。《山东全河备考》中所记载的前代旧有制度17条和康熙初年新定制度6条，也有参考价值，内容主要集中在运河水源补给、航运秩序、运河疏浚、船只管理等方面。

航运法规体系内容丰富，涉及到闸坝启闭、航行秩序、调水制度、分水制度、运送货物、漕船期限、河道管理、运河维护、船只管理等，共同形成了一个互相补充、互相配合的完整制度体系。

4. 城市供排水法规

古代重要城市如长安、开封、洛阳、杭州、北京等对供水河道管理很严，历代都定有专门制度。如元代大都（今北京）金水河规定，在河中洗手洗衣物者要受鞭笞。但细节多已佚失。唐代文献中已有城市排水法细则的记载。

明代西安原有龙首渠供水，但只够东城使用，成化元年（1465年）兴建广济渠，引交河、皂河入西城，工成后建《新开通济渠记》碑，碑阴刻有水规11条。

清代北京地下排水系统发达，都城管理制度严格。根据《大清会典事例》记载：1752年规定，京城内外所有河道沟渠事务每年派一名"直年大臣"总管，当时内城有排水大沟、小沟多达几万丈，大小沟相互灌注，并与护城河和有关排水河道高程统一抄平；每年二月开冻后至三月底，统一进行疏浚和维修，各下水道所留沟眼一律注册登记，随时检查。

5. 水利施工法规

水利施工人数较多，必须有明确的条例加以约束和协调。早在战国时期就有了细致的施工管理制度。《管子·度地》记载：要委派学习过水利技术的人主持施工；水官冬天巡视各处工程，发现需要修理和新建的要向政府书面报告，待批准后实施；水利施工规定在春天进行，一者农闲，二者土壤解冻，含水量适宜。完工后要负责检查；劳动力从老百姓中征调；每年秋季按当地人口和土地面积摊派等。

清代对于施工用料管理也有相应细则。例如，《五道成规》是乾隆五年（1740年）在直隶河道总督主持下，制定的海河流域河工用料规格和单价的规定。每种材料按不同用途有不同的规格和单价；工人按工种不同有不同工价；对于流域内不同河道，单价也有差别。此外，对料物验收、保管和消耗另有专门记录和核查制度。

关于施工人力征调，国家出资兴建的或修复的水利工程，劳动力主要来源是以兵充役或征调劳役、募役等，调用士兵可以在短期内迅速集结大量劳动力。西汉元光年间（公元前134—公元前129年）河东郡（今山西夏县）开引汾、引黄灌渠，"发卒数万人作渠田"，这是秦汉时期大型农田水利工程动用兵役建设的实例。宋代兵役制逐渐为民役和募役取代，但兵役仍占有相当比重。厢军中的水利兵有开江兵、捍江兵和撩江兵等名目。征调民役也是强制性的劳动，一般按水利工程受益范围为依据，给予少量报酬。两宋以后，徭役向募役方向发展，常见的形式是以工代赈。明清之际，以上几种形式仍然存在。

第二节 古代民间水利规约

我国古代民间水利规约，是随着地方性的农田水利灌溉工程的出现而产生和发展的。

一、民间水利规约

唐宋以后，民间水利规约数量逐渐增多，如宋熙宁三年（1070年）制订的《千仓渠水利奏立科条》，元代针对陕西古老引泾灌渠订立的制度《洪堰堰制度》和《用水则例》，明代万历三十二年（1604年）制订刻石的《广济渠管理条例》，清代洪洞县的《润源渠渠册》，1944年的《陕西省泾惠渠灌溉管理规则》等。这些水利规约的内容主要包括民间水务管理人员的产生和职责、用水的分配、受益农户的权利和义务、水事纠纷的处理等几个方面。

历代民间水事规约内容丰富，但同时水事纠纷也大量存在。在国家水利法缺位的社会，地方水利规约在解决水利纠纷、维护地方用水秩序中，发挥了重要的作用。解决水事纠纷的主导力量是各级官府，调解或判决的主要法律依据是民间渠册、渠规、堰规及相关乡规民约和惯例等，解决结果一般是恢复用水权，有时也动用军队武力解决。如有较大经济损失，要给予一定赔偿；如果出现了死伤人命的事实，要在调处用水权的同时，根据械斗当事人情节不同，按刑律治罪，处以枷示、挞等刑罚。

万历十七年的《太原水利禁令公文碑》记载的柳桐凤告争晋祠水利一案，较为全面地展现了明代水利旧制在司法活动中的动态适用过程，案件的提起、审理和判决均围绕旧制而展开。通过对明代水利诉讼碑的整理可以发现，类似于柳桐凤案中水利旧制的司法实践过程，在明代水利纠纷中普遍存在。

民间水利规约的充分发展，构成了我国历代农田水利法律体系的主体。历代农田水利法律制度主要表现为两种形式：

一是正式法律制度，即各级官府公布的、受国家强制力保护的法律、法规等，主要内容是对各级地方官员兴修农田水利的职责和工作指导方针、指导思想、有关工作程序、工程质量标准、奖罚制度等予以规定。

二是非正式制度，即以习惯、乡规民约、水册等形式表现出来的水事规则，也可称之为惯例法，它虽不以国家强制力实施，但又与国家强制力密不可分。有的水册、渠规等民间文书，本身就是经过官府审定予以公布的。

正式和非正式制度相互补充，共同构成了我国古代农田水利法律制度的基本体系，对促进行业的健康发展、社会秩序的稳定起到了积极作用。

二、基层水利管理机构

早期的基层农田水利管理人员情况记载不详。

唐宋时期各级基层水利管理人员和小型灌溉工程的管理人员，直接由政府任命。

明清时期，基层水事活动增多，灌区大都实行民主管理，由灌区选举，报政府批准，或轮流担任。其主要管理人员有时候也由政府委派产生。有重要农田水利工程的地方则设府州级官吏或县级官吏管理。除地方设官管理渠堰外，支渠、斗渠以下，一般由民众管理。在黄河流域其主要负责人有不同的名称，如渠长、堰长、头人、会长、长老、总管等，主要负责人之下又有乡约、牌头、渠夫、渠正、渠长、水利、堰长、水甲、橛头、闸夫等。在长江流域滨江沿河之堤垸，有称圩老、圩甲者，亦有称圩头、头人者，又有称堤长、圩甲、圩役者。无沿江大堤的堤垸则设有垸长、垸总、圩甲诸名目，作为本垸修防的基层管理系统组成人员。

这些管理人员的产生，一般由受益农户民主推举，再由官府确认备案。乡村渠甲成为介乎国家与村庄之间的媒介，成为填充国家权力，在乡村社会水利管理中空缺的重要支配力量。他们的任期一般是一年，且不能连任。当然威信特别高的，任期也有例外。

渠长等管理人员的职责，主要是负责乡村水利事务的运行。首先是调剂水程，确保用水公平，其次是组织有关水系内的集体劳动。此外，渠长还要领导祈雨、祭祀、排解纠纷、征收摊派、完纳水粮等，必要的时候还要出资垫付。为了约束渠长等管理人员，各地纷纷制定了相应的罚则。

第三节　近现代水利法规

近代水利法规体系的建立是在民国时期，这既是时代进步的表现，更是水利事业发展的需求。民国时期水利法规的制定，是中国水利法规建设开始摆脱古代传统水利法规的局限，进入了一个新的历史阶段，有助于事先国家对水资源的全面规划、综合利用和保护。

现代水利法规主要有《中华人民共和国防洪法》《中华人民共和国水土保持法》《中华人民共和国水法》《中华人民共和国水污染防治法》《中华人民共和国环境保护法》等。

一、近代水利法规

1.《水利法》

近代以来，随着西方水利科学技术和管理制度陆续传入中国，激发了我国水利界精英建设水利事业的热情，纷纷提出要迅速制定水利法，以推动和保障水利事业的顺利进行。

从20世纪20年代起，我国水利界开始酝酿制定国家水利法。1931年2月，在全国内政会议上，导淮委员会汪胡桢代表水利界向会议提交了《编订水利法规，以确定水权而免阻碍水利发展》的提案，水利立法正式列入国家立法日程。

水利法的制定最初由建设委员会主持。1929年，首先组织人员翻译英、美、日等国颁布的水利法规以资借鉴，如《瑞典水利法》《朝鲜河川令》等。经过近3年的筹备，1933年12月全国内政会议第一次水利专门会议公布《水利法草案》，并将其送达各流域水利机构、各省政府审议，征求意见。1934年，改由全国经济委员会水利委员会主持草案的修改、审定。1935年7月，李仪祉、陈果夫、傅汝霖、孔祥榕、秦汾、茅以升等6位常务委员组成审定小组。随后，1937年抗日战争爆发，草案修订工作直到1940年代末才完成。

1942年6月中华国民政府立法院审议通过《水利法》，同年7月7日我国第一部《水利法》正式颁布，于1943年4月1日实施。民国《水利法》共九章71条：

第一章，总则。规定了水利事业的范畴、水利主管机关及其权限、职责。

第二章，水利区及水利机关。按照河道之天然形势划分水利区，设立流域水利机构，地方水利工程的修建由中央行政院核准等。

第三章，水权。提出水权的含义，"本法所称水权，谓依法于地面水，或地下水取得使用或收益之权"；规定用水工程必须遵守的用水秩序；凡取得的水权，受国家保护，但是由于水源、水量或其他原因变更，国家可以暂停撤销水权或改变原水权规定的用水标准。

第四章，水权之登记。规定了水权登记的法律程序。

第五章，水利事业。水利工程的修建、改造及管理等事项，水利工程与土地、水运、渔业、交通等方面的协调和赔偿办法等。此外，还有关于水利工程的兴建，对名胜古迹的保护、迁移措施等。

第六章，水之蓄泄。规定了防洪一切行为要经上级主管部门核准；防洪工程使用也由上级部门控制等。

第七章，水道防护。河道、湖泊等非工程水体的管理；行洪河道堤防的管理、防洪工料、人夫征集办法、汛期防护和撤防以及人口迁移、拆毁建筑物的补偿办法。

第八章，罚则。对毁坏水利工程、私开河道等违法行为的处罚规定。

第九章，附则。规定了该法的实施细则由行政院制定及该法实施日期等。

为配合《水利法》的实施，1942年6月23日由行政院核准，行政院水利委员会于7月19日公布施行了《水权登记规则》，同年9月16日修正公布了《水利法施行细则》，同年11月22日，行政院水利委员会公布施行了《水权登记费用征收办法》。以上法规，对水权的概念、特征、主体、客体、取得程序、转移变更、停止、限制、用水优先权、临时用水权、共同用水权等进行了相应的具体规定。

此外，民国时期颁布的其他法令，如民法、刑法、土地法等均有涉及水利的条例，《水利法》颁布实行后一并生效，具有同等的法律效力。

《水利法》的制定和水权登记的执行，是民国年间水利立法、执法的主要成绩。由于历史的局限，这个法规未能完全代表人民的意愿，但在客观上起到了保护水资源、推动促进水利建设、减少和协调水利与社会各方面矛盾的作用，这是第一部建立在近代水利科学基础上的国家水利法规，是当年水利界有识之士多年为之努力的结果，更是"适应国家人民之迫切需要"。

2.《河川法》

在水利法规方面，除上述的《水利法》，民国时期颁布的另一项重要法规是民国十九年（1930年）三月颁布的《河川法》。《河川法》共六章，29条，对河川的管理、使用限制、经费、周围土地的征用等作了详细规定。该法律第一条申明了本法适用范围"凡经内政部认定关系公共利益、重大之河川，除他法别有规定外适用本法之规定，前项河川之附属物如堤防、护岸、水闸、津渡、泄道及其他增加水利或减除水害之设备等悉依本法之规定。"除此之外，河川、河床及流水等均不得据为私有。

尽管该法律是当时关于河川利用的唯一法规，但其中的一些规定，使其法律地位大大降低。在总论第一条中规定"如有特别习惯而不与本法抵触，经内政部认可者，得从其习惯。"即习惯法与条文法不相冲突时，可依据习惯法。这是近代法律意识不健全的表现，没有意识到法律在社会管理中的重要作用，也就会导致该法律在实施过程中效果不佳，问题重重。但这一法规的颁布，赋予水政机关广泛的管理权限，使水政有了主管机构和法律保障。

二、现代水利法规

1.《中华人民共和国水土保持法》

《中华人民共和国水土保持法》于1991年6月29日第七届全国人民代表大会常务委员会第二十次会议通过颁布实施，中华人民共和国第十一届全国人民代表大会常务委员会第十八次会议于 2010 年 12 月 25 日修订通过，自 2011 年 3 月 1 日起施行。本法共计七章，六十条。

该法为预防和治理水土流失，保护和合理利用水土资源，减轻水、旱、风沙灾害，改善生态环境，保障经济社会可持续发展而制定。在中华人民共和国境内从事水土保持活动，应当遵守本法。本法所称水土保持，是指对自然因素和人为活动造成水土流失所采取的预防和治理。

2.《中华人民共和国水污染防治法》

《中华人民共和国水污染防治法》于 1984 年 5 月 11 日第六届全国人民代表大会常务委员会第五次会议通过。根据 1996 年 5 月 15 日第八届全国人民代表大会常务委员会第十九次会议《关于修改〈中华人民共和国水污染防治法〉的决定》修正。2008 年 2 月 28 日第十届全国人民代表大会常务委员会第三十二次会议修订，自 2008 年 6 月 1 日起施行。现行版本为 2017 年 6 月 27 日第十二届全国人民代表大会常务委员会第二十八次会议修正，自 2018 年 1 月 1 日起施行。本法共计八章 103 条。

该法为保护和改善环境，防治水污染，保护水生态，保障饮用水安全，维护公众健康，推进生态文明建设，促进经济社会全面协调可持续发展而制定。本法适用于中华人民共和国领域内的江河、湖泊、运河、渠道、水库等地表水体以及地下水体的污染防治。

3.《中华人民共和国防洪法》

《中华人民共和国防洪法》于 1997 年 8 月 29 日第八届全国人民代表大会常务委员会第二十七次会议通过，1997 年 8 月 29 日中华人民共和国主席令第 88 号公布，自 1998 年 1 月 1 日起施行。根据 2016 年 7 月 2 日第十二届全国人民代表大会常务委员会第二十一次会议《关于修改〈中华人民共和国节约能源法〉等六部法律的决定》第三次修正。本法共计八章，65 条。

该法为防治洪水，防御、减轻洪涝灾害，维护人民的生命和财产安全，保障社会主义现代化建设顺利进行而制定。

4.《中华人民共和国水法》

20 世纪 70 年代末，随着我国社会主义现代化建设步入正轨，以及水问题日益复杂化、严重化的趋势，对强化水管理提出了迫切要求。1978 年 4 月，水利部开始酝酿起草水法，并开展了水土保持、水源保护等方面的立法工作。

在党的十一届三中全会精神指引下，1984 年 10 月，原水利电力部倡议并获得国务院批准，成立由有关部委负责人参加的"全国水资源协调小组"。在"协调小组"领导下，水法起草工作顺利开展，通过法定程序，于 1988 年 1 月 21 日第六届全国人民代表大会常务委员会第二十四次会议上审议通过，颁布了新中国第一部《中华人民共和国水法》。1988 年水法的颁布实施是水利法制建设史上具有里程碑意义的重大事件，标志着水利工作进入了依法治水的新时期。

随着形势的发展和我国水资源问题的日益突出，原水法存在的问题和局限性也充分显现出来，一些规定已经不能满足实际的需要。2002 年 8 月 29 日，《中华人民共和国水法》经第九届全国人大常委会第二十九次会议修订通过，2002 年 10 月 1 日起施行（以下简称新《水法》)。新《水法》共八章 82 条：第一章总则；第二章水资源规划；第三章水资源开发利用；第四章水资源、水域和水工程的保护；第五章水资源配置和节约使用；第六章水事纠纷处理与执法监督检查；第七章法律责任；第八章附则。

2002 年颁布实施的新《水法》，将新时期党和国家治水方针政策法律化，强化了水资源统一管理，把节约用水和水资源保护放在突出位置，明确了水利规划的法律地位，强调了流域管理，加强了水资源开发利用中，对生态与环境的保护。新《水法》体现了与时俱进的精神，也更具有可操作性。

水利部分别于 2009 年 8 月 27 日第十一届全国人民代表大会常务委员会第十次会议《关于修改部分法律的决定》第一次修正、2016 年 7 月 2 日第十二届全国人民代表大会常务委员会第二十一次会议《关于修改〈中华人民共和国节约能源法〉等六部法律的决定》第二次修正，进一步完善了水利改革发展顶层设计，使水法规体系建设符合新形势和新任务的要求，更好地引领、推动、规范和保障水利改革与发展。

目前，我国已经建立了以《中华人民共和国水法》为核心，较为完备的水法规制度体系，涵盖了水资源开发利用与保护、水域管理与保护、水土保持、水旱灾害防御、工程建设管理与保护、执法监督管理等方面，为全面依法治水管水、推动水利改革发展奠定了坚实的制度基础。

新中国成立以来，我国陆续颁布出台了中华人民共和国水法、防洪法、水土保持法、水污染防治法等 4 部法律，河道管理条例、防汛条例、长江河道采砂管理条例、取水许可和水资源费征收管理条例、南水北调工程供用水管理条例、大中型水利水电工程建设征地补偿和移民安置条例、农田水利条例等 24 件行政法规，《水利工程建设监理规定》《黄河河口管理办法》《水量分配暂行办法》等 53 件部门规章，各地共出台地方性法规和政府规章 900 余件。

同时，水行政执法工作从无到有、从点到面、从单一到综合、从零散到规范，创新健全水行政执法体制机制，建立健全执法制度，落实执法责任，推进执法信息化，严格公正执法，在不平凡的历程中取得了显著成绩。

全民守法是全面推进依法治国的基础工程，是依法治水管水的关键环节。目前，全社会尊崇水法规、学习水法规、遵守水法规、运用水法规的良好氛围基本形成，营造了更加有利于贯彻落实水利工程补短板、水利行业强监管的法治环境。

作 业

1. 请谈谈水利法治在现代水利中的地位。
2. 水利法治对我们生活带来了哪些影响？

参 考 文 献

[1] 左其亭. 水文化职工培训读本 [M]. 北京：中国水利水电出版社，2015.
[2] 李宗新. 中华水文化概论 [M]. 郑州：黄河水利出版社，2008.

[3] 周魁一. 我国古代水利法规初探 [J]. 水利学报, 1988 (5): 28-38.
[4] 赵伟. 推进水利法制建设, 保障水利持续发展 [J]. 中国水利, 2008, 24.
[5] 柯礼丹. 新中国水利法制建设为水利事业发展奠定了基础 [J]. 中国水利, 2009, 7.

第六章 民俗礼仪篇

水是生命之源，人类生存离不开水，人类生活的方方面面也都与水密切相关。中国人亲近水、敬畏水、珍惜水，并将其表达在日常生活的各种风俗习惯和礼仪规范之中，形成独特的以水为纽带的民俗文化和民生文化。在中国不同地域、不同民族的风俗礼仪中，水是一种祭祀对象，也是一种交往媒介，更是一种生活理念。总体而言，与水有关的风俗礼仪是丰富多彩的，如因敬畏水而形成的祭祀性风俗礼仪，因亲近水而形成的情感性风俗礼仪，因利用水而形成的实用性风俗礼仪，因不同水环境而形成的区域性风俗礼仪，因不同民族风尚而形成的民族性水俗礼仪等。这些各不相同的与水有关的风俗礼仪，既相互交织，又各具特色，为人们展示了一幅幅饶有趣味的水俗文化画卷。

第一节 水与节日习俗

水，在中国传统文化中被赋予神秘的色彩，不少民族的一些传统节日都与水有关，体现出不同民族特有的民情风俗和道德伦理观念。流行在藏族的朝水节、白族和藏族的谢水节、傣族和德昂族的泼水节、藏族和怒族的仙女节、苗族的龙船节，以及春节、元宵节、端午节、七夕节等节日，都与水有着不解之缘。

一、春节

春节是中华民族最富有特色的传统节日。中国人过春节已有4000多年的历史，传说在虞舜时期就开始兴起过春节。在春节期间，中国的汉族和一些少数民族都要举行以祭祀祖神、祭奠祖先、除旧布新、迎禧接福、祈求丰年等为主要内容的各种形式的庆祝活动，其中汲新水、祭井等活动都与水有着密切的联系。

1. 汲新水

汲新水，又称挑伶俐水、挑新水、挑乖水，是壮族、布依族、仫佬族和拉祜族的节日风俗，流行于广西、贵州等地。刘锡蕃在《岭表纪蛮·节令》中记载："元旦，提瓮汲新水，沿路唱'牛羊鸡豕、六畜魂来'一语。"这"新水"，有的地方叫"伶俐水"或"灵巧水"。每年农历正月初一拂晓，姑娘们身着盛装，争先恐后地赶到河边、井旁去挑水或汲水。传说谁先接到新水，谁家的谷物、瓜果就会先熟，谁家就更有福气。因此，每年正月初一凌晨，听到雄鸡的报晓声，姑娘们便背起盛水的竹筒和葫芦，奔向泉边，抢接新水，以汲到第一桶水为最好。媳妇们用挑来的第一桶水煮从娘家带来的尖山茶，俗称"新娘茶"，敬奉公婆与客人，以示和家人、客人的情谊浓厚；用挑来的第一桶水和从娘家带来的米煮一锅"新娘粥"，以示一家人同甘共苦，患难与共；挑水时用绳拖回几块象征"六畜"的石头，放进牛圈猪栏，祈求六畜兴旺、猪肥牛壮。最后用红糖、竹叶、葱花等放入壶中烧开水，全家人各喝一口，象征今后身体健康、万事如意。

2. 祭井

井神是保护人们吃井水平安的吉祥神。中国古代讲究五祀，这五祀的对象是门神、户神、井神、灶神和土神。井神是五祀之一，可见井神地位之重要。

在古代，井水显得更加重要。因为井水是生活用水的重要来源。那时，城乡到处是水井。有了水井，人们的生活才有了基本保证。因此，民间祭祀井神就顺理成章了。大凡在每年除夕时要封井。春节后第一次启封挑水时，要烧纸祭井。一封一启，标志新的一年开始了。之所以不在初一挑水，据说是因为在大年三十，井神要到东海向龙王汇报工作，初一返回，则要恭候玉皇大帝来视察工作。人们理解此时的井神很忙，初一不挑水，初二一大早赶忙到井边挑水，名曰"抢时"。

例如在吴地（苏南、浙北），当地人所信仰的井神叫做"井泉童子"。苏州有一种风俗，就是在大年三十，将预先买好的井泉童子神像放在竹筛内，再放些糕果茶酒之类，算是祭品，然后再将这个竹筛放在井栏栏沿上，上面放些遮盖物。这就是当地人的"封井"方式。此后，在送神之前，这口井就不能再打水了。一直到正月初三或正月初五日，焚送神马后，才能开井汲水。据说用刚开井的水拭目，能令眼睛不昏。昆山等地，在焚送神马之前，还要用糕果之类祭祀井神。水井在人们生活中起有重要的作用。吴地认为，除夕之祭祀井神，有着酬报它一年中对人民做贡献的意义。除夕不用井，大概意同年节放假，让井神休息几天的意思。

二、春龙节

春龙节，又称为龙头节、春耕节、农事节，是中国民间传统节日，象征着春回大地、万物复苏。"龙"是指二十八宿中的东方苍龙七宿星象，每到仲春卯月之初，黄昏时"龙角星"就从东方地平线上出现，故称"龙抬头"。传说龙能行云布雨、消灾降福，象征祥瑞。自古以来，人们在仲春"龙抬头"这天庆祝，以示敬龙赐福、风调雨顺、五谷丰登。

一些地区过春龙节，用灶烟在自家院子里地面上画一条龙，俗称引"钱龙"。画龙有两种目的：一是请龙回来，兴云布雨；二是龙为百虫之神，龙来了，百虫就吓走了，这对人们的健康、农作物的生长都是十分有益的事情。山西晋南地区百姓认为这一天是青龙活动的日子，忌去河边、井上担水，以免带回龙卵，影响龙子龙孙。在这一天，人们携带酒肴，来到郊外，选地围坐，亦歌亦舞，尽情欢饮，也称作"游春""踏青"。晋北地区在农历二月初二这一天，盛行"司钱龙"。早上太阳未出山，家家户户提一把茶壶，到河边或井上去汲水。按照这一年几龙治水的推算，在茶壶内放几枚铜钱或硬币。汲水以后，随走随洒一条水迹回到家中，将余下的水与钱全部倒入水缸中，"钱龙"就引回家来了，意喻一年兴旺发财。江苏南通民间有用面粉制作寿桃、牲畜的习惯，将其蒸熟后晚上用竹签插在田间，作为供百虫之神和祭祀祖先的食品，祈求祖先驱赶虫灾。各地都习惯把食品名称加上"龙"字，如吃水饺叫吃"龙耳"、吃春饼叫吃"龙鳞"、吃面条叫食"龙须"、吃米饭叫吃"龙子"、吃馄饨叫吃"龙眼"等，充分体现了中国龙文化的传统。在这一天妇女起床前，要先念"二月二，龙抬头，龙不抬头我抬头"。起床后还要打着灯笼照房梁，边照边念"二月二，照房梁，蝎子蜈蚣无处藏"。妇女们在这一天不能做针线活，因为苍龙在这一天要抬头观望天下，使用针会刺伤龙的眼睛；妇女也不能洗衣服，怕伤了龙皮等。

这些习俗寄托了人们祈龙赐福、保佑风调雨顺、五谷丰登的强烈愿望。二月初二是蛰龙升天的日子，中国人以龙为图腾，号称是龙的传人，俗话说"龙不抬头，天不下雨"，龙是祥瑞之物，又是和风化雨的主宰，人们祈望龙抬头兴云作雨、滋润万物，保佑社会太平。

三、上巳节

上巳节，俗称"三月三"，又叫"情人节""女儿节"，是中国古时大规模的民俗节日。据记载，春秋时期上巳节已在流行，是古代举行"祓除畔浴"活动中最重要的节日。《论语》中"暮春者，春服既成，冠者五六人，童子六七人，浴乎沂，风乎舞雩，咏而归"即描述了上巳节春游沐浴的场景。古人认为，农历阳春三四月间，阳气虽在缓缓上升，但阴气并未完全消退，阴阳相持不下之时，正是人体容易患病、导致疾疫流行的时节，需要勤洗手、多洗浴，以祛病消灾。春秋时期郑国等国就组织百姓于"三月桃花水下之时"，在水畔手持兰花草祛邪，用熏香、草药沐浴全身，洗去一冬污垢，祓除疾病不祥，祈求健康平安，是为"祓禊"仪式，有着浓厚的原始宗教祭祀色彩。到汉代，上巳被定为节日，魏晋以后，确定三月初三为春禊，是当时重要节日之一。巳日是祓除灾祸、祈降吉福的节日，祓也就是祓除疾病、清洁身心，禊就是修整、净身，都要通过洗濯来完成，因此洗浴成为祓禊的主要内容。云南初春流传的"洗脚大会"，便是古代"祓禊"的遗风。魏晋时，士大夫在祓禊的同时，还要举行水滨宴会，举行"曲水流觞"活动，饮酒作赋。即将酒杯置于流水之中，酒杯顺流而下，停到谁的面前，谁就要饮酒吟诗，别有情趣。有的地方还将煮熟的禽蛋投入水中，像酒杯那样在水中顺流而下，等候在下游的人等到蛋停在面前，便将蛋从水中捞出，剥而食之，这叫"曲水浮素卵"；有的地方则将红枣投入流水中，当红枣停留在面前，就捞而食之，这叫"曲水浮绛枣"。历史上最著名的一次"曲水流觞"要算王羲之与其诗友在会稽的聚会了。晋永和三年（353年）三月初三，王羲之邀谢安、孙绰等41人，于会稽山阴（今浙江绍兴）的兰亭修禊，举行了大型"曲水流觞"活动。与会者饮酒赋诗、论文赏景，各抒怀抱，抄录成集。王羲之情趣高涨，挥毫作序，成就了举世闻名的《兰亭集序》，被后人赞誉为"天下第一行书"。后人亦称此帖为《禊帖》。在绍兴，由"曲水流觞"活动形成的这种饮酒赋诗的雅俗一直盛传千年不衰。

四、泼水节

泼水节是傣族、德昂族、阿昌族等民族最隆重的节日，也是在云南少数民族中影响面最大、参加人数最多的节日。泼水的传统习俗代表人们可以洗去过去一年的不顺利，重新开始新的一年。

1. 傣族泼水节

傣族泼水节最早源于印度，在12世纪末至13世纪初经缅甸随佛教传入中国云南傣族等少数民族地区。随着佛教的传播，泼水节逐渐成为傣族、德昂族等最盛大的传统节日。当地百姓逐渐将自己的民族神话传说与泼水节结合起来，给泼水节赋予了更为神奇的意蕴和民族的色彩。傣族泼水节是傣历新年，傣语称"桑罕比迈""棱贺比迈"。西双版纳和德宏地区的傣族又分别称此节日为"尚罕""尚键"，意为"周转""变更"等，指太阳已经在黄道12宫运转一周开始向新的一年过渡。傣历把一年分为12个月，以六月为首，以太阳进入金牛宫的那一天为泼水节。傣历六月中旬相当于公历4月,所以泼水节即在公历4月清明节后第七天开始举行。傣族泼水节一般持续3天至7天。第一天叫"麦日",与农历除夕相似。第二天叫"恼日"(空日)。第三天是新年,叫"叭网玛",傣语又称之为"麦帕雅晚玛",意为守岁,人们视这一天为最美好、最吉祥的日子。在"麦日"这一天,人们一大早就要采摘鲜花绿叶到佛寺供奉,担来清水为佛像洗尘,即"浴佛",祈求神灵保佑人们在新的一年里身体健康、万事如意。"浴佛"完毕,人们就开始泼水的活动,人们用各种各样的容器盛水,追逐嬉戏,无论男女老少,逢人便泼。傣族流行"水花放,傣家狂""泼湿一身,幸福终身"的谚语。"叭网玛"这一天的主要活动是划龙舟、跳象脚鼓舞和孔雀舞,把节日的气氛推向高潮。人们穿着节日盛装,欢聚在澜沧江畔、瑞丽江边,观看龙舟竞渡,助威呐喊声震天,场面极为宏大和壮观,热闹非凡。

在泼水节期间,傣族青年男女喜欢到林间空地做丢包游戏。花包用漂亮的花布做成,内装棉纸、棉籽等,四角和中心缀以五条花穗,花包是傣族人爱情的信物,青年男女通过丢包、接包,进行交流,寻找意中人。对自己中意的小伙子,姑娘故意让对方接不着包,小伙子便心领神会,将准备好的礼物送给姑娘,双双离开人群到僻静处谈情说爱,互诉衷肠。今天的泼水实际上已成为人们相互祝福的一种形式。因为在傣族人看来,水是圣洁、美好和光明的象征。水是生命之神,世界上有了水,万物才能生长。1961年4月13日,周恩来总理曾参加西双版纳的泼水节,与各族人民共享节日的欢乐喜悦。

2. 德昂族泼水节

德昂族泼水节又叫"浇花节"。与傣族的泼水节相似又有所不同,节日也是在公历4月中旬左右,通常会持续3天至5天。为了迎接节日,人们都忙着制新衣,做米粑,制作水龙、水桶等泼水工具。德高望重的族中长者,手持鲜花蘸水轻轻地洒向周围的人群,为大家祈福,庆贺新年的开始。接着人们互相祝贺新年,年轻人将水桶举过头顶,将水滴洒在老年人的手上,祝愿他们生活快乐、健康长寿、万事如意。仪式结束之后,庆祝节日的人们便以象脚鼓为前导,排成长长的队伍,涌向泉边、河畔,在那里泼水、欢闹、唱歌、跳舞。

泼水节既是德昂族人民欢度新年的大型活动,也是青年男女谈情说爱、寻找心上人的好时机。在德昂族流行一种赠竹篮子活动,青年男子在乘夜深人静的时候到姑娘家串门,将篮子分别送给自己所中意的姑娘,最漂亮的那只要送给自己最喜爱的姑娘。节日期间,每个姑娘都能收到好几个竹篮。姑娘钟情于谁,在节日活动期间就背着谁送给她的那只竹篮。竹篮成了泼水节上一道靓丽的风景。这天,姑娘们人人都身背一个精致美观的竹篮,而小伙子们则睁大双眼,紧盯着姑娘们身上的竹篮,寻找属于自己的爱情。对对情人相遇后,便互相尽情地泼水、嬉戏,以表达自己激动、喜悦的心情和对对方的爱意。

德昂族泼水节除了泼水祝福和跳象脚鼓舞等节目与傣族泼水节一致外,其最具特色的习俗是晚辈为长者洗手洗脚。节日这天,每家的年轻人都要准备一盆热水,端来恭恭敬敬地放在堂屋中央,把家里的父母等长辈请出来坐在堂上,向他们叩头请罪,请他们原谅自己一年来的不孝顺和所犯的错误。长辈们也要很谦虚地检讨自己一年来在为晚辈树立榜样方面,做得不足的地方。然后,晚辈为长辈洗手洗脚,互祝来年。如果父母去世,兄长等就成为洗手洗脚对象。这种活动对家庭的和睦十分有益,是一项值得弘扬和发展的民族优秀传统文化。

五、沐浴节

每年藏历七月六日到十二日，是藏族独有的沐浴节，在这期间，从城市到乡村，从牧区到农区，无论男女老幼，都要到附近的河溪中尽情嬉戏，痛痛快快地洗个澡。沐浴之后人们点起篝火，烧热酥油茶，饮着青稞酒，吃着香甜的糌粑，弹弦唱歌，说古论今。这已成为藏族群众传统的风俗习惯。

西藏沐浴节已有七八百年的历史。西藏自11世纪星象学传入后，便借助弃山星的出没来区分春、秋季节。每当七月弃山星出现的时候，就是洗浴活动进入高潮的时候。弃山星隐没，洗浴活动也便终止。藏民之所以选在这一期间沐浴，是因为他们认为这一时期的水比"圣水"还灵验。除迷信的色彩，初秋的确是西藏地区沐浴的最佳时节。西藏高原冬长夏短，春天开始融化冰雪，这个时候的河水太冷；夏天有滂沱大雨，河水容易浑浊；秋天风和日丽，河水清洁温暖，因此自然是洗澡时间的不二选择。藏历天文书有记载：初秋之水有八大优点：一甘，二凉，三软，四轻，五清，六不臭，七饮水时不伤喉，八喝下不伤腹。高原上的水主要是融化了的雪水，雪水慢慢流过长满"雪莲"之类名贵草药的山涧坡地，晶莹剔透的雪水中溶进了名贵药物的有效成分，成为搐身、消毒、保健的天然浴液。因此，为人们祛病除灾、带走污垢的雪水，也给人们的健康长寿带来保障。

沐浴节开始之后，无论是城市、农村还是牧区，男女老少全家出动，聚集在河边溪畔，欢度这一年一度的节日。在岸边洗头、擦身的老年人，在水中边游边洗的年轻人，在水中嬉戏的小孩子，妇女们也情不自禁地跳到水里，尽情地享受这大自然的馈赠。江河湖泊敞开"胸怀"，将聚集而来的人们从头到脚冲洗得干干净净。沐浴节这七天，人们不仅天天来到河边沐浴，还要把家里所有的被褥重新清洗干净，所以沐浴节既是藏族人民所喜爱的传统节日，又是一年一度最彻底的、群众性的卫生活动。人们早晨出来，夜晚回到家中，带着青稞酒、酥油茶、糌粑和其他节日食品，每天洗完澡之后，坐在河边，边吃边喝，聊家常、谈古今。正是："金风习习天气凉，秋高气爽水清亮；拉萨河畔歌潮起，男女老少沐浴忙。风和日丽好风光，千家万户洗衣裳；洗净晾在河滩上，五彩缤纷放光芒。"

六、放水节

放水节是纪念率众修建都江堰水利工程、造福成都平原的李冰父子的节日。每到清明时节，都江堰便迎来了从公元978年开始的一年一度的放水节。唐代清明节期间在岷江岸边举行"春秋社牛戏"，以纪念李冰父子，这是最早的"放水节"。公元978年，北宋政府正式将清明节这一天定为放水节。古时每到冬季水少的时候，人们便用杩槎筑成临时围堰，使岷江水或入内江，或入外江，然后淘深河床，加固河堤，并形成了岁修制度。到了清明时节，地方官员要亲自主持放水仪式，举行盛大的庆典活动，拆除杩槎，让滚滚岷江水直入内江，灌溉成都平原千里沃野，这个仪式叫"开水"。在都江堰修筑以前，沿江两岸水患无常，人们饱受水旱之苦，为了祈求"水神"的保护，常常沿江"祀水"。都江堰修筑成功后，成都平原从此无水旱之忧，"水旱从人时无荒年，不知饥馑，天下谓之天府也。"成为天府之国。后人为了纪念伟大的李冰父子，将"祀水"改为"祀李冰"。老百姓们每年自发地到二王庙祭祀李冰父子，举办二王庙庙会，又称"清明会"。放水节再现了成都平原农耕文化，漫长的历史发展过程中形成的民俗文化，体现了中华民族崇尚先贤、崇德报恩的优秀品质，对弘扬传统文化有积极的现实意义和深远的历史意义。1990年，都江堰市委为了弘扬民族文化，决定恢复都江堰清明放水活动。2006年5月20日，该民俗经国务院批准列入第一批国家级非物质文化遗产名录。

七、朝水节

朝水节是诸多水节中的一种，是甘南舟曲藏族的重要节日之一。朝水节与端午节是同一天，即农历五月初五。朝水节是舟曲藏民适应自然环境的产物，每年农历五月初五，舟曲县周边的藏族群众，便会身着节日盛装，自发登上海拔3900多米的昂让山，在"曲纱"瀑布前举行规模盛大的"朝水节"。围绕瀑布"曲纱"进行朝拜、沐浴、撒放隆达（藏族群众抛撒符纸）等活动，祈求平安吉祥。从昂让雪山百米高的悬崖石孔中喷涌而出的一帘瀑布和崖下十几眼清泉被当地群众称为"曲纱"圣水，在"曲纱"飘落的山脚处，还有十几眼泉水，汩汩流淌，藏族先民们将它们命名为明目泉、健身泉、长寿泉、聪明泉等。传说在朝水节这天，天神在"曲纱"圣水中撒有仙药，沐浴和饮用此水，能医治百病，净化身心，消灾避难。朝水时，藏民们穿梭沐浴在飞瀑流泉之下，煨桑祈祷，鸣枪放炮，诵经祝愿，企盼来年五谷丰登、六畜兴旺。朝水后，人们携带"曲纱"圣水下山，各路歌手一路相互敬酒，对歌献艺，热闹非凡。身着节日盛装的藏族妇女们在野外手拉着手尽情地跳起"乐乐舞"，歌颂大自然和美好幸福的生活。男子们则由长者持矛领头，列成长队，吆喝呼应，摆出威武的"龙阵"，尽情地展示着山里人的粗犷与豪放。夜幕降临后，人们举行篝火晚会，男女老少尽情地唱歌跳舞，将节日的狂欢气氛推向高潮。

八、谢水节

谢水节是中国民间传统节日之一，主要盛行于藏族和白族。谢水节，藏语叫"竹木惹"，白族又称"田家乐"，是民间农事祭祀的节日，主要目的是求天神降雨和祈子。

1. 藏族谢水节

在节日这天，喇嘛们带着用糌粑做成的青蛙、蛇等动物，带领村寨中的善男信女，前往河渠或池塘边。喇嘛们念经做法，焚香烧纸，把做好的青蛙等动物模型放入水里，祈求神灵保佑，早降春雨。仪式结束后，在返回村寨的路途中，人们打着雨伞、戴着斗笠、披着雨衣，象征喇嘛们已经求到了春雨。回到村子里，人们就开始进行"敬塔子"的活动。塔子，又叫"吴瓦"，是高约两米左右的圆形建筑，塔内有一把刀子和一个小罗锅，代表生育。节日这天，久婚未育的妇女们便带上蜡烛、纸钱和供品，前往祭祀，希望早得贵子，传继香火。"敬塔子"后生育了孩子的妇女，也要在这天前去还愿。节日期间，各家各户都要准备美酒佳肴，合家欢聚，以示庆贺。拉萨著名的布达拉宫、大昭寺、色拉寺、哲蚌寺这一天对外开放。

2. 白族谢水节

白族谢水节也称"田家乐""关秧门"，节日活动和仪式的主要目的是祭祀水神，祈求水神保佑农业丰收。在全部插秧结束后，白族人举行"田家乐"活动以示庆祝，人们扛着秧旗，簇拥着打扮得十分滑稽的"秧官"，在村中游行。"秧官"头戴斗笠，斗笠上插一把秧苗，鼻子上架着墨晶眼镜，穿着长袍马褂，反骑着马，其后跟着化妆成渔、樵、耕、读等角色和打霸王鞭的队伍，一行人在村里巡回表演节目。表演用唱腔道白，大都是即兴之作，有的用吹吹腔演唱、唢呐伴奏，所唱内容多与栽秧等农事活动有关，也有关于男女爱情的。整个"田家乐"活动充满民间乡土气息和节日的欢快气氛，它以诙谐的形式、喜庆的色调，表现了白族人民在劳动后轻松快乐的情绪和祈求五谷丰登的愿望，体现了白族插秧活动娱乐和劳作有机结合的特点。

九、苗族龙船节

龙船节，是流行于黔东南的台江、凯里一带的节日。龙船节苗语叫"咋瓮"（意即划龙船），又名"娄瓮"（意即吃龙肉）。龙船节一般在清水江上举行，清水江穿过凯里，又名龙头江，每年农历五月，居住于此的苗族人民都要在这里欢度龙船节。清（同治）徐家翰的《苗疆闻见录》中记载："（苗人）好斗龙舟，风以五月二十日为端节，竞渡于清江宽深之处。其舟以大整木刳成，长五六丈，前安龙头，后置凤尾，中能容二三十人。短桡激水，行走如飞。"从文献记载看，苗族龙船节是从端午的龙舟竞渡发展而来，并形成了自己的传统。苗家习惯一是在赛龙船之前，一定要把秧插完，搞好农活，不然，参赛时会给人瞧不起；二是平时关系中有些矛盾而参加比赛的人，一上龙船必须握手言欢、团结一致；三是比赛的组织者在龙舟终点放出一只肥大活鸭，让抵达终点的水手追逐捕捉，场面十分热闹。每个村寨都自己制作精美的龙船，还建有保护龙船的船房。龙船下水前，村寨中的一位长者站在沙滩上，面对龙船唱念祖先起源的神秘古歌，并杀一只公鸡祭祀祖先，以保佑船只平安。划龙舟的队伍由鼓头、锣手和水手组成。鼓头是龙舟上的指挥，是全寨推选出来最有威望的人。一个十来岁的孩子担任锣手，水手共 38 名，由寨子里的剽悍青年担任。比赛时，水手每人手持一支一手掌宽、约 1.5 米长的扁担形木桨，身披蓑衣，头戴斗笠，以示祈雨。划龙舟比赛场面十分激烈，这是一项赛体力、比技术、比智慧、练勇敢、促团结的体育活动，是苗族民间体育活动中较为引人瞩目的一项运动，深受苗族人民的喜爱。

第二节 水与民族风情

一方水土养一方人。我们通常会说我们有浓郁的故土情结，所谓"落叶归根"，那是因为我们自古以来世世代代都生活在那片土地上。然而，世界上却有一部分民族以水为家，以舟为居，在江河湖海中繁衍生息、繁荣发展。还有一些民族虽然并非以舟为居，但其生存却与水有着非同寻常的关系，如那些生活在海洋岛屿、江河沿岸或河道两旁的民族，同样可以看作是以水为家、因水而居的民族。这些因水而居的民族，往往有着与我们完全不同的生活方式和民族习惯。

一、江上渔民——赫哲族习俗礼仪

在我国东北黑龙江省的三江流域，即黑龙江、乌苏里江和松花江沿岸，生活着一支以渔猎为生的民族赫哲族,他们的生活习惯具有鲜明的水居民族特色。

1. 三江流域的渔猎民族

在中国东北的最北端,生活着一个独特的民族,这个民族最为人们所熟悉的便是他们的日常交通工具狗拉雪橇,这个民族就是勤劳、勇敢、质朴的赫哲族。赫哲族是明代女真人的一个分支,"赫哲"原本称"赫真",是赫哲人自己对本民族的称谓,其基本意义为"下游"(可能与其祖先主要生活在黑龙江下游有关)、"东方"等。现在的赫哲族主要分布在黑龙江省的同江、饶河、抚远等县,在佳木斯和桦川、依兰、富饶等地也有少数人散居。分布在不同地区的赫哲族往往有不同的名称,譬如居住在富锦县大屯沿松花江上游的自称为"那贝";居住在勒得利村沿黑龙江下游至乌苏里江的称"那尼傲";居住在嘎尔当屯至津口村的称"那乃",等等。清代的官方或民间文献中,以"黑斤""黑真""赫真""奇楞""赫哲"等称呼之。新中国成立后,统一族名为赫哲。

2. 桦皮船与雪橇

赫哲族人的交通工具有浓郁的地方色彩,并且根据当地的气候条件,冬夏有别:冬天以踏滑雪板或役犬拉雪橇,也就是狗拉雪橇为主;夏季则以各种桦皮船、舢板为主,并以此从事运输和生产(捕鱼)。当地人把狗拉的雪橇叫做"拖日气"。赫哲人家家养狗,主要用来拉雪橇。一辆"拖日气"载重可达三四百斤,并且速度快得惊人,在雪地上奔驰一天,行程可达200余里。拉"拖日气"的狗必须精心喂养,它们吃新鲜的鱼肉,所以个个膘肥体壮,而且经过长期的调教与训练,能听懂驾驶者的指令。"拖日气"的形状像一条船,有的文献上将其称为"陆行乘舟"。"拖日气"的大小并非完全一致,有的大有的小,载重量也不完全相同。拉"拖日气"的狗最少四五只,最多可达几十只。有资料显示,元明时期,从乌苏里江到黑龙江下游出海口,远至库页岛之间设置有很多"狗站",也就是狗拉雪橇的驿站,供路过的"拖日气"休息调整。除"拖日气"外,滑雪板也是赫哲族人冬季常用的交通工具,用以补充"拖日气"运力的不足。

桦皮船是中国北方渔猎民族以纯天然桦树皮制成的渔船,满族称"威乎",鄂温克族称"佳乌",赫哲族则叫"乌没日沉",它是赫哲族人夏季最常用的渔猎生产及水上交通运输工具。桦皮船的结构由船体、船桨、小鱼篓三个主要部分组成,骨架多用樟木、柳木等耐水浸湿的木料制成。船体长约两丈左右,船的两端微微上翘,船体重量不大,便于搬运使用。在船体和船底的桦木皮上还要涂以松脂,以防进水。

3. 鱼食文化

赫哲族人的饮食习惯与其生活环境密切相关,简单地说,其饮食文化的主流就是一种鱼食文化。赫哲族人的鱼食文化非常丰富,除了将鱼肉加工成熟食之外,他们还喜欢食用全生或半生的鲜鱼。生鱼片是赫哲族人常吃的食品,当地人称为"拉铺特克",就是把捕到的活鱼肉剔下来,横切成薄片,蘸醋、盐和辣椒油等去腥调味品调制的调料吃。赫哲族人还常食拌菜生鱼,当地人叫"他勒卡",这是把新鲜的生鱼切成片或丝,加入各种新鲜蔬菜拌制而成的凉菜。赫哲族人有时候也喜欢吃烤鱼片,即燎烧鱼片,当地人叫"达勒格切",是把鲜鱼切成连在鱼皮上的鱼串,然后从其一端串入木签,在旺火上燎烧成四五成熟,下火后再切成小段,蘸上醋、盐和辣椒油等调味品吃。渔猎丰收时,赫哲族人把鲜鱼制作成冻鱼和生鱼干储存食用。冻鱼可制作成冻鱼片,当地人叫"鱼刨花",是把冻实的上等好鱼剥皮后切成很薄的片，蘸醋、盐、辣椒油、韭菜花、酱等混拌的调味品吃。生鱼干，就是把新鲜的生鱼分解成片、条、块等，腌制成鱼披子晒干储存，食用时用木棒捶软即可。除此之外，赫哲族人还喜欢把鱼肉加工成鱼松，当地人把它叫"它斯恨"，餐餐食用。

赫哲族人吃的"饭"主要是"拉拉饭"和"莫温古饭"。拉拉饭是用小米或玉米碾碎后做成的很稠的软饭，在饭上通常要拌上鱼松或各种动物油，吃起来香软可口。莫温古饭是小米和鱼或兽肉放在一起煮熟，加盐后做成的咸稀饭。

4. 衣饰与图案艺术

赫哲族人的日常生活中有不少颇具特色的民俗习惯，且都与其独特的水域生活密切相关。在很早以前，赫哲族人用鱼皮、鹿皮、狍皮等制作衣服和靰鞡（皮靴）。大约在二三百年前，赫哲族上层人士受中原农耕文明的影响，开始用布匹、绸缎面料制作衣服，但普通百姓的衣服仍用兽皮和鱼皮制成。直到20世纪初，赫哲族才开始广泛盛行各类棉布和丝绸面料的服装，兽皮和鱼皮不再是主要面料。赫哲族人的衣服款式多样、色彩丰富。早先的赫哲族妇女喜欢在衣服边缘饰以醒目色彩的装饰，还要在衣服边缀上铜铃，看上去很别致。后来赫哲族的男男女女都喜欢穿大襟长袍、短褂或坎肩，并装饰各种各样的图案，丰富简约，生动雅致。可以说，赫哲族的装饰图案艺术非常精良，他们的衣服、鞋、帽、被褥等都喜欢装饰各种各样的精美图案，如绣制各种与水有关的云雷纹、花草纹、动植物造型图案及抽象的几何形图案等。另外，在餐具、桦皮制品上雕刻各种山水、花鸟、走兽、云纹、二方连续纹样等，看上去生动别致，饶有趣味。

5. "伊玛堪"说唱艺术

赫哲族人有丰富的民间艺术，其中流传最广的是一种叫作"伊玛堪"的民间说唱艺术。它是赫哲族独有的民族艺术，主要表现的内容为三江流域的民族生活，如渔猎劳动、爱情、水域日常伦理与嬉戏等，广泛流行于黑龙江省三江流域的赫哲族聚居区。"伊玛堪"说唱艺术通常是讲一个喜闻乐见的民间故事，有时连续几天才能讲完，故事内容有歌颂本民族的英雄人物、各类有趣的民间传说、纯真的爱情、萨满求神及风俗民情等，唱词押韵合辙，听起来饶有趣味。在不同聚居地，唱腔曲调风格有所不同，常见的曲调有"赫尼那调""赫里勒调""苏苏调""欢乐调""悲伤调""老翁调""少女调""叙述调""下江打鱼调"等。"伊玛堪"的表演没有乐器伴奏，基本以说为主、以唱为辅，代表性作品有《什尔达鲁莫日根》《满格木莫日根》《木竹林莫日根》《英土格格奔月》《亚热勾》《西热勾》等。2011年，"伊玛堪"说唱艺术被列入联合国教科文组织"急需保护的人类非物质文化遗产名录"。除了"伊玛堪"，在赫哲族聚集区还流传着一种叫作"说胡力"的民间艺术，严格来说，它是民间寓言、民间童话、民间神话、民间传说与民间文学的通称，内容丰富，形式多样，寓教于乐。

6. 沼泽上的舞蹈

赫哲族人能歌善舞，有自己独特的民间舞蹈，如萨满舞、天鹅舞、哈康布力、庇里西勒、跳鹿神舞等，舞蹈形式节奏鲜明、欢快生动，多以反映民族祭祀、狩猎、捕鱼等为主要内容。萨满舞与赫哲族传统的宗教信仰萨满教密切相关，以祭祀各类神灵为内容，是赫哲族祭祀崇拜的主要仪式。与萨满舞风格接近的是跳鹿神舞，它是赫哲萨满祭祀最著名的代表性舞蹈。天鹅舞是赫哲人的一种个性独特的舞蹈，往往在沼泽上进行。由于有不少赫哲人生活在沼泽地带，每年的特定季节都会有大量的天鹅竞相飞来觅食，于是在民间曾流传过优美抒情的天鹅舞，但一度失传。20世纪50年代，黑龙江的文艺工作者深入赫哲族民间，在赫哲族群众的协助下，曾整理、编演了一部旨在传承民族艺术的《天鹅舞》，在赫哲族人聚集区表演后，深受当地人民的喜爱，后来哈尔滨电影制片厂还将其录入《黑龙江歌舞》这部舞台艺术片内。哈康布力是以前在赫哲族民间流传的一种集体舞，"哈康布力"为赫哲语，"哈康"类似达斡尔舞蹈的"罕伯"，是青年男女拉着手跳舞时发出的呼叫声。"布力"即"跳"或"做"的意思。哈康布力是赫哲族青年男女拉着手跳的一种舞蹈。跳舞的过程中，男女手拉手，也会相抱转身，或并进并退。据凤凌纯声著《松花江下游的赫哲族》一书称："正月初一日晚上开跳舞会，青年男女相抱跳舞，名曰'哈康布力'，此种跳舞，男女双方同意后，即可同跳，不跳的人坐而旁观。"该书还披露，在赫哲族依玛堪故事《查占哈特儿》中曾记载：赫哲人风俗，每年正月初一日，青年男女聚集在宽阔房屋中一起跳舞，并有种种游戏，如"巴力其"（扮盲者捉迷藏游戏）、"阿尔初阔其"（即玩嘎什哈）、"哈康布力"等。"庇里西勒"也叫庇里沁或皮里西勒，也是赫哲族的一种民间舞蹈形式。据说跳这种舞蹈就是赫哲族人的"踢踏舞"，基本动作就是"踢踏步"，形式活泼，人数不限，动作要协调统一，方能踢打出各种悦耳的节奏，听起来欢快、热烈。

二、饮睢水，成睢人——水族习俗礼仪

在中华民族的大家庭里，有一个独特的民族——水族。水族现有人口约40余万，主要分布在贵州和广西交界地区的龙江、都柳江上游地带，其中贵州省黔南布依族苗族自治州内有一个三都水族自治县，是中国目前唯一的水族自治县。贵州的荔波、独山、都匀等县也是水族居住相对集中的地区。其他如贵州东南的丹寨、从江、雷山、榕江、黎平等县，广西北部的南丹、环江、河池、融水等县市，云南省富源县等，也散落有水族村落。

水族人称自己是"睢人"。据说该支族系发祥于中原地区的睢水流域，故民间有"饮睢水，成睢人"的说法。据何光岳《百越源流史》一书披露，水族原本居住在中原地区的睢水流域，在殷商亡国之后，水家先民迫于生存的需要开始从中原往南迁徙，逐步融入广东、福建等东南沿海的百越族群中，水族先民带来了中原文化，并与当地的百越文化相融合。水族先民南迁之后，很可能融入了百越部落的"骆越"支系中，然后逐步发展成为相对独立的单一民族。

既然水族人自称睢人，为什么后来又改称"水族人"呢？据说这与唐代设置的抚水州有关。据《唐书·南蛮传》载："开元中，置莪、劳、抚水等羁縻州。"也就是说，在唐朝开元年间，王朝政府在今黔桂交界的环江一带设置羁縻抚水州，用以安抚以水族先民为主要对象的当地民族部落，这是唐王朝对自称"睢人"这一族群的正式确认。从此，睢人成了中华民族大家庭中官方认可的单一独立民族，族名也因抚水州的设立而以"水"代"睢"。1957年，国务院批准成立三都水族自治县，族称被认定为"水族"。

水族有本民族的语言和传统文字，但在其日常生活中通用汉语。在我国，汉藏语系有四个语族，即汉语族、壮侗语族（或称侗台语族、侗泰语族、台语族）、苗瑶语族和藏缅语族。水语就隶属于汉藏语系中的壮侗语族侗水（侗台）语支。水族的古文字被汇编成一

部知识杂糅的典籍,水语称为"勒睢/泐睢",也就是汉语言中所说的"水书"。内容涵盖了水族日常生活的各种知识,也包括民族文化、宗教信仰等方方面面。水族古文字体系保留着远古文字的特色,图画文字、象形文字、抽象文字交融杂糅,共有2500多个单字,很多为异体字。水书是中原夏商文化在水族历史中传承发展的遗存,被称为水族人的精神支柱,有水族的"易经"和"百科全书"之称。2002年,国家档案局、中央档案馆将水书作为重点民族古籍进行收藏,并将其列入首批"中国档案文献遗产名录"。2006年,水书又被列入首批国家级非物质文化遗产名录。

1. 水族的传统节日

水族的历史悠久,文化璀璨,节日繁多且各具特色,根据水历,水族有自己本民族特有的传统节日卯节、端节、苏宁喜节、敬霞节等。

(1) 卯节,水语称"借卯"。只是三都县九阡地区和与之相临的荔波县部分地区水族人过的节日,相当于汉族春节,日子选在插秧结束之后的水历九、十月(阴历五、六月)的卯日,并以辛卯日为上吉日,共分四批轮流过节。由于"卯节"和"端节"事实上都是过年,故过卯节的地区不过端节,过端节的地区不过卯节。卯日是节日活动的高潮。新年初一的卯日盛行着赶卯坡青年男女唱对歌的习俗。卯坡是经过多年遗俗选定下来的,专让青年男女以唱对歌的形式进行广泛社交活动的场所。一般多选在一个依山傍水地势较宽,能容纳下数万人平坦的坡顶上去进行。届时,不仅过卯节的村寨青年人要上卯坡对歌,就是不过卯节的外寨和毗邻各县的男女老幼也会赶来参加盛会。开始对歌前,先由一德高望重的老人当众宣布对歌场上的戒律:只准未婚青年男女方可参加对歌。并预祝对歌的后生们能在对歌声中寻到自己的意中人。于是,在一片吆喝嬉笑声中,青年男女三五成群各自寻找自己唱对歌的对手,在卯坡的树丛中、草地上、山石旁,或站或坐地撑起各色花伞遮住脸对起歌来,如果男女双方唱得合心合意,事后只要由男方家带着猪、酒、糯米等认亲礼品前去认亲,选好了婚期便可成婚,一般家中很少干涉。因此,卯节素有"古老的东方情人节"之称。

(2) 端节,水族人称之为"借端"。三都、都匀、独山、荔波等地的绝大多数水族地区都过这一节日,是水族同胞所欢度的民间节庆中最为隆重、最盛大的节日,相当于汉族春节。每年水历正月(阴历九月)到二月(阴历十月)逢亥日,就是水族过"端"的日子。端节从首批至末批,延时50余天,被称为世界上历时最长、批次最多、特色浓郁的年节。水族端节2006年被列入首批国家非物质文化遗产名录。

2. "吃小酒"与"吃大酒"的婚俗礼仪

水族的男女婚俗保留有浓郁的中原传统文化因子。讲究明媒正娶是水族婚俗的最大特点,即便是自由恋爱,也不可视婚姻为儿戏。水族婚俗的基本程序是:男女可以利用节日及赶集时的对歌活动交游试探,如果相互之间有好感,可以接触相恋,待确定恋爱关系后,必须托人告诉双方家长。在家长认可同意后,男方家长要积极主动,请媒人去女方家游说,并要送上定亲礼,商议定亲的具体细节和日期,这种习俗与中原地区传统婚俗基本相仿。

正式定亲时,男方家里还要备上彩礼,派人抬着小猪仔去女方家举行定亲仪式,称为"吃小酒"。"吃小酒"之后,男女双方经过一段交往,待时机成熟后,男女家长和媒人还要商议正式迎亲的良日。婚礼当天，男方家要派人抬着大猪去女方家提亲并举行迎娶仪式，称为"吃大酒"。"吃大酒"宴席很隆重，一般都要唱敬酒歌，女主人每唱一首歌，客人就得喝一杯酒，客人喝醉不是丑事，只能说明主人的盛情。水族人的送亲仪式很特别，往往是新娘盛装打扮以后，打一顶故意撕开一条缝的红伞在前面步行，伴郎、伴娘及抬嫁妆的队伍紧随其后，个别地方也有新娘的兄弟背新娘送至新郎家的。出嫁的时辰很有讲究，一般是中午时分出娘家门，到傍晚吉辰到时才能进夫家门。如果时机未到，先行进门，以后可能会出现新娘不跟丈夫住在一起或夫妻不和的危险。由于生活环境的原因，新娘出嫁时最忌讳打雷变天，所以多数婚期都安排在秋冬天举行。一些地方在新娘进门时还有特殊的要求，要跨马鞍、跨火盆，还忌讳踩门槛，怕将来新娘不落夫家。新郎家的亲人们在新娘进门前必须外出回避，不能在房前屋后与新娘直接见面，只有新娘进屋后才能回家。婚礼当天晚上，新婚夫妇可以同寝共枕一宿，第二天新娘必须回门去娘家住，这个环节叫做"坐家"。"坐家"的时间并不严格，总之是停一段时间后，新郎再去请新娘回来，开始正式的夫妻生活。水族姑娘出嫁后要完成的第一件事是挑水，这大概也是因为这个民族与水的亲密关系而形成的一种象征性仪式。

3. 酸汤火锅与"肝胆酒"

水族人生活的地区大都毗邻河流水域，所以水稻是其最主要的农作物，一些地区也种植小麦、玉米、谷子、红薯及豆类等辅助杂粮作物。所以水族人的主食主要是大米，兼及其他杂粮。水族人常种的蔬菜主要有青菜、韭菜、广菜等。肉食习惯以鱼肉为主，其他肉类也因人而食，并无特别之处，与南方汉族人的生活习惯相差无几。

水族人最爱吃火锅或酸汤大锅菜，一年四季都围着火锅进食，很少炒菜。火锅的料汤主要是各种酸汤，如辣酸（辣椒制成）、毛辣酸（西红柿制成）、鱼酸（鱼虾制成）、臭酸（猪、牛骨熬制而成）等。吃饭时先把各种蔬菜煮熟，然后把酸汤和蔬菜加调料搅拌后放锅中加热即可。米饭加上这种美味的火锅菜是水族人最常见的进食方式，一般招待客人通常也是以这种火锅为主。

水族人和汉族人一样喜爱喝酒，而且家家户户都会烧制米酒。用自制的肝胆酒招待客人是水族人最主要的生活方式。之所以叫"肝胆酒"，是因为这种酒象征着主人和客人肝胆相照，同甘苦，共患难。每逢节假日或亲朋好友来访，都离不开以这种肝胆酒招待客人。所谓肝胆酒，是用猪胆浇制的酒，即杀猪时要先把猪胆留下来，与客人喝酒时，酒过三巡，主人便取出保存的猪胆，把胆汁倒入酒壶，每人各斟一杯，由客人先喝，主人最后喝。喝到高潮时，有时还要喝交杯酒，也就是宾主联臂举杯，各自将对方递过来的酒饮下，以示诚意。另外，若多人一起饮酒，主客之间往往和旁边的人手拉手，一起高声叫"哟"或"秀"（干杯），要连喊三次，第四次开始喝酒，一般从长者开始，其后自然轮流，轮到谁谁喝，喝酒时大家都要一起叫"哟"或"秀"，直到最后一位喝完为止。这是水族人很特别的一种饮酒习惯。

4. "水家布"与服饰习俗

传统的水族男子喜欢穿大襟无领蓝布衫，头戴瓜皮小帽；年龄较大的长者喜欢着长衫，缠里布包头，脚腿要裹绑起来，便于取暖和行走。但近代以来，水族男性服饰汉化色彩明显，与周围汉装差别甚微。水族妇女服饰考究，至今仍保留有鲜明的民族特征。水族妇女大都会织的"水家布"(即九阡青布),纱质精细,手工精湛,着染青、蓝、绿等色,而且长期日晒雨淋、捶洗搓捏,没有明显的掉色现象。水族还有自己独创的印染工艺——豆浆画,深受本族人民喜爱。水族妇女的日常服饰多以自制"水家布"缝制,头戴彩色或青白包巾,身穿无领大襟半长衫、长衫,或青黑蓝色圆领立襟宽袖短衣,下穿长裤,结布围腰,脚穿绣青布鞋。若遇节假口或婚礼,水族妇女则要盛装打扮,穿戴华丽,头、颈、腕、胸、耳、脚等,都要佩戴各种饰品。

5. 水族的日常禁忌与民居建筑

水族人在生活方面有许多禁忌,如忌见成群的乌鸦,认为成群乌鸦出现的地方会有乱事;忌出门时飞鸟屙屎掉在自己身上、蛇和蚂蚁进家或马蜂在家做窝、野兽进寨等,认为这都是不顺的兆头;忌外出看见陌生孕妇,或出门办事时碰到异性解手,这对做事不利;忌猪、牛进家,认为这是不祥的征兆,要把进家的猪、牛杀掉敬神;忌家犬一胎仅生一子、家猪一胎仅生二子,忌家鸡在酉时鸣叫;忌已出嫁的女子死在娘家,认为这对整个村庄不利;人死后,同一地区的族人一律忌荤食素,但可食鱼。

水族村寨一般建在平坝处,建在半山腰台地的也不少,极少在山顶建村。古人说"宅,择也,择吉处而营之也",又言"地善则木茂,宅吉则人安"。水族村寨建设在选址上一般要求满足以下四个有利条件:一是周围必须有丰富的水源,容易取水;二是周围必须有丰富的建筑材源,容易取得建造房屋的建筑材料,如竹林、树林等;三是周围必须有肥沃的土地,便于耕种;四是周围尽量少有野兽出没。水族村寨的结构松散自由,很少严格规划,村落布局取决于地势环境。水族民居的外貌特征及类型主要有木楼、吊脚楼、杉皮屋、昂(一种干栏式房屋,多用杉木和松木建成)、草房等。水族民居的平面结构不外乎有五个基本单元,即楼梯、走廊、卧室、堂屋、客厅。一般最低一层用以饲养牲畜、放置劳动工具、存放家具什物等。总之,水族的民居建筑一般依地势而建,讲究便利,风格自由散漫,简单实用。

三、南海小岛上的水居民族——京族习俗礼仪

京族是我国南方人口较少的民族之一,京族大部分生活在广西壮族自治区防城港市防城区(原防城各族自治县)江平镇的澫尾、巫头、山心3个小岛上,三岛素有"京族三岛"之称。所以,严格地说,京族是中国唯一生活在小岛屿上且位列56个民族之列的海洋民族。京族有自己的语言即"京语",与越南语很接近,但没有完整的文字,通用粤语和汉文。

1. 以海为生,打鱼为业

京族的主要经济类型是捕鱼业,但在3个岛上也有大量农耕种植,属沿海渔业和农耕相混合的生产方式。1951年,中央访问团联络组曾深入京族地区调查访问,并写出《防城二区巫头、澫尾、山心越南族概况》,文中写道:"据老辈传说,越南人(即京族)……做海为生,大概10多代前,刘、阮两姓在海上打鱼,赶着一群大鱼来岛上,当时岛上没人住,荒草树木,虎兽很多,越人见此人少,打鱼做海容易,即住下来。"文中还提到刘、阮两姓后来又邀约他人"同来做海,此后子孙繁衍,有了这么多人"。如今,珍珠养殖、鱼类加工和海马养殖是京族最主要的收入来源,每年都能为他们赢取丰厚的利润。

京族沿海而居，靠海吃海，会制作各式渔具。拉网、刺网（定刺、流刺、旋刺）、塞网，还有专门针对特定捕捞对象的鲨鱼网、南虾网、海蜇网、鲎网、墨鱼网等，渔具之多、分工之细，形成了京族发达的渔业文化与独特的渔业风情。每年农历6月至9月，渔民会带高跷具、虾笋网等工具来到海边，用一块毡布将膝盖包裹住，把高跷的上端绑在小腿的上方一侧，在浅水区域下海后，以网笋口触地，捕获鱼虾等。京族人还有一种特殊的捕捞海虾的方式，用虾笼、支柱、拦网在海面上排成错落有致的几何虾灯队列，虾笼里点上油灯，诱使海虾入笼而捕之。吹着习习海风，盏盏虾灯，在水面上摇曳生辉，真是道不尽的诗意唯美。

2. 唱哈节及其他

京族有很多节日与汉族是相似的，如春节、清明节、端午节、中秋节等，但民族特色最浓郁、最隆重热闹的节日是唱哈节。唱哈节也叫哈节，所谓"哈"或"唱哈"其实就是唱歌的意思，这个节日就是京族的传统歌节。唱哈节在不同的京族居住区时间并不统一，沥尾岛和巫头岛的京族居民一般在京族农历六月初十进行，山心岛的京族居民一般在京族农历八月初十进行，红坎乡的京族居民一般在京族农历正月二十五进行。与其他各民族的节日一样，京族唱哈节也伴随着浓郁的祭祀活动。一般在节日的前一天，要把京族信奉的诸神迎到哈亭，等到第二天，也就是节日当天，大约从下午三点钟开始祭神、祭祖仪式，仪式结束，即可入席饮宴，宴饮之后便是通宵达旦的唱哈活动。唱哈节的主要活动自然是歌唱，伴以乐舞音响。歌唱的主角是"哈妹"，有的还间以比武、角力等娱乐活动。唱哈节通常要持续三天三夜，结束时还要进行送神仪式，送神仪式结束，唱哈节也随之结束。

除了唱哈节，京族的其他节日也有很多礼仪习俗，如春节时家家户户都要做"白薯"（又称米乙），大年初一早餐不能吃荤、不能喝酒，春节期间全村老少都要到哈亭用鱼、猪、鸡等祭拜诸神，在家里还要拜自己的祖先等。

四、西南边陲江域民族的习俗礼仪

在我国西南边陲的丽江、怒江、澜沧江和金沙江两岸等地，生活着一些少数民族，主要有纳西族、傈僳族、独龙族、怒族、普米族、白族等，这些少数民族靠江而生，往往有自己独特的民族风情和生活习惯。

1. 怒江畔怒族的习俗礼仪

怒族是云南怒江和澜沧江两岸的古老民族，自称"怒苏"（碧江）、"誓阿怒"（福贡）和"阿龙"（贡山）。该民族生活的地区重峦叠嶂、江河汇聚、飞泉瀑布、激流险滩，令人目不暇接。由于交通闭塞，怒族人以前很少与外界交往，并逐渐形成了自己独特的语言和衣食礼仪。乾隆《丽江府志略》载："怒人，居怒江边，与澜沧江相近。男女10岁后，皆面刺龙凤花纹"。1957年初，在碧江县一岩洞里发现了怒族古代绘画——洞穴壁画和崖画，形象清晰可辨，笔法简练，线条粗犷，生动传神。怒族人善于歌唱，其歌曲有很多是根据特定场景即兴编唱的，所以生活气息特别浓厚，但其曲调有一定格律，歌舞时以口弦、笛子、葫芦笙、琵琶等伴奏。但也有一些相对固定的题材和曲调，如较流行的《祭猎神调》《瘟神歌》《婚礼歌》等。怒族人特别喜欢跳舞，舞蹈动作喜欢模仿动物的活动形象，如喜鹊舞、鸡舞、猴舞等；也有不少表现生活和生产场景的，如洗衣舞、割麦舞等。

第二节 水与民族风情

怒族相信万物有灵，认为山川大地、树木花草、风雨雷电等自然物和自然现象都有神灵主宰，各路鬼神主宰着人的祸福。不过由于地域不同，各地信仰的对象和具体内容也不尽相同，譬如碧江怒族崇奉的山鬼称为"米枯于"，福贡县崇奉山神为"宽赤"，而贡山县信奉山鬼则称为"木里布拉"；碧江怒族崇奉的水鬼称为"独药于"，而贡山县信奉的水鬼则称为"昂布拉"。

怒族的传统服饰多用麻和棉布制成，男子喜欢穿长衫，妇女则喜欢穿裙子，佩戴河水里采集的珊瑚、料珠、贝壳等穿缀而成的头饰和项链。

过去，怒族人的住房较为简陋，所谓"怒人居山巅""覆竹为屋，编竹为垣"，房屋多为干栏式，依山傍水而建，分木板房和竹篾房两种。怒族人过江的工具主要是自制的溜索，分平溜和陡溜两种，正是这种古老的飞渡工具保持着怒江两岸人民的交往与联系。

怒族人喜欢喝自制的"咕嘟酒""浊酒"，但凡贵客光临，必以酒相待。

2. 怒江、澜沧江和金沙江两岸的傈僳族及其习俗礼仪

傈僳族是云南特有的民族，主要聚居于滇西、滇西北的怒江、澜沧江和金沙江两岸的河谷山坡地带。傈僳族有自己的语言，但原有文字很不完善。傈僳族妇女喜欢穿绣花上衣，麻布裙子，戴红白料珠、珊瑚、贝壳等饰物。傈僳族和怒族一样，也钟爱歌舞艺术，有"盐，不吃不行；歌，不唱不得"之说。傈僳族民间文学丰富多彩，《创世纪》《我们的祖先》等神话、传说，是研究傈僳族远古历史的宝贵资料，也是中国民间文学宝库中的珍品，其诗歌比较讲究韵律节奏和整齐对仗。在一些双关语的诗句中，常巧妙地包含着意境清新的隐喻，这是傈僳族诗歌最突出的特点。傈僳族人修建房屋一般在一日之内就要盖成，否则就被认为不吉利。为此，房主人必须依靠亲戚朋友及村邻通力合作，即傈语所谓的"瓦爪"。盖房的前几天，主人要事先通知拟请之人，并请巫师择定吉日，届时大伙一齐动手，即日完成。傈僳人也喜欢喝自酿的水酒和烧酒，有"无酒不成礼"的礼俗，可以说酒是他们宴宾待客必不可少的饮料。傈僳人举行酒宴，必先将自己的竹筒杯斟满，然后往地上洒酒少许，以示祭祀祖先。接着自己举杯略饮，先喝为敬。之后要把客人的酒斟满，双手捧献给客人饮用。傈僳人有饮"同心酒"的习俗，"同心酒"亦称"合杯酒""贴面酒""双边酒"等。指两个人共同捧起一筒或一碗酒，并且要相互搂着对方的脖子和肩膀，一起仰面同饮。象征着友好、团结和信任。傈僳族不仅喜欢喝酒，而且也喜欢喝一种麻籽茶。制作麻籽茶时，就是把成熟的麻籽入锅用微火焙黄，然后捣碎放入烧开的沸水中煮炖片刻，煮好后取出沥渣，将汤内放盐或糖，再入锅煮沸即可饮用。傈僳族还是一个"多节"的民族，主要节日有"阔时节""新米节""火把节""收获节""刀杆节""拉歌节""澡塘会"等。其中"阔时节"是最主要、最隆重的传统节日，亦作"盍什节"。"阔时"是傈僳语的音译，"阔时"的意思是"岁首""新年"等，所以"阔时节"类似于春节。

多数傈僳族已婚妇女喜欢头戴一种叫作"俄勒"的珠帽。"俄勒"是一种造型别致的帽子，用珊瑚、料珠、海贝、小铜珠编织而成，上面点缀一些小铜珠。一般脑后用海贝串、额前铜珠串做成帽子的上下两边，通常用红白两色珊瑚、料珠串为帽子中心的帘式或半月形珠帽，戴上后能将妇女的头部和两侧耳鬓罩住，看上去有种"帘内美人"的感觉。由于珊瑚、料珠、海贝、小铜珠等搭配合理，还能给人以华美、尊贵之感。说起"俄勒"

这种帽子，在傈僳族民间还流传着一个美丽动人的传说故事：很早以前，怒江地区连年大旱，土地焦黄，河水断流，无数百姓在饥饿难耐中死去。米斯神看到一对青年男女善良勤劳，不忍心让他们失去年轻的生命，就指引他们来到一个山清水秀的地方安了家，两人男猎女织，相依为命，无奈自然条件恶劣，两个人生活依旧艰辛。眼看天气越来越冷，男青年依旧衣不遮体。为了给心爱的小伙子做一身舒适合体的衣服，姑娘费尽周折，终于找到一片荨麻。于是，姑娘开始用荨麻做原料，经过一系列的加工，如撒、撕、煮、洗、捻等程序，终于为小伙子织成一件美观结实的横纹麻布长衫。当小伙子看到姑娘给他织就的漂亮衣服时，竟激动得一时说不出话来，心里却感到姑娘今天格外美丽。突然，小伙子心里暗想，如果给心爱的姑娘做一顶帽子，她岂不是更美？于是，一个月光皎洁的夜晚，他仰望着天上的星星和月亮，恨不得让自己心爱的人"披星戴月"。第二天，小伙子便跋山涉水，不辞辛苦，来到唐古拉山脚下的一个大湖旁边，找到了海贝，回家后把海贝精心打磨，然后用姑娘搓出的麻线把磨好的海贝片串起来，再加上采摘的白色、红色的树果子，很快做出了一顶美观大方的帽子——"俄勒"。做好后，小伙子选择一个月光明亮的晚上，给姑娘戴上"俄勒"，而姑娘也取出长衫披在小伙子身上。从此，二人恩爱有加，相伴终生。如今，傈僳族姑娘小伙谈情说爱，男方必定要做一顶"俄勒"作为定情之物，送给自己心爱的姑娘。同样姑娘也要亲自为心爱的小伙织做一件长衫，回赠自己的意中人。这已经成了傈僳族一种世代相袭的礼俗。

3. 金沙江上游的纳西族及其习俗礼仪

纳西族是我国云南省较大的一个少数民族，主要居住在金沙江上游的丽江市、玉龙纳西族自治县等地。关于纳西族的起源还有一段美丽的传说：遥远的古代，纳西族人的原住地突发大水，大水淹没了大批村庄和良田，多数人死于水患。但有一个叫崇忍利恩的人却劫后余生，活了下来。后来崇忍利恩与天神知劳阿普的女儿衬红褒白不期而遇，一见钟情。衬红褒白把崇忍利恩带回天庭去见自己的父王，怎奈天神知劳阿普坚决反对这门亲事，并想出了一些令人匪夷所思的法子来为难崇忍利恩，例如让崇忍利恩赤脚过刀梯，一昼夜要伐完99片森林并将其烧光，然后在那里撒下种子，再一昼夜把刚刚撒下的种子如数收回等。但崇忍利恩却神奇般地完成了，原来这位崇忍利恩也不是一般的人物，他的祖先能连翻99座山、连涉77条深谷而不知疲倦。最终，知劳阿普无可奈何地把女儿嫁给了他。二人成婚后回到人间，男耕女织，过着美满的生活。很快他们有了自己的三个儿子，但这三个儿子生下来都不会说话，二人便祭拜天父天母，最终三个儿子都能开口说话了，但他们的话语却各不相同。老大说的是藏语，后来他的子孙就发展为藏族；老二说的是纳西语，后来他的子孙就发展为纳西族；老三则讲的是白语，后来他的子孙就发展为白族。这一故事说明，纳西族与当地的藏族和白族等有着千丝万缕的联系。纳西族崇尚爱情自由，如果青年男女情投意合，女方要故作反对，男方便会硬抢，这就是他们独特的抢婚风俗。此外，纳西人还有殉情的风俗，情侣出于某种原因决定殉情后，就会选择一处高山跳下，以示对爱情的忠贞。纳西族也有很多节日，但最主要的是三朵节，一般在农历二月初八举行。节日期间，踏青赏花，赛马拨旗，跳"阿哩哩"舞蹈等，极尽欢乐之情。此外，还有火把节、正月农具会、三月龙王庙会等。纳西族妇女的服饰因地区而异，但大都华丽美观，引人注目。

第二节 水与民族风情

由于临江而居,纳西族与水的关系极为密切,并逐渐形成了祭祀水神的文化。纳西族的祭祀活动一年之中多达 30 多次,其中最隆重的有 3 次。祭龙王就属于其中最隆重的祭祀活动之一,祭龙王分为大祭、小祭两种类型,凡遇到天灾人祸、久旱不雨或久雨成灾时纳西族人就会举行大祭,小祭则是在固定的日子中举行。例如农历三月十五的龙王庙会,就是纳西族人祭祀龙王的传统节日,他们祈求龙王能够保佑给他们带来风调雨顺、五谷丰登。纳西族人也同样认为龙王是司水的神灵,掌管降水,只有龙王的保佑才能让地面上风调雨顺,也只有这样,万物的生命才可以得到很好的生长与延续。

转海节主要盛行在纳西族摩梭人居住的永宁一带。"转海"一词在摩梭语中称为"些戈",其原意就是转母亲湖,祭母亲湖之神。这种习俗原本出自于摩梭人对水神崇拜仪式,后逐渐演化为摩梭人的民族传统节日。每年的农历七月二十五日,身着盛装的摩梭人,带上祭品和食物,分两路分别从相反的方向沿着泸沽湖绕行,边沿湖绕行边在湖边祭祀格姆女神及水神,到夜晚两路人马相会在左所乡木夸村,人们搭上帐篷露宿,连夜歌舞不断,一直到次日清晨人们才返回。

提起纳西族,很多人马上会想起美丽的丽江。的确,丽江是纳西族居住最集中的地区,占到了全部纳西人的 65% 以上。丽江地区也是纳西文化最集中的地方,其中丽江古城的纳西族建筑更是为世人所称道。该古城是我国"保存最为完好的四大古城"之一,是第二批被批准的中国历史文化名城之一,和山西平遥古城一样,是我国仅有的两个以整座古城申报世界文化遗产获得成功的县城之一。丽江并不是一个独立的江,而是金沙江(长江的上游)流经当地时的一种称谓。《元一统志》说:"金沙江,古丽水也,今亦名丽江。"《丽江府志》也说:"元时始改丽江,其曰丽江者,则以产沙金得名金江,即古若水,一名丽水者是也。"丽江古城全称为丽江大研古城,是古代茶马古道上最重要的枢纽站之一,也是纳西民族富有创造性的建筑艺术的集中体现,堪称是中国民族建筑史上的一大奇观。大研古城坐落在玉龙雪山下不远处,总面积约 3.8 平方千米。古城中心叫四方街,据说是明代木氏土司按照其印玺的形状而建成。四条干道呈经络状由城中心向四周延伸,通达而有秩序,周围辅以纵横交错的小巷。讲究用水艺术是古城最大的特色,即所谓"城依水存,水随城在"。在古城的北端有一个大湖叫黑龙潭,是古城最主要的水源。潭水从北面蜿蜒而下,向南进入整个城区,至双石桥处一分为三,分别向东、中、西三个方位潺潺而流,并适势分化出众多支流,各支流绕墙入户,小桥流水,曲径通幽,使得古城成为独具特色的水城。

4. 独龙江畔独龙族的习俗礼仪

独龙族过去没有统一的族称,以前汉族人习惯于称他们为"俅人""俅曲""曲人"。独龙族主要居住在独龙江流域的河谷地带,云南省贡山独龙族怒族自治县独龙江乡是独龙族最主要的聚居地。独龙族现有人口约 7000 人,是我国人口较少的少数民族之一。独龙族有自己的本民族语言即独龙语,但没有本民族文字。由于独龙族自古生活在滇西高原的崇山峻岭之中,生存条件恶劣,交通极为不便,很少与外界交往,所以生产力发展滞后,社会发展缓慢。原来的生产方式主要是刀耕火种的原始农业、自然采摘业、渔猎业等。新中国成立前后,仍保留着浓郁的原始父系氏族公社风俗,如原始群婚的习俗、男女均披头散发、少女有文面的习惯等。和古老的原始部落一样,独龙族人相信万物有灵,崇拜各种自然物，相信有鬼神存在。独龙族的饮食习惯受地理条件影响很大，独龙江中上游水源有限，只能种植一些旱地作物；下游一带水量充足，故以种植水稻为主。由于独龙江里有充足的鱼类资源，所以他们还经常入江捕鱼，回来烤、煎、焙后蘸着自制的调料吃。独龙族人淳朴善良、宽厚好客，遇客人来必定要食宿招待，否则就会被人耻笑。独龙族人喜欢饮水酒、喝茶，并喜欢用茶酒招待朋友，即便是路上相逢，也要叫到家里置酒相待。独龙族人的村寨依山傍水，所以其房屋一般依地势而建，其木制房屋往往轻巧地构筑在陡峻的山坡上，并且临江的一面是悬空的，便于山洪从屋下流走。独龙族的传统服装以直条状图案制作的麻布或棉布衣多见，看上去美观大方。男子喜欢下穿短裤，用一块麻布从左肩腋下斜拉至胸前，左肩右臂袒露在外，腰间常佩带有弩箭和砍刀。女子多装饰华丽，常常披挂有五颜六色的各种饰品、饰件，引人注目。独龙族只有一个节日，就是独龙年，也就是"卡雀哇"节。该节没有固定日期，持续时间也不确定，一般视准备的食物多少而定。独龙族人同样能歌善舞，有多种民间曲调，统称为"门租"，而歌手则叫"门租哇"。生活中但凡有喜怒哀乐之情，必以歌舞的形式来表达，民歌曲调质朴，舞蹈节奏明快。

5. 以稻鱼共生和风雨桥闻名的侗族及其习俗礼仪

侗族从古代的百越民族演变而来，有着悠久的历史。目前比较集中的居住区域在我国西南部贵州省、广西壮族自治区和湖南省的交汇处。侗族的居住地大都山清水秀，因而其风俗礼仪及日常生活带有明显的山水文化特征。侗族人建村寨喜欢依山傍水，村寨前要有溪水河流，村寨周围要有茂密的森林，村寨后边要有青山依靠。侗族最著名的建筑是风雨桥和鼓楼。风雨桥一般建在村寨周围的交通要道上，上面有廊亭，既有利于行人过往，又有利于行人避风挡雨和休息座谈。风雨桥的廊亭形如宝塔和宫殿，看上去既美观又大气。木构架的鼓楼往往十分高大，壮观巍峨，过去主要用于击鼓传信，现在则主要是召集村民聚议、待客及聚众娱乐的地方，楼檐有六角和八角不同，被看做是侗族的标志。侗族人创造的鱼粳稻很有民族特色，他们善于用稻田里的水养鱼，农产与渔产两不误，被称誉为"稻鱼共生"或"稻鱼鸭共生"，是人与自然和谐的突出代表。侗族人能歌善舞，喜欢娱乐，有"诗的家乡，歌的海洋"之誉。侗族文学、侗族大歌、侗戏、芦笙舞和侗族刺绣是侗族文化艺术的象征，内容丰富，形式完美，引人入胜。侗族人热情好客，宴客时常用桐粑、五味姜、黑珍珠饭、酷草鱼、柚子皮茶、油茶、酸龙肉等丰富多彩的食品。侗族男子喜爱饮酒，重要客人进寨时要喝"拦路"酒，边饮边唱，幽默风趣。

6. 黔东南盘江和红水河流域的布依族及其习俗礼仪

布依族是我国西南地区一个古老的少数民族，历史上曾有多种称谓，如唐代时称"西南蛮"、宋元以后称"仲家蛮"等。在我国当代少数民族中，布依族是人口较多、分布区域较广的民族之一，但在贵州省特别是贵州东南部的江河湖泊流域，例如南北盘江、红水河、舞阳江流域等，最为集中。相传布依人的祖先最先发明了水稻种植技术，因而有"水稻民族"之誉。和众多西南少数民族一样，布依族人喜欢依山傍水聚建村落，从而形成大大小小的山水布依寨。吊脚楼、石板房是布依族最主要的建筑形式，前者以木料为主搭建，后者以石料为主垒砌，大都就地取材，古朴自然。建房时讲究风水，后有靠山，前有溪流和碧峰，形成青龙环护的格局。布依族有自己独特的古文字系统，分为方块型、拼音型、符号型三大类，并有多种古文字典籍流传下来。布依族的文化艺术丰富多彩，主要形式有铜鼓舞、织布舞、狮子舞、糖包舞、地戏、花灯剧、大歌和小歌、盘歌、布依织锦和蜡染等。布依族人讲究礼仪，喜欢以酒待客。待客或聚会喜欢边喝酒边唱歌，一般手持酒杯的歌者对着谁唱，就意味向谁敬酒，对方必须把杯中酒喝完，然后喝酒者再以同样的方式回敬。酒歌的内容非常广泛，用以表达各种日常生活情怀。此外，如果遇到重要的庆典日子，主人家一般要请有一定水平的歌手到家里唱堂会，并邀请村寨里的亲朋好友及寨老参加，堂会内容丰富、形式活泼、载歌载舞、其乐融融。布依族节日文化也很丰富，除吸纳许多汉民族节日外，还有"二月二""三月三""六月六""牛王节"等富有本民族特色的传统节日。此外，还有以男女青年社交活动为主要内容的"跳花会"，以纪念古代抗暴殉情的男女青年查郎和白妹而得名的歌唱节日——查白歌节等民俗活动。

7. 山环水绕的苗族及其习俗礼仪

苗族人口近千万，是我国总人口较多的一个少数民族。苗族古称三苗、有苗、南蛮等，有着悠久的历史和丰富的民族文化，其祖先可以追溯到古代东夷集团首领蚩尤带领的九黎氏族部落。苗族最早发源于我国西南地区的岷江、嘉陵江、巴江、雅磐江等诸江流域，后来在其历史发展中先后经历了5次民族大迁移，分别迁居至长江流域（如金沙江等）、洞庭湖流域、彭蠡湖流域、黄河流域、巫水流域、融水流域以及贵州、湖南、云南、广西、重庆、四川的高山流水之间。苗寨规模大小不一，有的多达千余户，如贵州西江千户苗寨，犹如一座小城，看上去非常壮观。苗寨最大的特点是依山傍水、山环水绕，稻田水坝点缀其间，建筑风格则多为西南地区较为流行的吊脚楼。苗族人能歌善舞，音乐舞蹈丰富多彩，其中群众喜闻乐见的芦笙舞最为世人所称道。苗族的服饰华美漂亮，不同地区之间有所差异，人们常以其服饰形制和色彩的差异来描述不同地区的苗族群众，如所谓的"长裙苗""短裙苗""花苗""红苗""白苗""青苗"等。苗族作家南往耶认为苗族自5000年前开始，便跋山涉水，"把悬崖峭壁当做家园，梯田依山而建，信仰万物，崇拜自然，祀奉祖先，感谢仇人"。苗族文明远播，讲究礼仪，有很多传统民族节日。这些节日有的是祭祀性的，有的是纪念性和庆贺性的，有的是交友性的，有的则是贸易交流性的。如天岁节、龙头节、三月三街节、牛王节、交樱桃会、小大端午节、降龙节、鸭节、赶秋节、酒节、祭祀节、狩猎节、吃猪泡汤节、灶神节、除夕等，不一而足。

第三节 水与人生礼仪

水是生命之源。人类之所以繁衍生息，靠的是水的滋养哺育；如果没有水，人类就失去了生存的根本。人，自有生命始，生老病死、婚丧嫁娶，样样都离不开水。

水被人们赋予了神圣的力量，在人生礼仪中占有十分重要的地位，人生礼仪也被水赋予了庄重、神秘的色彩。在我国的一些地方，诞生礼、成人礼、婚礼、葬礼的举行，水在其中都扮演着重要的角色。

一、诞生礼与水

诞生礼是中国传统礼俗之一，多在小孩出生三天后举行，不同地区、不同民族的诞生礼形式多有不同，但其中不可或缺的重要一项就是洗礼。这体现了水对人之初的重要意义。

1. 汉族的诞生礼与水

汉族的新生儿诞生礼仪与水有着不解情缘，这在福建莆田和广东潮州地区表现尤为突出。

在福建莆田一带，人们对诞生礼极为重视，诞生礼仪式非常隆重，从婴儿降生后开始，仪式要持续整整一年。婴儿降生后第14天，举行"十四朝"仪式，娘舅家要置办"十全果"为新生儿祝福。在婴儿出生满30天后，举行"满月"仪式，俗称"出月"，此时要"洗儿"，即为婴儿洗浴（按照莆田地区的传统，新生儿要等到出月才能沐浴）。沐浴时，先举行仪式备礼谢神告祖，然后用端午节留下的菖蒲、牡荆等干草作为"午时草"烧汤，澡盆中还要放上涂红了的铜钱，请被认为是"命好、命硬"的老年妇女在厅堂上为婴儿洗澡。

潮州人的人生第一次与外界事物接触就从水开始。按潮州的风俗惯例，在婴儿诞生后的第三天，要用一盆温水给婴儿洗人生的第一次澡。洗澡水是有讲究的，要用柚叶、艾叶和老姜等煮成的汤。给婴儿洗澡时要先把双手在洗澡水中蘸湿，然后在婴儿的胸脯和后背轻轻拍几下，边拍边说："搭心肝，正平安；搭胶迹，勿贴歇。"同时，还要在浴盆里放入一块大石头或秤砣，俗称给孩子"做胆"。潮州人认为这样做会让孩子长大后有胆量，不易受惊吓。这一诞生礼仪俗称"洗三朝"。仪式完毕，产妇家还要请家中长辈和接生婆来喝喜酒，俗称"三朝酒"。

2. 少数民族的诞生礼与水

我国少数民族同胞的新生儿诞生礼仪之与水有着紧密的联系。

在回族同胞的生活习俗中，孩子出生的第三天，要举行"三洗"礼（也叫"洗三"），用热水洗掉孩子身上的污垢。在"三洗"当天，主人用羊肉臊子面款待前来祝福新生儿平安健康、长命百岁的亲戚、朋友和乡亲。乡亲、朋友们在这天，向产妇赠送长面、油香、锅块、鸡蛋、肉等营养品。如果产妇在坐月子期间缺奶，其家人便拿着小碗去各家收吃"七家面"，这被回族同胞称为"修渠引水"。

傣族人的新生儿一旦出生，呱呱坠地，接生婆和家人要立即用温水给婴儿洗澡，一方面洗去新生儿身上的污垢，另一方面也有祈求各方神灵保佑孩子清洁平安的寓意。如果产妇缺少奶水，家人会寻找一棵长不大的小树（傣族人称之为"帕宾"），剥其树皮、摘其树叶，用树皮、树叶和泡米水煮成药水，让产妇喝下，傣族人认为这种药水能够催奶。

彝族同胞对水也有着解不开的情缘。婴儿出生以后要经过多个礼仪，其中的出门见天礼与水关系密切。这项仪式就是第一次将婴儿在太阳初升时抱出门，拜见天地。出门见天礼一般是在婴儿出生后的第三天至一个月内举行，一般包括剪头礼、净身礼和命名礼三个环节，其中以净身礼与水最为密切。

净身礼即为孩子洗澡，所用之水十分讲究，必须是婴儿的父亲用坛子从特定的井中或从流淌着的大河中取回的水，彝语称之为"知依"（意思是"净水"）。在取水回途中，忌讳将水倒洒出来，彝族人认为孩子使用这种水会出现呕吐等不适，亲人们用"知依"擦洗婴儿的颈部、腑下、胯部等处，即表示已净身。过去的传统观念认为，月子里，由于产妇和婴儿秽气重，用水为婴儿净身，目的在于驱邪避灾。

在举行出门见天礼仪式这天，一般还举行一项接纳婴儿为家庭新成员的迎接仪式，彝语称"阿依诺依若"，意思是"婴儿手沾圣水"。这种迎接仪式也有另择吉日举行的。仪式由被称为"毕摩"的祭师主持，他手端一碗水，口里诵着《招魂经》，在声声呼唤婴儿名字声中，婴儿由其母亲抱着，扶起小手，按男左女右的规矩，沾一下毕摩手中木碗内的清凉水即圣水，婴儿沾了仪式中的圣水后，就是该家庭的一位正式成员了，既得到社会群体的承认，又受到家庭、家族成员及祖先们的护佑，同时也有繁荣家族的义务。手沾圣水，不仅意味着期盼孩子茁壮成长，而且也表示祈盼其后代也要像水一样流长不断。

二、成人礼与水

水作为人生活当中不可或缺的一部分，不仅与中国人的诞生礼密切联系，在中国人的成人礼中也占有一席之地。

1. 汉族的成人礼与水

中国古代汉族人举行成人礼仪式，冠礼是古代中国汉族男性的成年礼，表示男子从此作为氏族的一个成年人，参加氏族活动，并可谈论婚嫁，也可以说是对成年人婚姻资格的一种认可。与男子的冠礼相对，女子的成年礼叫笄礼，也叫加笄，在15岁时举行，就是由女孩的家长替她把头发盘结起来，加上一根簪子，改变发式表示从此少女时代结束，可以嫁人了。

成人礼中水必不可缺。如在笄礼当中，所需礼器中有一杯醴酒和用于洗手的盥盆。行笄礼的笄者必须沐浴后，换好彩衣彩履出来迎宾。在主宾入座及主人致辞后，赞者、笄者、正宾先盥洗双手后再依次第入座。后经过一拜、二加、二拜、三加、三拜程序后，由有司摆好醴酒席。笄者跪着把酒洒些在地上作祭酒，然后持酒象征性地沾嘴唇，吃一点饭。再经过取"字"、聆训、揖谢等程序后，才最终宣布礼成。

潮汕人将成人礼称为"出花园"，时间多选在农历七月初七日，也可提前举行，但不可推后。其仪式除了要备办三牲果品拜别公婆神、设席宴请亲朋好友之外，讲究的人家还要采摘12种不同的鲜花浸在水里给孩子沐花水浴，如此就能让芬芳洗净身上的孩子气，表示已经成人。无独有偶，在福建莆田市湄洲岛，男子在15岁时，要"出花园"，习俗和潮州及澄海接近。男孩子用12种鲜花洗浴，希望在一年12个月中生命如花；红肚兜里装着12颗桂圆和2枚"顺治"铜钱，希望孩子大富大贵。

2. 瑶族男子的度戒与水

度戒礼是瑶族道教信仰的重要制度和独特的瑶族男子成年仪式，凡是13岁至20岁的男子都必须通过度戒。度戒有一套由度戒师主持的严格仪式。男子戒后表示已经成年，取得参与村社活动、恋爱结婚的资格。

度戒当天，本寨乡亲踊跃而聚，外村远客也纷纷而至，主人家以酒肉款待，杀牲祭献神灵，场面十分热闹。当仪式开始，身着法衣的度戒师令受戒人在跳台前跪拜神坛，度戒师念经文请神灵保佑受戒人一举成功。然后作为度戒师助手的二法师用白布一端拴在自己腰上，另一端拴在受戒人的腰上，一前一后走到神台前，在鼓点声中度师手持铜铃起舞，如此绕台三次之后，解下白布将受戒人引上"天台"，站立或正襟危坐。度戒师与受戒人各端一碗清水、各执火捻一条。受戒人跟着度戒师哼唱"十戒"歌对天发誓："一戒呼天和骂地，二戒节桀咒风云雨，三戒言语伤父母，四戒瞒师骗朋友，五戒抛经违师教，六戒谋害世上好人，七戒嫖娼与赌博，八戒畏惧强盗人，九戒偷盗做贼事，十戒欺凌弱贫民。"当"十戒"唱毕，他们把火捻掷于碗中，表示倘若违言，就与火捻同命运。"天台"下，度戒师端酒递给事先受邀的9个已受过戒的成年男子饮用，并嘱咐他们尽心尽力抬好用藤条编制的大网，网上垫着4床新棉絮，一床是受戒人家的，其余三床是度戒师送的。此时，度戒师令受戒人蹲下，十指紧扣，叫道："度下来！"受戒人即蜷缩身体，两手抱膝，用后滚翻姿势从"天台"上一滚而下落在大网上，若受戒人双手未松开，就表示过法成功。此时，围观的人群欢呼起来，祝贺受戒人已为成年人。

三、婚礼与水

婚礼是人生当中最重要的时刻，各个民族的婚礼习俗各不相同，但有许多都包含了水的内涵，这也给婚礼带来了更加美好的意义。

1. 三水大塘渔民水上婚礼风俗

广东佛山市三水区位于西江、北江、绥江三江交汇处，具有丰富的水资源与水文化。尤其是该区西北部的大塘镇渔民的婚礼，也别具浓郁多彩的"水"风情。

渔家儿女经媒人介绍相识，见面定情后征得双方父母同意，先由女方父母开礼单，用红纸写上礼金，经过双方讨论协商，就算定下这门亲事。之后就择日子过银定（即结婚前男方送礼到女方家中），男方择好结婚日子，便通知女方，这叫做送日。婚礼之前，男女双方父母要带着槟榔去邀请亲朋参加婚礼。

在送日当天，有一个步骤叫做"洗神楼"。新郎的亲人们用清水扫过神主（祖宗牌位），摘油灯，然后请喃呒佬（法师）。喃呒佬手抓树枝点火，洒松香粉，叫做"打火粉"。喃呒佬将写好的喜帖，分别贴在船头、船边、船尾等处。喜帖内容一般为顺风顺水、大吉大利等。新郎上头（梳头）时候着新郎衫，喝一碗糖水，并插香和蜡烛拜神，意味着喝过上头糖水就成为大人了。

送日后第二天上午，亲戚送来贺礼，邻居们则联合送贺礼。午宴后，开始上红仪式，由男方家的计手（帮新郎上头的男人）帮新郎插花挂红。

第三天早上，用竹绳把渔艇扎在一起，在艇的两边挂红、挂一对灯花，中间挂喜帐和一对新竹篙，竹篙节数必须是双数。去接新娘的人数要单数，接到新娘后人数要双数。迎亲队伍撑艇到女家，待女家燃放爆竹，男方艇头对女方船头，迎亲开始。男方计手上女方船拜神。然后迎娶新娘到男家。由女方家的计手婆接回新娘家酬谢媒人。又返回男家，兄弟上岸，接祖先，用布剪成衫袄，再献上猪肉、酒、一碗米插住两朵花，从艇上将神位接上岸，请祖先着岸、饮酒，顺序从老到小。晚餐前摆"太平席"，即上香跪拜祖先。开晚餐时，新郎给男宾客敬酒，新娘给女宾客敬酒。这样叫做"过席"，客人给红包。到晚上，请客人上岸饮新娘茶，客人也要给红包。实际上就是用开玩笑的形式让新娘认识各位客人。

第四天，吃完午饭后，叔仔要取乐新郎新娘。一张横头凳两人站上去，两个一起咬糖果。先由叔仔两人示范后由一对新人照样做。后搞散席式：放满锅水、碗、筷子，要新娘子洗锅、碗、筷子，逗新娘子，摘灶散席。

第五天早上饮"三朝茶"（即女方回门茶）。男家摆酒过程就这样，过一个月左右，新娘回娘家洗头。

2. "北国江南"起凤镇的汉族水上婚俗

起凤镇位于风光旖旎的马踏湖区，物产丰富，是天然的旅游胜地，素有"北国江南"之盛誉，水上婚俗就流传于当地的鱼龙、夏庄、乌河、起凤、华沟等村。

马踏湖一带地势低洼，孝妇河、乌河、猪龙河在这里汇流，形成了一个天然的湖泊。2100多条水渠交织成网，四通八达。湖区有27个自然村落，村村靠湖，家家连水，户户通船，门前搭起小桥，院后泊着小船，小桥流水人家，如诗如画。因而，马踏湖风景区又有"北国江南水乡"之美称。

水上婚俗传承年代久远，约在明朝末期形成，至今有300多年的历史。一般程序如下：父母包办，一般女方的年龄要大于男方，经媒人介绍，双方家长同意，核对属相是否适宜，然后媒人换帖子，这是"定亲"；之后男方选择吉日，并托媒人给女方送去衣料、首饰、压束钱，这俗称"大相"。婚前一个月左右，男方请人写好结婚日期、新娘过门的时辰等，即"下双头盒"。娶亲前两天，男方摆酒席，请吹鼓手家门插红旗、贴对联，亲朋好友送来喜帐（一床大红被面）、喜资。由于交通不便，村与村之间没有旱路，结婚娶亲必须用船。新郎要背着新娘上船，以前要用椅子抬着新娘上船。

起凤镇的水上婚俗具有欢庆、祝福、谐趣的文化魅力。其仪式来自于传统文化，代表着一定的寓意，反映了水乡人家对美满婚姻、幸福生活的追求。每举行一次嫁娶，对平民百姓的仁爱礼仪、衣着服饰、家居陈设等都是一次推动。

3. 苏南水乡婚俗

常熟沙家浜、昆山周庄的苏南水乡婚俗，2011年9月列为江苏省第三批非物质文化遗产名录。苏南水乡婚俗与我国古代婚嫁礼仪一脉相承，有纳采、问名、纳吉、纳征、请期、亲迎等"六礼"，但又具有水乡特色，以流布于常熟沙家浜镇周边地区较为典型。

最能体现水乡婚俗特色的，是迎娶这天的婚礼大典。沙家浜镇习俗，迎亲除用花轿之外，还必须用迎亲船。迎亲船装饰华丽，有两支橹或四支橹，比普通的船快，又称"快船"。迎亲当天，新郎沐浴理发、穿戴崭新的制服礼帽，由二爷（男方的弟弟）陪同，坐上"快船"，吹吹打打，去女家迎娶。礼品以盘为单位，一般为6只或8只，多者16只。主要有鱼、鸡、酒、猪腿、糕、枣、蛋等。新郎中午前赶到女家，中堂拜见岳父母等。女方敬茶，以"喜团"招待，再宴请新郎。午后回家前，新郎到内室拜别，听岳母嘱咐，回到厅堂与女方长幼一一拜见。女方长辈都给新郎见面礼。

迎亲船来后，新娘开始打扮，重要一环是开面，由一位有经验的妇女，用两股坚韧的细线将新娘的脸上茸毛绞尽（旧时，妇女婚前是不能剃掉脸上汗毛的）。最后，新娘戴上凤冠霞帔，即"上盖头"。装扮完毕，新娘由伴娘搀扶出房，再由兄长背上轿。新郎要付"抱舅钿"。新娘上轿时哭哭啼啼，亲娘也要哭哭啼啼，这就是"哭嫁囡"习俗。俗以为越哭越发。

花轿上船后置于船头，新娘换新鞋由伴娘搀扶进舱，旧鞋不能带走。娶亲船离岸，也有讲究，在沙家浜必须一篙子撑到河心，且篙子不能搭水，意为不拖泥带水，一心一意在夫家。周庄一带，船离女家时，不能撑篙子，要由女方父亲来将船推开。

迎亲船离开后,娘家人要泼出一盆水,表示嫁出女儿泼出水,永不回头。随迎亲船一起到男家"嫁妆船"一到两条。嫁妆包括被褥、盆桶、箱柜、铜锡器等。马桶里要放红蛋、枣子,寓传宗接代、五子登科之意。

"快船"回到男家时,先要摇4个来回,俗称"摇趟子",摇船人趁机展示技艺。娶亲船到岸时,先放4个爆竹;男宅也连放4个,以作响应。

在快船即将到岸时,男方公爹腰系红绸带,插两杆秤,背一只鱼篓,提两只水桶,赶在快船到岸前抢提两桶水,进厨房用于落团圆,以示团团圆圆,年年有余。

嫁妆船到岸时,也要放爆竹。先由一人搬"衣食饭碗",象征衣食无忧。嫁妆安置完毕,才迎新娘上岸。

轿到男家,由新郎姑姑或嫂子把新娘抱或背进去,也有轿夫抬进中堂的。花轿进门,老相公、老娘娘(对新郎父母的称呼)要到厨房回避。花轿到中堂后,轿帘不能马上揭开,先要由伴娘献上盛有糕、花生和枣子的3只盘子让新娘尝一下,然后由伴娘把新娘扶出轿。

新郎新娘朝外站立,在茶担主持下,行拜堂大礼,堂名鼓手奏喜庆乐曲。新郎新娘抓红绿牵巾由夫妇双全的两位妇人持红烛引入洞房。茶担一路吟唱喜歌,两童男用"车袋"铺路,一直传到洞房,意为代代相传。

进洞房后,一对新人坐在床沿上,称为"坐床沿"。少顷,新郎用秤杆为新娘挑盖头,意为"称心如意"。盖头一挑,新娘花容紧露。新房里备有一桌菜,由喜娘陪侍,一边搛菜给新人,一边说喜话、唱喜歌。因桌有花烛,所以叫"吃花烛"。

新娘由伴娘扶着出到中堂,一对新人向父母跪拜,称"照应"。接下来论资排辈,新郎新娘都要一一拜见。长辈给新娘见面礼。拜毕,新人对拜,然后回洞房。

设宴待新娘。有的人家待新娘前先要设花宴,由新郎新娘敬双亲吃菜喝酒。待花宴结束,新人回洞房。洞房桌上,要点花烛,要有二女或二男看守,花烛整夜不熄,守烛人也彻夜不睡。除此之外,当日还有待舅爷、闹新房等俗。第二天,要还席、拜祖宗。第二天或第三天,新郎新娘回娘家。

水乡婚俗历史悠久、源远流长,是江南水乡古老婚姻历史的活化石。

4. 斗门水上人家婚嫁习俗

"斗门水上婚嫁"是珠海市斗门区白蕉、上横、斗门、乾务、井岸等乡镇的疍家居民传统婚嫁习俗,根据史料记载,这一带明代已有疍家人居住,清代初期,水上婚嫁习俗已开始在此地疍家人中诞生,至清同治光绪年间发展成熟,清末民初,水上婚嫁习俗在珠江三角洲的沙田地区达到鼎盛。

斗门水上婚嫁的主要特征,一是婚嫁形式繁复多样,讲究礼仪,有着比较固定的程序和约定俗成的礼仪物品,新郎新娘要穿戴一些必备服饰;二是与居住的水环境不可分离,有明显的"水"特征;三是与沙田民歌有不可分离的联系。

斗门水乡嫁娶礼仪颇为讲究,共有"夹年生""拿茶叶""择日""使日""起厨""坐高堂""上头""嫁仪"(汉家姐、梳头、祭龙王、松头等)、"花船迎亲""渡水饭""拜堂""闹洞房""回门"13项。其中"花船迎亲""祭龙王"等程序与水环境不可分离,整个婚嫁的过程都贯穿沙田民歌(咸水歌)的演唱,独具水乡风情。

第三节 水与人生礼仪

第1项：夹年生。男子到娶亲之年，家长请媒婆代为寻找合适对象并上门提亲，双方认可后，将两人生辰八字对照，若五行相合，即可定下亲事。

第2项：拿茶叶（即下定或订婚）。"夹年生"合适后，男方派代表与媒人一起，带茶叶、糖果、礼饼、芝麻、槟榔、绿豆、酒肉到女方家订下亲事。女方家长同意后，开出礼单。

第3项：择日。一般由男方择两个日子，为迎娶日期。

第4项：使日。女方家长同意所定的日子，称为"使日"。

第5项：起厨。在举行婚礼的前两天，男女双方家庭各在自家门前搭起一个竹棚，架起炉灶，用于酒菜的准备和婚嫁中有关仪式的进行。

第6项：坐高堂。婚礼前一天晚上，男方家中举行仪式，亲戚朋友都坐在客厅里，堂上排列着祖先神位，新郎在正中席地而坐，两边各点一支红烛，家人在竹棚中央挂起"大"字（给新郎命名），表示新郎长大成人，可以成家立室。坐高堂要进行"拜席"（新人向双方父母敬酒）、"拜钱盒"，之后向亲戚敬茶敬酒。亲戚朋友们围坐一堂，唱起古老的咸水歌。

第7项：上头。新郎拜完席和钱盒后，就要进行"脱合"，即在家中沐浴更衣，寓意洗去一切污垢。当两只红烛在鸡啼时燃尽，男家便请两位夫妻齐全、儿女众多的"好命"男性长辈当梳头公，在太公神位前再次点燃红烛，一边为新郎梳头，一边诵读吉利祝词。

第8项：嫁仪。女方出嫁前一天，女方邀请多名姐妹做伴娘，晚上一起"叹家姐"，从历代祖宗一直叹，唱情歌、唱别歌、唱送嫁歌。出嫁当天，由两位夫妻齐全、儿女众多的"好命"女性为新娘梳髻。

第9项：迎亲。男家准备好船、桨、雨伞、礼金等物去迎亲，新娘的父亲要在迎亲帖上签上"领谢"。

第10项：拜堂。新娘过门要先跨火盆、拜祖宗，然后向新郎的长辈敬"过堂茶"，长辈以"利市"或首饰回礼。

第11项：渡水饭。新娘的姐妹在迎亲船后步行到新郎家，陪新娘度过新婚的第一个夜晚。

第12项：逗新娘，闹洞房。

第13项：回门。婚后第三天，新婚夫妇回娘家，要"有日去，有日返"。三朝回门后，婚礼过程全部完成。

"斗门水上婚嫁"可谓"多重身份"。2007年3月29日公布为珠海市第一批非物质文化遗产名录；2007年11月公布为省级非物质文化遗产名录；2008年6月14日公布为第二批国家级非物质文化遗产名录。

5. 新安江"九姓渔民水上婚礼"

乌龙山下，新安江畔的海城，是一个"江如青罗带，山似碧玉簪"的迷人的古城。在水波粼粼的江面上，住着九姓渔户，这九姓渔户的婚嫁风俗，可谓天下一奇。

九姓渔户，是指陈、钱、林、袁、孙、叶、许、李、何九家。据传，他们的祖先是元末农民起义军陈友谅的部将，战败后，被明太祖朱元璋贬为"渔户贱民"，规定只准以船为家，不得在岸上落户，也不得与岸上人通婚，甚至到岸上买东西也必须赤脚，不准穿鞋。如果穿鞋上岸，被人告发，官府抓住，就要被砍掉双足。直到清朝同治五年，朝廷才让九姓渔户"改贱从良"。

九姓渔户的婚嫁习俗与岸上不同，男女双方都把自己的船只披红挂绿，装扮得非常漂亮。两船之间保持三尺左右的距离，婚礼自始至终都在船上进行。

新娘出嫁的头天晚上，男女双方的船头，各悬一面大铜锣，双方互相配合，一轮一轮地敲13下，一直敲到天亮。新娘在锣声中，同亲人话别。浩瀚江面、点点渔火、喧喧锣声、窃窃私语……形成一幅别具一格的江上婚嫁图。

新娘在出嫁前，还有一个有趣的仪式——"训女婿"，岳母要站在船头，高呼女婿的姓名，教训他婚后不准欺侮妻子，要夫妻和睦。女婿听到后，要飞快地跳到新娘的船上，双膝下跪，回答说："听岳母吩咐，一定记住！"说完，要飞快地逃走。如果动作慢，被女方亲友拉住，就会受到大家的嘲弄，并被罚供香烟、糖果等。

女方的船到男方的船，中间隔着三尺多宽的水面，新娘要过船，有两种非常有趣的方式：一种是用一只大木盆，让新娘坐在上面浮过去；另一种是采用"抛新娘"的办法。"抛新娘"是惊险动作，稍有不慎，抛的人和新娘会一齐落水，所以事先要用安全带把抛的人系住，以防万一。举行"抛新娘"仪式时，女方的船要放三声炮，第一声是"招呼炮"，请男方的船做好接新娘的准备；第二声是"动手炮"，抛新娘开始；第三声叫"结束炮"，表示仪式结束。然后，男方船上也放两声炮，一声是"进门炮"，一声是"胜利炮"。

新娘抛过船后，还要"爬船篷"。男方在船头接住新娘，而洞房门在船尾，所以新郎新娘要双双爬上船篷，爬到船尾下来，进入洞房。至此，整个婚礼就算完成了。

6. 路遇水井盖红布的回族婚俗

回族青年男女，经过各种场合的互相接触和了解，认为对方是自己的心上人，那么小伙子就会把真情坦率地告知双亲，接着便请求族中德高望重的长者为介绍人，去姑娘家求亲。如果双方对这门亲事都满意，下一步便是选择吉日举行订婚仪式。

按照习俗，订婚吉日大都选在主麻日（星期五）的夜晚。小伙子的家长在德高望重的长者与亲朋好友的陪同下，携带聘金1000元、面条800斤、槟榔1000个、手镯1对以及糕点等礼品前往姑娘家，并由姑娘亲自接待和接受礼品。交完"女卡银"（彩礼）后，双方家长就商定完婚的良辰吉日。订婚的男女在婚礼前的一个月，不能见面。

婚礼亦选在主麻日，并按照伊斯兰教仪式举行。婚礼前三天，双方家庭在房前的空敞平地上用帆布搭成大伞形临时栅屋，作为"迎宾堂"，接待前来祝贺的亲朋好友。这一天，他们称之"作锅"（即洗头），新娘要挨家逐户邀请全乡的妇女来她家洗头。

婚礼前两天，男女双方得全身沐浴。当天下午，同乡男女青年分别宴请新郎、新娘，本乡老妇为新娘梳妆打扮。晚上，新郎、新娘各在自家迎宾堂接待宾客。筵席排列成双，以示新婚成双成对。在宴席上，年轻人尽情歌唱，念清真教义，直至深夜。这一天叫"阿斗格"。

举行婚礼的前一天或当天凌晨，新郎到女方家举行"尼卡罕"仪式，然后迎娶新娘。回族人称新娘为"新姐姐"。"新姐姐"梳洗打扮完毕，临行前要大哭一场，即使没眼泪也得挤几滴，否则会被人笑话。在迎娶的路上，若遇到水井，要用红布或红纸覆盖，表示新人将来不会遇到坎坷。娶亲途中，还不能与其他的娶亲队伍相遇，若不期而遇，新娘要相互交换裤带，以防"冲喜"。

7. 青水婚俗舞：一种流动画面的民俗风情舞蹈

福建永安青水的畲族婚俗舞，是将民间约定俗成的婚俗演绎成画面的流动民俗风情舞蹈。根据这项民俗风情舞蹈的内容，当地婚俗与水也有着一定关系。男方去接亲前，要"三催亲"，就是要去催3次，以示真诚迎娶新娘。新娘上轿前，上穿黑布绣化边的民族衣裳，下着黑布裙，头上饰铜牌或银铛等，铜牌得用13块拼成，并要形成扇形。畲族婚礼最令人动情、令人感慨的是哭嫁。青水畲族女子出嫁要穿轿衣（白衣、青衣、蓝衣3件），母女等还要大哭一场。

新娘哭毕离门时，母亲为其扎上大红腰带，寓意企盼新娘早生贵子，用红腰带背着孩子回娘家。新娘头披红盖头，上轿前往新的家庭。

到夫家后，新娘下轿时，新郎背新娘入门，伴娘撑红伞为新娘遮挡，门前有两人用竹枝扫地，一人泼水，含去邪之意。泼水者有意将水泼到新娘身上，伴娘执意去挡，一嬉一闹充满情趣。

掀起红盖头，新娘、新郎先饮茶一杯、喜酒一盏，然后由新郎捧过一斗白米，让新娘数米及米上的4个发亮的银元，表示丰足的好先兆。

婚礼当天上午至次日清晨，丰富多彩的盘歌对唱贯穿在整个婚礼的各项仪式之中。新娘离开娘家时，告别阿爹、阿娘、阿兄、阿姐等人要唱《别亲歌》；新郎新娘吃合欢酒时唱《八仙上桌》；新娘进洞房唱《分瓜子》；宾客看到新娘时唱《初看新娘歌》，闹房唱《闹房歌》。

最有趣的是进了新娘房，不管是谁，都可以拿香粉往男方的亲人身上尽情地抹。自然，年轻美貌的新娘和伴娘也少不了要让小伙子们涂得满面脂粉，不过，她们是绝对不会生气的。

若你有幸到新郎家中做客，那他们首先要请你喝冰糖茶，好大的一块冰糖放在杯子里，再给你一支小巧的银匙，你若不知底细，只是喝茶，不把冰糖吃掉，他们将不断添茶水，直至冰糖溶尽为止，那你就受苦了。好客的畲族同胞要请你吃一碗粉干煮红蛋，配猪肉两块、老酒一壶，那蛋只能吃一个、猪肉只能吃一块、粉干也只能吃一半，否则，你就会被认为是一个不雅的客人了。

8. 拉祜族婚俗

拉祜族的结婚仪式一般在农历腊月至春节期间举行。而在这项神圣的仪式当中，水也起到了一个非常重要的作用，其中的许多环节都离不开水。男方迎娶时，新郎带着聘礼去女方家，到达女方家后，先向岳父献一筒清水以表示对长辈的尊敬。下午举行盛大的婚宴，婚宴上，新郎新娘必须同坐一条凳子，新郎要主动给新娘夹菜，新娘将菜还给新郎，表示互敬互爱。饭后，由女方家长给新婚夫妇举行拴线仪式，之后，女方亲友陪同一对新人到新郎家。在新郎家，将再次举行一系列新婚仪式。

举行婚礼当天，男女双方家中都要杀一头猪，然后男方将猪头送到女方家，再把猪头一分为二，一半留在女方家，另一半带回。女方也照此行礼，最后，男女双方将各自的两半猪头合在一起，以示骨肉之亲和新婚和睦之意。

婚礼这天，新郎、新娘一起下山背水、上山砍柴，然后把新背的水、新砍的柴送到女方家中，同时要献饭给岳父岳母。接着，新郎、新娘再回到男方家里献水献饭，到寨庙中磕头、供奉礼肉。村寨老人主持祭寨神仪式，祭礼结束后，新郎、新娘回到男女双亲家中祭祖、敬拜父母和亲友。以上仪式完成后，新郎新娘便与宾客们一起吃鸡肉稀饭，迎来婚礼的高潮——大规模的对歌活动。

夜晚闹新房，宾客们，尤其是年轻人挤满新房，尽情地嬉闹。传统的闹新房活动极为特别：新娘端来一盆热水，亲切而甜蜜地喊丈夫并为其洗脚，此时，闹新房的人们故意用火塘灰把新郎的脚弄脏，让新娘重洗，或向热水里撒火塘灰，让新娘重新打洗脚水，如此反复，直至新娘必须机警麻利地把新郎的脚洗净，为丈夫穿上从娘家带来的一双新鞋。

婚礼当晚，人们吹起芦笙，载歌载舞，庆贺拉祜儿女成婚，常常娱乐到半夜才结束。

9. 泼水接亲的土族婚俗

土族儿女举行婚礼时，前往接亲的是能说会道、能歌善舞的"纳什金"。娶亲的头一天晚上，两位"纳什金"带着礼品和新娘穿戴的服装首饰，牵着一头母羊去女方家迎亲。女方家会以热烈而奇特的方式迎接它们。

纳什金来到女方家，首先要隔门与新娘的女伴们对歌，并要一一回答姑娘们的问题，姑娘们满意才会开门。当他们走进女家大门时，姑娘们将一桶又一桶清凉的水泼向他们，女方长辈便说："贵客到了快迎接，姑娘们不要泼水！"但实际上是在暗示姑娘们多多泼水。要是纳什金躲起来了，长辈们就会喊：纳什金到某某地方去了，年轻人不要往那泼水。纳什金逃上楼，他们又喊："贵客上楼了，不要往楼上泼水！"实际上是指挥大家泼水。纳什金虽然浑身湿透，但不能生气，姑娘们戏弄够了，会请他们更衣入席。如此待客，是因为土族人认为，水泼娶亲客，是为他们洗尘，是为向新人祝福。

10. 壮族的婚礼与水

新娘背过河是流行在广西桂北地区龙胜各族自治县内的壮族婚俗。在桂北山区，本来只有四五十里的山路，却要涉水过五六次河，跨过三四座桥。所以成亲时，新娘过河过桥都要请人背。背新娘的人称为"水手"，多是未婚男青年。过河时，鸣炮三声，喇叭齐鸣，"水手"两掌按住自己的膝盖，弓下腰，背好新娘后才能过河或过桥。背新娘特别讲究文明礼貌，行为上不能有半点粗野，更不能调笑，所以背新娘的人多是品德最佳者。过河时，由未婚女青年担任的"迎娘"在一旁给新娘打伞遮阴。在宽约五六十米的河面上，迎亲队伍拉成一条线，热闹非常。上岸后，乖巧的"迎娘"把伞放得很低，不让别人偷看蒙着面纱的新娘。龙胜的壮族婚姻是要过"三关"闯"十门"的：先谈恋爱，后定亲，才能成亲，谓之"三关"；迎接、对歌、出门、穿村过寨、过河过桥、入门、唱调、回门、回家、入洞房，谓之"十门"。"过河"只是"十门"中的第五"门"，"十门"过了才能入洞房。

在广西钦州壮族居住地区，新娘到婆家后的第一天，行完婚礼后要由婆家一年纪稍长且多子的妇女把新娘带到家族所饮的水源处，焚香祈祷，并向水中抛洒米和钱币，然后由所陪妇女以手掬水轻抹于新娘额头。最后，新娘要向水源行礼叩谢。在当地壮族民众看来，水为万物之源，因此水可以给人带来生殖力，可以帮助人们实现添丁的愿望。因此，水会得到当地人的崇拜。

11. 彝族的婚礼与水

水在彝族人的婚礼中也起着举足轻重的作用。如男方去女方家订婚，一旦成功，女方

第三节 水与人生礼仪

家的姑娘们就会立即向准新郎泼清水。在迎亲之日，迎亲队伍一到新娘家，迎接他们的见面礼同样是女方家的姑娘们泼来的一瓢瓢清水，有的被泼得甚至连裤腰带也湿透了。当然，也有机警勇敢的迎亲者会冲出姑娘们的包围圈反击，把姑娘们泼得像落汤鸡似的。泼水，是彝族婚礼中一项必不可少的嬉戏活动，它既增添了婚礼的喜庆热闹气氛，又含有驱邪避灾的寓意。迎亲队伍返回男方家的途中，遇桥时必须涉水而过，也是为了消除"秽气"，带来"福气"。对于彝族姑娘来说，结婚是人生的一大转折点，意味着告别无忧无虑、天真烂漫的少女时代，将去夫家履行服侍公婆、生儿育女、照顾丈夫等义务，迎接全新的生活，因此新人要用水洗去一切不洁，以崭新的风貌迎接新生活。

在婚礼第二天，夫家还要特意为新娘举行迎魂沾圣水仪式。仪式由作为彝族大祭司的毕摩主持，用鸡做牺牲。毕摩念诵经文举着鸡在主人全家尤其是新娘的头上按顺时针方向转三周，再让新娘及夫家人逐个用手沾木碗里的圣水。新娘手触圣水，就意味着其灵魂已被迎到夫家并被纳入夫家氏族户籍，成为夫家的一位正式成员了。生为夫家人，死为夫家鬼，以后就要为夫家效力终生。这与诞生礼中"婴儿手沾圣水"仪式性质相同，是一项添人进口迎接新成员的接纳仪式。倘若夫妻双方因各种原因而结束婚姻，那么离婚后的妇女在改嫁时还必须请毕摩为她举行"解除户籍"仪式，因为她的灵魂只有在解除原户籍后，才可被纳入再婚夫家的户籍内。仪式中要用一只白山羊、一只白鸡以及无数根树枝。届时，毕摩念经作法，当事者从毕摩插好的树枝中解除一道道障碍而过，毕摩的助手持一瓢冷水尾随其后，将水倒在烧红的石头上，使其发出阵阵的水蒸气。仪式结束后，将所有树枝收来捆成一捆捆，送到"西方"的树林中。冷水泻在烧红的石头上产生水蒸气，寓意清洁改嫁的妇女。"西方"，在彝族传说的方位观中，是死亡的象征，仪式中所用树枝全部送往西方，含义更加明显。因此，这应是一场埋葬旧我以诞生新生命的再生仪式，该妇女在通过此仪式后，就可获得新生，以新的面貌来迎接再次的出嫁。

12. 仫佬族婚俗与水

居住在贵州仁怀市、遵义市一带的仫佬族人迎娶新娘时，不论是在春夏还是秋冬，男女双方的家人和亲朋都要准备一盆冷水放在门后，等媒人一脚踏进门槛，守候在门后的亲朋立刻端着水盆向媒人头上淋去。按当地人的说法，把媒人浑身淋透就能淋去霉气，新婚夫妇才会相亲相爱、生活和睦。

13. 傣族的婚礼与水

据明代地理著作《蜀中广记》记载，傣族祖先在举行婚礼仪式时，男方家要先用一碗水浇新娘的脚，这被称为"制之水授妇"，意思是把自家的水授予新婚妻子。《蜀中广记》中还提到傣族祖先的婚姻以泼水作为婚姻媒证。明代成书的《百夷传》中也有关于傣族婚俗中使用水的记载：傣族男子到了谈婚论嫁的年龄，可以带着中意的未婚女子回家，男子的姑姑要为姑娘洗脚，过几天后，方送姑娘回家。随后，男方请媒人带着礼品去女方家商量婚事。可见，水在傣族婚俗中有着非同寻常的意义。直到现在，西双版纳的傣族青年男女通过泼水节活动相识而建立婚姻关系的仍不鲜见。沿袭至今的傣族传统婚礼仪式中，供品中依然有一碗清水，依稀显露着水文化的影子。

作 业

你的家乡有哪些与水相关的风俗礼仪？请同学们自行分组，假期进行实地调研，并撰写一份调研报告。

参 考 文 献

［1］ 王瑞平，史鸿文，邱艳艳．水与民风习俗（中华水文化专题丛书）［M］．北京：中国水利水电出版社，2015.
［2］ 史鸿文，王瑞平，陈超．图说水与风俗礼仪（图说中华水文化丛书）［M］．北京：中国水利水电出版社，2015.
［3］ 苏州市非遗办．来场"非主流"传统水乡婚礼［EB/OL］．（2017-04-17）［2021-05-10］．https：//mp.weixin.qq.com/s/f52Et-XI6KgH6p4O5b12XQ.

附录 贵州水利工程

据考证，汉朝时贵州境内的农民已经掌握简单的农田灌溉技术，懂得修建渠道引水灌溉农田。至唐朝，开始修建引蓄水工程；宋、元时期，江西、湖南、四川等地移民迁入贵州，带来了较为先进的农田水利技术。

至明朝，为弹压贵州少数民族的反抗，朝廷屯兵贵州，并在贵州实行屯田制，屯兵在屯堡附近拦河筑堰、劈山凿渠，大兴水利，进一步推动了贵州水利建设的发展。

清朝时期，贵州全面废除土司制度，实现"改土归流"，农民开荒造田、兴修水利的积极性大大提高。至乾隆时期，小型水利设施已逐渐普及全省，全省44个府、州、县建有水利工程213处。

民国前期，贵州境内军阀混战，民不聊生，水利建设停滞不前。抗战期间，全国很多水利机构迁入贵州，给贵州带来水文、地质、勘测、设计等现代水利科技。

1938年8月，贵州省农田水利贷款委员会成立，贵州开始建有全省统一的水利行政机构，水利工程建设步入科学发展的轨道。但是，水利建设的速度仍然十分缓慢，至1949年，全省塘库总蓄水量仅有2133万立方米，蓄、引、提等水利工程总有效灌溉面积为206.50万亩，且多数是农民自发修建的堰坝、山塘、引水渠和筒车等简易水利工程，可保证有效灌溉面积不高。

一、古代水利工程

1. 引水灌溉工程

至今，贵州省遗留的古代水利工程主要有用于农田灌溉的堰塘、水渠，用于防洪排涝的堤坝，用于人畜饮用的水井及水电站等。

其中仍然发挥效益并具有一定规模的引水灌溉工程有石阡县千工堰（始建于元朝中期）、安顺鲍家屯水利工程（始建于明朝初年）、天柱朱公堤（始建于明万历三十年）、关岭县鸡窝田引水灌溉工程（始建于康熙五十二年）、乌当定扒大沟（始建于清朝雍正年间）、贞丰县观音洞引水工程（始建于清嘉庆九年）等。

2. 防洪排涝工程

贵州省古代修建的防洪排涝工程至今仍在发挥功效的有：隆里古城供排水工程（修建于明洪武十八年）、安龙陂塘海子排水工程（始建于明永乐二年）、安龙招堤（始建于清代康熙三十三年）、榕江古榕河堤（修建于清乾隆五年至十九年间）、桐梓戴家沟排水工程（始建于清道光三年）等。

3. 古水利著作及碑刻

贵州水利起源于唐、宋时期，发展于明朝。至清朝，改土归流已经全部完成，农田水利工程逐步普及全省，清代已修建的水利设施有213处，涉及44府、州、县、厅，一些勤政爱民的地方官员或士绅开始总结提炼农田水利技术，考察全省河流水系。乾隆年间，石阡知府罗思文著有《堰说》《堰法》《塘说》《塘法》，总结了选址、施工、管理等方面的经验和技术；贵州学政洪亮吉著有《贵州水道考》，首次较全面地记述贵州的河流水系。

保存至今的水利碑刻有《天柱登贵分水石刻碑记》《石阡罗公新筑石堤序》《石阡苦蕨坪水利碑》《石阡温泉碑》等。

二、近现代水利工程

1. 桐梓县天门河水电站

贵州境内的水电工程始建于民国时期的抗日战争期间。民国二十九年（1940年），国民党军统局特别训练班在息烽底寨乡倒颈窝修建无坝水电站，供内部12台收发报机及照明使用。

新中国成立前，贵州建成的唯一水电站是桐梓县天门河水电站。1939年由清华大学、浙江大学、东北大学等5所大学的专家、教授共同设计而成。天门河水电站采用当时最先进的美国通用公司水轮发电机组，通过驼峰航线运输，创造了当时中印空运重件的最高纪录。同时，这也是中国最早的熔岩地下电站、第一座地下水力发电和最早采用调速装置的水力发电站。

桐梓县天门河水电站在天门河上游渔泉井筑坝拦水，是坝渠结合式水电站。大坝为污工重力溢流坝，坝高4.8米，长37.2米，底宽11.0米，顶宽3.5米，溢流坝顶高程为海拔990.092米，库容30万立方米，装机容量2×288千瓦。

坝上有国民党政治家陈立夫题词："入天门而夺天工"。

1939年3月天门河水电站正式动工，1945年4月15日一号水轮发电机组发电，两个月后二号机组投产，两台机组分别单机运行，供四十一兵工厂用电。

1949年，桐梓解放，桐梓县政府接管天门河水电站，并向县城供电。

2019年4月12日，天门河水电站入选中国工业遗产保护名录（第二批）名单。

2. 大发渠

大发渠位于贵州省遵义市播州区平正乡团结村（原草王坝村），由平正乡团结村支书黄大发率全村200多村民，历时36年修建而成，人称"绝壁天河"。

草王坝村地处黔北高山峡谷地带，山高水低，严重缺水。当地民谣唱道："山高石头多、出门就爬坡，一年四季包谷饭，过年才有米汤喝。"全村900多人就靠一口老井打水喝。于是村支书黄大发下定决心要把螺丝河的水引进村来，改变草王坝村贫穷落后的状况，让乡亲们富起来。

1960年，黄大发开始带领村民上山修渠，因为不懂技术，修修补补十余年，水就是进不来，第一次修渠引水以失败告终。但黄大发始终没有放弃自己的梦想，他四处参加农田水利工程建设培训，学习水利技术。

1992年他再次带领村民开工修水渠。面对脚下的万丈深渊，57岁的黄大发第一个把绳子系在自己身上，让人拉着滑到半山进行施工。在黄大发的带领下，村民用最简单的风钻、钢钎和二锤，在悬崖上一寸一寸凿、一尺一尺敲，用3年的时间，终于将这条绕三重大山、过三道绝壁、穿三道险崖的渠道修通，主渠长7200米，支渠长2200米，跨越了3个村10个村民组。汩汩的清水流到草王坝，解决了草王坝上百户群众人畜饮水难题和稻田灌溉用水，草王坝从此旱涝保收，彻底结束了滴水贵如油的历史。

大发渠建成后，黄大发又立马带领村民开展"坡改梯"建设。至1996年，全村稻田由13.9公顷增加到46.7公顷，每年收稻谷40万公斤。此后，黄大发又带领村民先后修建了村小学、通村公路和通电工程。

螺丝河引水工程从1960年黄大发带领村民第一次修建开始，至1995年全线贯通，历时36年，黄大发为修渠忍饥挨饿，放弃照顾家庭，克己奉公的品质一直为仡乡群众称赞，人们以黄大发的名字命名水渠，称为"大发渠"，并亲切地称黄大发为当代愚公。

2004年，黄大发离任。贵州省委书记陈敏尔称赞黄大发为"民间英雄"。黄大发先后荣获"贵州榜样最美人物""时代楷模""全省脱贫攻坚优秀共产党员""全国脱贫攻坚奖奋进奖""全国道德模范""感动中国人物"等荣誉称号。黄大发，一个为改变家乡贫穷落后面貌奋斗了一生的基层党支部书记，他的务实、忠诚、廉洁的品格和风范值得每一个共产党员学习和传承。

2018年9月，以大发渠为原型的电影《天渠》在中国大陆上映。11月29日，《天渠》成为庆祝改革开放40周年9部重点国产影片之一。

3. 构皮滩水电站

构皮滩水电站位于贵州省余庆县境内，是乌江流域梯级滚动开发的第五级，上距乌江渡水电站137千米，下距河口涪陵455千米，控制流域面积43250平方千米，占全流域的49%。是国家"十五"计划重点工程、贵州省实施"西电东送"战略的标志性工程，也是贵州省、中国华电集团公司已建成的最大水电站。

（1）工程概况。电站主要任务是发电，兼顾航运、防洪及其他综合利用。电站枢纽由高225米的混凝土双曲拱坝、右岸地下式厂房、坝身表中孔泄洪及左岸泄洪洞等建筑物组成，水库总库容64.54亿立方米，调节库容29.02亿立方米，正常蓄水位630米。地下电站装机容量5×600兆瓦，保证出力746.4兆瓦，设计多年平均发电量96.82亿千瓦·时。

（2）工程特点。构皮滩水电站机组是我国通过三峡工程建设引进、吸收国际先进发电机设备制造技术后，自行设计、制造的特大型机组，每台机组垂直高度近25层楼高，安装各种机械、电气配件10万件，重4000吨。

通航建筑物为Ⅳ级建筑物，采用三级垂直升船机方案，主要由上下游引航道、三级垂直升船机和两级中间渠道组成，线路总长2306米，年单向设计通过能力为142.1万吨，工程概算投资29.5亿元。该工程是当今世界通航水头最高、单级提升高度最大、主提升设备规模最大的通航建筑物。

构皮滩水电站于2003年11月8日正式开工，2004年11月16日大江截流，2009年7月31日首台机组投产发电，2009年12月29日实现国产大型机组一年五投的伟大壮举。

4. 夹岩水利枢纽工程

夹岩水利枢纽工程是国务院确定的172项重大水利工程之一，是贵州省水利建设"三大会战"的龙头项目，是继黔中水利枢纽工程之后，贵州省迄今为止最大的水资源综合配置工程，对贵州省水利建设具有全局意义。

（1）工程概况。枢纽工程以城乡供水和农田灌溉为主要任务，兼顾发电，由水源工程、毕大供水工程、灌区骨干输水工程等组成，施工总工期66个月，概算总投资186.489

亿元，位于贵州省毕节市和遵义市境内。

1）水源工程。水源工程坝址位于长江流域乌江一级支流六冲河中游、毕节市七星关区与纳雍县交界的潘家岩脚处。大坝采用混凝土面板堆石坝，最大坝高154米，坝长429米，水库正常蓄水位为1323米，总库容为13.23亿立方米，坝后电站装机容量为90兆瓦，为Ⅰ等大（1）型工程。

2）毕大供水工程。毕大供水工程采用有压隧洞库内取水，设一级泵站提水，出水池后采用自流无压隧洞接有压管道的方式输水，终点接入位于山家寨的连接池，线路总长26.8千米。

3）灌区骨干输水工程。灌区骨干输水工程由总干渠、北干渠、南干渠、金遵干渠、黔西分干渠、金沙分干渠、供水管线、支渠，以及灌区骨干泵站等组成，渠道总长648.19千米。

（2）工程效益。夹岩水利枢纽工程以供水和灌溉为主，兼顾发电，并为区域扶贫开发及改善区域生态环境创造条件。工程建成后，将为受水区内6万公顷耕地和毕节县大方城区、遵义市中心城区、黔西县城、金沙县城、纳雍县城、织金县城、仁怀市等7个城镇，以及8个工业园区及七星关火电厂、69个乡镇、365个农村集中聚居点267万人提供生产生活用水，总供水量6.88亿立方米·每年。

2013年10月28日在夹岩工程坝址举行了贵州省水利建设"三大会战"启动暨夹岩水利枢纽工程动工仪式。

2017年9月30日，夹岩水利枢纽及黔西北供水工程顺利实现截流，标志着该工程建设进入一个全新阶段。

夹岩水利枢纽工程的建设能有效解决黔西北地区工程性缺水和水资源调配能力不足问题，解决工程区群众生产生活用水和提高防灾减灾能力，确保贵州省供水安全、防洪安全、粮食安全和生态安全，对加快交通水利等重大基础设施建设、改善民生、促进社会发展具有标志性、引领性意义。